DAOGUANG SHIQI GUANGZHOU
SHEHUI ZHIAN YANJIU

道光时期广州社会治安研究

江波 ◎ 著

·广州·

版权所有　翻印必究

图书在版编目（CIP）数据

道光时期广州社会治安研究/江波著. —广州：中山大学出版社，2015.8
ISBN 978-7-306-05319-0

Ⅰ. ①道… Ⅱ. ①江… Ⅲ. ①社会治安—研究—广州市—清代 Ⅳ. ①K296.51

中国版本图书馆 CIP 数据核字（2015）第 152334 号

出 版 人：	徐　劲
策划编辑：	吕肖剑
特约编辑：	章　伟
责任编辑：	王延红
封面设计：	曾　斌
责任校对：	易建鹏　陈俊婵
责任技编：	何雅涛
出版发行：	中山大学出版社
电　　话：	编辑部 020-84111996，84113349，84111997，84110779
	发行部 020-84111998，84111981，84111160
地　　址：	广州市新港西路 135 号
邮　　编：	510275　　传　真：020-84036565
网　　址：	http://www.zsup.com.cn　E-mail:zdcbs@mail.sysu.edu.cn
印 刷 者：	广州中大印刷有限公司
规　　格：	850mm×1168mm　1/16　17.625 印张　316 千字
版次印次：	2015 年 8 月第 1 版　2015 年 8 月第 1 次印刷
定　　价：	38.80 元

如发现本书因印装质量影响阅读，请与出版社发行部联系调换

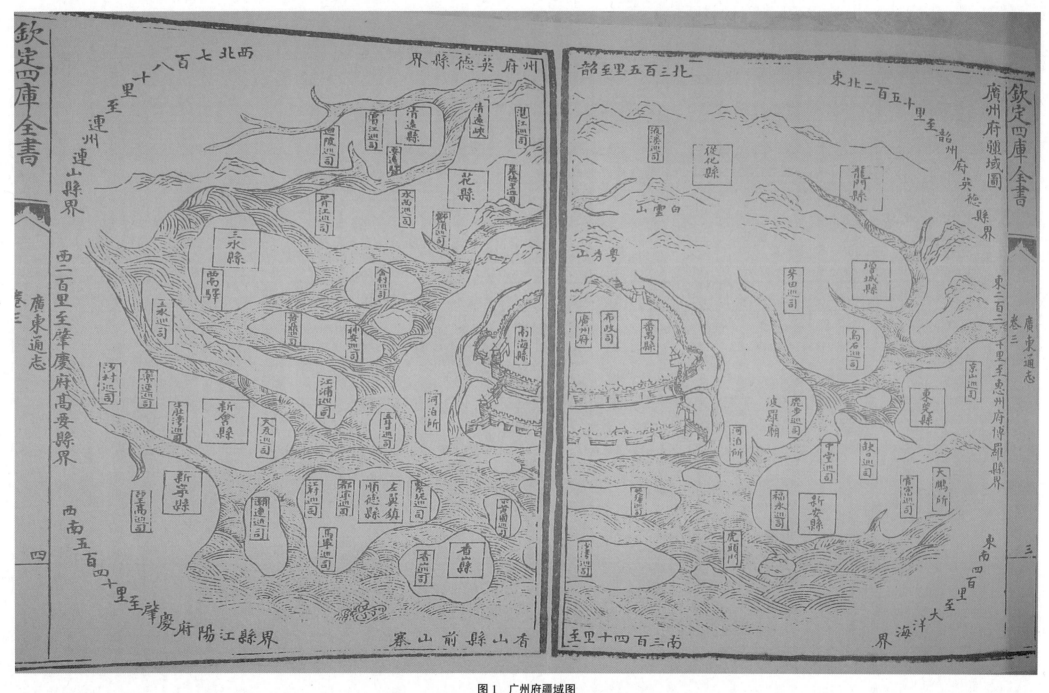

图 1 广州府疆域图

（注：翻拍自《图说城市文脉——广州古今地图集》，第一部分：广州古今地图集，第 11 页，图 9《广州府疆域图》。广州规划局、广州市城市建设档案馆编，广东省地图出版社 2010 年 1 月版。此图选自清《广东通志》，该图四周标有四至距离，西北七百八十里至连州连山县界，北三百五十里至韶州府英德县界，东北二百五十里至韶州府英德县界，东二百二十里至惠州府博罗县界，东南四百里至大洋海界，南三百四十里至香山县前山寨，西南五百四十里至肇庆府阳江县界，西二百里至肇庆府高要县界。）

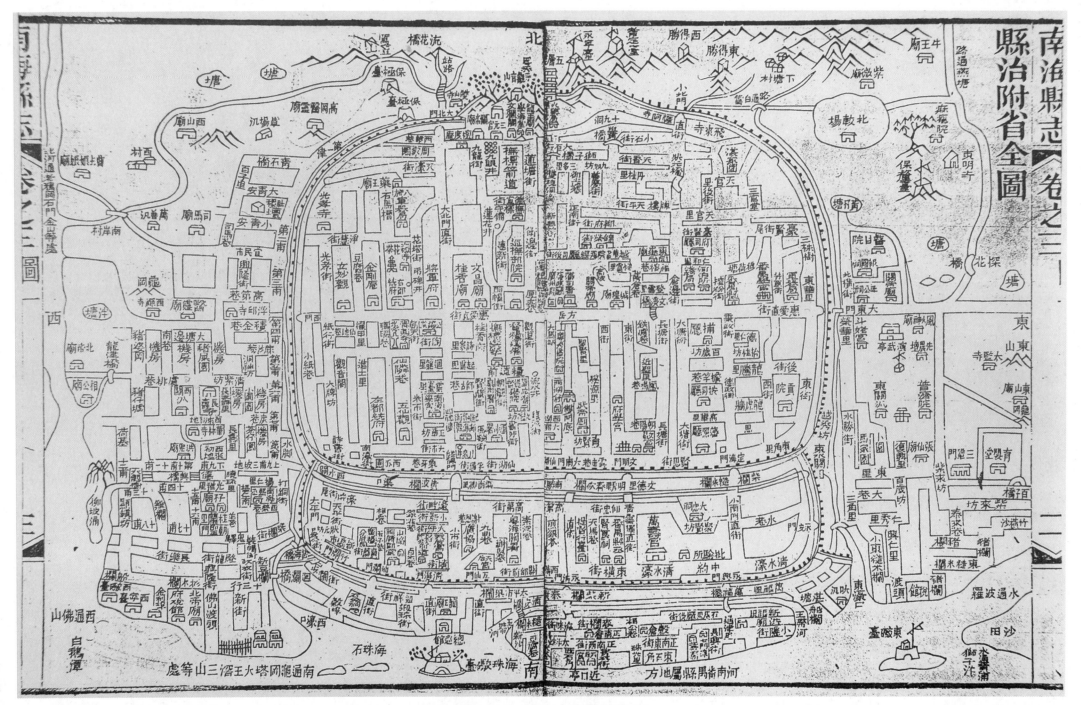

图 2　道光十五年（1835）《县治附省全图》

（注：翻拍自《图说城市文脉——广州古今地图集》第一部分：广州古今地图集，第 21 页，图 17《县治附省全图》。广州规划局、广州市城市建设档案馆编，广东省地图出版社 2010 年 1 月版。此图选自清《南海县志》，潘尚楫撰，道光十五年（1835 年）修。广州府城郭绘以城墙与城门城楼，城内绘有五层楼、六榕寺、光塔等，并标注详细街道，如正南街、惠爱直街、仓边街、东华里、米市街等，亦有详细街巷名，如高第巷、长寿里、荣华里等。）

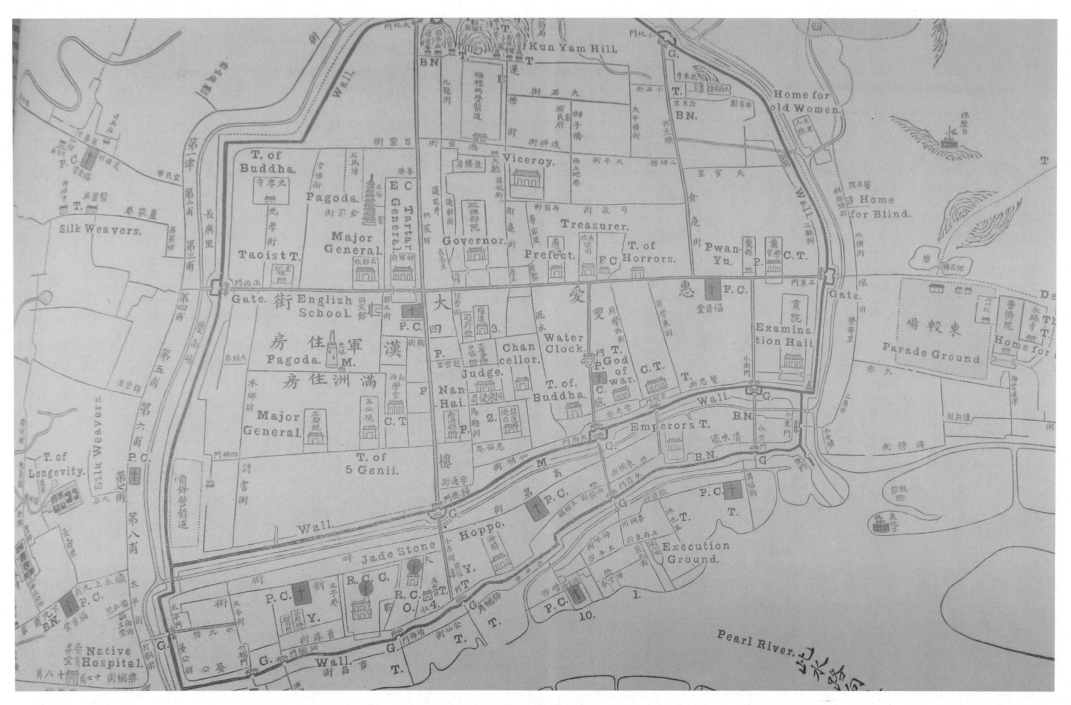

图 3　广东省城图（局部）

（注：翻拍自《图说城市文脉——广州古今地图集》，第一部分：广州古今地图集，第 22 页，图 18《广东省城图》。广州规划局、广州市城市建设档案馆编，广东省地图出版社 2010 年 1 月版。此图由 D.Vrooman 于清朝咸丰年间（1851—1861）绘制。相去道光年间不远，故对了解道光时期广州城的布局也有一定的参照价值。）

自　　序

现在呈现给读者的《道光时期广州社会治安研究》是笔者在2011年12月通过答辩的博士论文的基础上扩充发展而成的。这本书的出版得到了暨南大学刘正刚先生的鼓励。博士毕业三年多来，我继续对博士论文的论题进行探索，积累了清道光时期特别是鸦片战争时期有关广州社会治安的几十万字的素材，然后在这个基础上写成了这本小书。

鸦片战争在中国历史上具有巨大的转折意义，在这场中西方制度、经济、军事等方面的较量中，道光年间的广州无疑成为人们关注的焦点。本书主要通过档案、文集等资料，描述性地勾勒道光年间广州城的社会治安问题，从一个侧面管窥传统社会对危机事件的应急措施及其效果。

本书以道光年间广州社会治安为研究对象，将治安管理纳入中外贸易、鸦片战争及社会变迁等宏大场景中进行梳理和叙述。全书以1840年为界分成鸦片战争前夕、鸦片战争期间及鸦片战争后三个阶段。第一部分主要探讨鸦片战争前夕，广州的社会治安在中西方贸易体系下的一些变化，试图通过典型案例，考察广州各级地方政府在这场贸易之争中的应对策略。广州各级政府竭力维护原有的贸易体制，从而表现出来的蒙昧和妥协，对理解广州近代化的进程具有重要意义，笔者不惜笔墨给予足够的讨论。第二部分主要考察战争期间，为了应对英国在军事上的挑战，广州各级地方政府对社会治安无力控制，特别是杨芳、奕山主政广东时，湘兵对广州市民的侵扰及军队内讧，导致战时广州城一度陷入失控的局面。第三部分主要考察鸦片战争后条约背景下的广州社会治安。战后的广州，商业严重凋敝，徐广缙沿用传统的治安模式，总体上稳定了广州的社会治安秩序。

从近代化的角度去看，不论是在中西贸易体制下、鸦片战争期间，还是在战后的条约背景之时，广州各级地方政府在治安模式和管理意识形态上，尽管在某些方面迫于列强的压力而做了一些应对式的调整，但并没有形成新的治安管理机制。总体来看，仍是一如既往地维护原有的治安体系，这种滞后的治安模式在当时的中国绝非特例。实际上，广州的社会治安管理可以说是鸦片战争后中国社会的一个缩影，它并未因时局的变化而适时做政策性、制度化的调整，从而影响了广州近代化的进程。

作者自知浅薄，书中堆积了大量有关道光时期广州社会治安管理方面的史料，并不全面，又明显地感觉到史料有余，史评不足。但为了推动道光时期、鸦片战争及广州城市史的深入研究，希望这本不成熟的小书能为未来更有水平的学者、专家关于这方面的研究提供一点肥料，因而不顾这本小书的粗浅，大胆地将它刊印出来，以求教于有识之士和广大读者。

此外，从来到这个世界，我就受到无数人的关怀，这本小书虽然质量不高，但我还是想将它送给所有关心、帮助、支持我的人，权作覆瓿之用，毕竟它是经过艰苦的努力才完成的。

献给亲我的和我亲的
献给爱我的和我爱的

江 波
2014 年 12 月

目　　录

导论 …………………………………………………………………… (1)
　　一、道光时期的广州政区和城区 ………………………………… (1)
　　二、古代治安管理的概念和内涵 ………………………………… (12)
　　三、相关学术史回顾 ……………………………………………… (15)
　　四、研究思路及资料来源 ………………………………………… (26)

上编　鸦片战争前夕广州的治安重心

第一章　嘉道时期广州城的管理布局 ……………………………… (35)
　　一、广州城官僚体系和基层社会组织的构成 …………………… (35)
　　二、内外城的安全防务 …………………………………………… (39)
　　三、维护社会稳定的各项治安制度 ……………………………… (43)
　　四、广州地方政府"严打"的恶性治安案例 …………………… (54)

第二章　针对行商和外国商馆的商业管理机制 …………………… (59)
　　一、行商及政府的严控 …………………………………………… (59)
　　二、对外国商人及其商馆的管理 ………………………………… (65)

第三章　鸦片战争前的中外纠纷 …………………………………… (75)
　　一、华夷伤害案的处理 …………………………………………… (76)
　　二、中外贸易制度对抗下的纠纷处理 …………………………… (82)
　　三、特殊案件的处理 ……………………………………………… (96)

第四章　严禁鸦片走私的治安举措 ………………………………… (103)
　　一、打击鸦片走私，扼制纹银外流 ……………………………… (104)
　　二、严厉惩治参与走私、涉及鸦片和私易纹银的腐败、渎职官员
　　　　………………………………………………………………… (121)
　　三、对各类"汉奸"的处置 ……………………………………… (126)
　　四、综合治理以求根绝之效 ……………………………………… (130)

五、配合打击鸦片走私行为的其他社会治安整治 …………（140）

中编　鸦片战争期间广州社会治安的无序状态

第五章　广州城内外的军事布防 ………………………………（146）
　　一、林则徐的军事布防 …………………………………（146）
　　二、琦善主政广州时的社会治安 ………………………（149）
　　三、杨芳、奕山的军事防控 ……………………………（156）

第六章　广州社会秩序的混乱 …………………………………（163）
　　一、驻兵的袭扰引发社会动荡 …………………………（163）
　　二、奕山主政期间社会治安失控 ………………………（165）
　　三、赎城后的广州城及官府的社会维稳措施 …………（169）

第七章　广州官绅在战时社会治安管理中的作用 ……………（173）
　　一、士绅倡导并组织备战力量 …………………………（174）
　　二、行商在战时的摇摆态度 ……………………………（178）

第八章　民众的武装反抗与官府的化解 ………………………（182）
　　一、民众的抗英激情 ……………………………………（182）
　　二、三元里人民抗英 ……………………………………（184）
　　三、举人何玉成的抗英行动 ……………………………（186）
　　四、官府对民众武装力量的化解 ………………………（188）

下编　鸦片战争后广州社会治安的调整

第九章　广州民众反英军入城 …………………………………（197）
　　一、官府对英国人入城的态度 …………………………（197）
　　二、官民之间的冲突与刘浔事件 ………………………（200）
　　三、士绅支持民众反入城行动 …………………………（204）
　　四、官府对民众反入城行动态度暧昧 …………………（208）

第十章　战后广州处理中外关系的取向 ………………………（215）
　　一、广州对外国人治安处罚权的丧失 …………………（215）
　　二、华夷纠纷案的处理 …………………………………（217）

第十一章　军事建设与商业调控 ………………………………（227）
　　一、军事和城市建设保广州安全 ………………………（227）
　　二、商业调控化解民生困境 ……………………………（231）

三、官府的维稳措施 …………………………………………… (233)
第十二章　处理"夷务"为中心的广州城 ………………………… (235)
　　一、条约实施背景下的广州社会 ……………………………… (235)
　　二、梳理夷务，确保广州社会稳定 …………………………… (236)
结　　语 …………………………………………………………… (241)
参考文献 …………………………………………………………… (244)
附　　录 …………………………………………………………… (254)
　　（一）道光年间广州治安大事记 ……………………………… (254)
　　（二）人名索引 ………………………………………………… (255)
　　（三）道光年间两广总督、广东巡抚及任期表 ……………… (256)
　　（四）道光年间广州知府、广州将军任期表 ………………… (257)
　　（五）道光年间粤海关监督及任期表 ………………………… (258)
　　（六）博士论文后记 …………………………………………… (259)
后　　记 …………………………………………………………… (262)

导　　论

一、道光时期的广州政区和城区

1. 明清时期的政区、城区

明朝洪武二年四月（1369年5月），朱元璋改元代的广东道为广东行中书省，广州成为行中书省的省城。诏令广州府领辖一个州十五个县，省城城区分成两个部分，由省城附郭南海和番禺两县管辖，两县的县衙皆设于广州府治所所在地。到了清代，依然设置广州府，诏领十四个县：南海、番禺、顺德、东莞、从化、龙门、增城、新会、香山、三水、新宁、清远、新安及花县，南海、番禺两县仍属广州府城的附郭，共同管辖广州城。①

明代广州城的建设规模比较大，是继南越国、北宋后的第三次扩建，起始于洪武三年（1370年），当时的指挥使胡通修葺广州城旧垒。②洪武十二年（1379年），永嘉侯朱亮祖，都指挥使许良、吕源认为旧城非常低矮狭隘，上疏请求重修，得到批准。此次重修将东城、西城和子城连为一体，并开辟城区东北面的山麓，扩充成为城区。城东西之外有护城河围绕，正北门外筑有瓮城庇护，在东门的北城下设置小水关，并以石柱防护小水关，以疏导城内渠沟之水，目的是防止雨季水浸内街现象的发生。城的北面有越秀山，山上靠左面建筑了五层高的镇海楼，更多的是从城市风水的角度出发，借助神灵保卫广州城的安全。登到该楼的楼顶可以看到当时广州城的全景。北城的外面还建有粤王台。③

1556年，葡萄牙人克路士对当时的广州外城有非常具体的描述："郊区很大，人口众多……人多到简直难以进入河岸上的城门。""郊区的街道在尽头处都有门，派有专人看守，他的职责是每晚锁门，玩忽职守要严惩，每

---

①（清）瑞麟、戴肇辰等修，史澄等纂：《广州府志》卷六，光绪五年刊本。

②（明）戴璟修，张岳纂：嘉靖《广东通志初稿》卷四，嘉靖十四年刊本，书目文献出版社1996年影印版。

③（清）王永瑞纂修：《新修广州府志》卷十二，清康熙抄本，书目文献出版社影印。据郭棐等纂修《广东通志》卷十五记载："发军民三万人拓广东北城凡八百余丈""城东西之外，因旧浚池，周二千三百五十六丈五尺"。

条街都有一名警察和一所牢房……因此每晚街上都有守卫。相邻的人则划分为区，每晚组成六个区，也就是值夜"①。为进一步保证外城的安全，嘉靖四十二年（1563年），总督都御史吴桂芳自西南角楼以及五羊驿环绕东南角楼一线开始建设外城，主要是为了提高城区防御能力，外城建成后共设有八个城门，东面永安门，西面太平门，南面永清门，东南面小南门，西南面有五羊（清朝改为五仙门）、靖海、油栏、竹栏四个门。②

顺治四年（1647年），因珠江北岸沙洲不断与河岸联结在一起③，总督佟养甲向南修筑了东西两个翼城，各长二十余丈，直至河（珠江）旁，因形似两鸡翼，故名"鸡翼城"。高二丈，厚一丈五尺，各有一个城门，东南面叫正东门，西南面称安澜门，正东门又称"便门"，通湛塘街及万福里，安澜门通安澜街。④附近的街道和珠江面上都非常繁华，当时有人写诗描述其繁华程度："潮来濠畔接江波，鱼藻门（安澜门）边净绮罗。两岸画栏红照水，疍船争唱木鱼歌。"⑤可见当时的省河（珠江）已经有了大量的疍户（即船户）活动。

比较大型的城门、城墙修葺活动在康熙、乾隆、嘉庆、道光、咸丰、同治年间都有过。

至嘉道时期，广州城主要位于越秀山和珠江之间，东西以濠水为界，基本因袭明代规模，翼城是在商业繁荣、人口大增的情况下增建的。广州城分为内外两城已成为定式，所谓内城就是明代永嘉侯朱亮祖所建的东城、西城和子城三城合一的城区，当时称为旧城，方圆约二十里又三十二步，有七个城门。外城包括明代吴桂芳所建的新城和顺治四年总督佟养甲所筑的东西两个翼城，道光时有所增修，称为东西临海二城。大约外城就是惠爱街以南到珠江这个范围。此后直至清末，广州城没有再行扩建，基本维持嘉道年间的规模。

广州内外二城虽驻有广东省各级衙门，但并无一个固定的部门来对广州城进行日常的治安管理，内外城由南海和番禺二县分而治之。南海县分治广

---

① [英]C.R.博克舍编著：《十六世纪中国南部行记》第二编，克路士：《中国志》第六章，何高济译，中华书局1990年版。外国人笔下的"警察"其实是中国官府的衙役。

② （清）李义壮：《广州新筑子城记》，见《广州府志》卷六十四，宣统《南海县志》卷十二。

③ 据曾昭璇估算，自明嘉靖四十五年（1566年）至清顺治四年（1647年）间，珠江江岸淤出滩地达20多丈，平均每年淤出约1米。（参见曾昭璇：《广州历史地理》，广东人民出版社1991年版，第379页。）

④ （清）阮元修，陈昌齐等纂：道光《广东通志》卷一二五，引《南海县志》。

⑤ （清）王士祯：《中华竹枝词》，北京古籍出版社1997年版，第2738页。

州城的西境，以内城的正北、正西、归德和外城的太平、竹栏、油栏、靖海、五仙八个门为管辖范围；番禺县分治东境，以内城的正东、小北、正南、文明、定海和新城的永安、小南、永清八个门为其管辖范围①。这是嘉庆末年两广总督阮元亲自挂名纂修的《广东通志》描述的广州城情况，应该说基本上代表了道光时期的广州城格局。

2. 广州城内水路的建设

广州城处于珠江口，城区内有很多河涌注入珠江，城内河汊纵横，水路众多。而珠江水系特别是珠江河道在明清之际出现了很大变化，由于西、北两江水流量急剧减少，珠江泥沙淤积日趋严重，沙洲与河岸联结速度加快，流经广州城的珠江江面逐渐缩小②。水系的变化直接影响到广州城区特别是外城的发展规模，珠江水系建设与广州城以水为中心的社会治安管理紧密地联系在一起。

明清两代广州各级衙门都非常重视濠涌的整治和疏浚，把它们与广州城区内涌外河的商贸通道建设、发挥卫戍作用的护城河建设结合在一起统筹考虑，使纵横于城区中的河汊基本上能够安然度过每年的雨季和汛期，确保城区民众的生命财产安全。

到明朝时期，广州城有南濠、清水濠（即古东濠）、东濠、西濠和广州城内古渠等。③ 广州古渠即六脉渠，在内城，历朝历代都不断对"六脉"进行疏浚，使它们互为贯通，并与清水，东、西、南各濠相联结，而各濠则与珠江相通，确保广州城内没有水患。④ 乾嘉年间顺德人仇巨川对六脉渠予以详细的记录：

> 所谓"六脉渠"者，一、草行头至大市，通大古渠，水出南濠。二、净慧寺街至观堂巷、擢甲里、新店街、合同场、番塔街，通大古渠，水出南濠。三、光孝寺街至诗书街，通仁王寺前大古渠，水出南濠。四、大均市至盐仓街，及小市至盐步门，通大古渠。五、按察司至清风桥，水出桥下。六、子城城内出府学前泮池。六脉通而城中无水患，盖城渠之水达于闸，闸之水达于濠，濠之水入于海，此城内水利所由通也。⑤

---

① （清）阮元修，陈昌齐等纂：道光《广东通志》卷一二五。
② 参见邱丽：《明清广州珠江河道变迁与城市街巷空间的发展》，载《华中建筑》2009年第1期。
③ 嘉靖《广东通志初稿》卷四。
④ 道光《广东通志》卷一二五。
⑤ （清）仇巨川撰，陈宪猷校注：《羊城古钞》，广东人民出版社1993年版，第102页。

如前所述，广州东城、西城和子城合为一体是在洪武十二年（1379年），因建护城河，已经开挖疏浚的濠周长有二千三百五十六丈五尺。其时，南、东、西及清水各濠都是连在一起的，"旧为濠四，皆达于海，今合为一"①，围绕在广州城周围。只有城的北面因为有越秀山而没有开挖濠沟。成化三年（1467年），提督军务左副都御史韩雍和巡抚右副都御史陈濂商议在城北的山上开凿北城濠，可能是想将三面的壕沟（护城河）连结起来，以达到护卫城墙进而卫戍城区的传统目的。但是，正好到广州城巡察的太监陈瑄认为，广州府的地脉发迹地就在越秀山，如果开挖一条濠涌，势必将地脉截断，反而会破坏风水，影响广州城的安全。②这一计划再也没有被提起过，因而在广州的众多濠水中没有北濠之说。从这里我们也可以看到传统的风水学所推崇的神秘力量对古代城市建设及其治安管理的影响。

清代加大了对各城濠的疏浚力度，在康熙年间就将明代设置在东门入海（珠江）口处的闸口打开，使内外城濠贯通，濠涌的宽度和深度甚至足以通行舟楫，但为保证卫戍的目的，在各个重要的城濠隘口构建炮台。③那些跨越河涌、水濠的水关或闸口，往往在旱季和夜里都是关闭的，主要是为了防止水盗或海盗顺河涌进入城区，危害公共安全，④应该算是广州城区特有的社会治安防御设施。濠涌既成为防御外敌、海盗、匪徒入侵的一道道屏障，也为水上交通提供极大的便利，从而保证了城区的社会治安稳定，推动城区社会经济的繁荣发展。

3. 城区的街道和主要功能布局
（1）街道的分布

清代中期以后至道光年间，广州内城街道设置基本奠定了今天广州街道的大致格局。根据同治《番禺县志》记载，全城属于番禺县管辖的街道有48条，主要有惠爱大街、仓边街、豪贤街、小北大街、德政街、府学街等。据同治《南海县志》记载，属该县管辖的街道有44条，主要有西门大街、惠爱街、光孝街、四牌楼、大南门直街、大北门直街等。

广州外城区包括新城和翼城，据同治《番禺县志》、《南海县志》记载，共有55条街道，其中番禺管辖文明门大街、高第街、定安直街、大南门直街等24条街。南海县管辖大新街、卖麻街、九曲巷等31条街。

---

① 同治《番禺县志》卷十四。
② （清）郝玉麟修，鲁曾煜纂：雍正《广东通志》卷十四。
③ ④《广州府志》卷六十四；道光《广东通志》卷一二五。

(2) 城区功能布局

广州的主要军政机关和文化机构大部分设置在广州的内城和新城。康熙二十三年（1684年）撤藩后，文武各衙门奉旨全部迁进旧城。从归德门一直到大北门，东边建设院、司、道、府、厅、县各署，西边建设驻镇将军、都统、武职等衙门。

两广总督署及行台（明景泰三年始设两广总督，驻梧州；嘉靖四十三年迁肇庆；1746年总督策愕奏请移驻广州，此后总督府一直设于广州）[①]，先后在新城靖海门内、卖麻街，后移至内城。巡抚署在西门大街。提督学院署在内城九曜坊即南汉南宫旧址（小北路）。其他如布政使司署（惠爱大街）、按察使司署（在提督学院西）、盐运使司署（内城惠福巷）、督粮分巡道署（在按察司后街）、督标中军中营副将署（外城白米巷）、将军署（内城正烈坊，统率满汉旗军，满、汉旗营主要驻在内城西南角，以光塔街为界，汉军属驻街北地区，至惠爱直街附近，满洲属驻街南地区，至内城南城墙[②]）、知府署（布政司署西，司狱司及监狱在仁和里，即今天的仓边路东面广州市中级人民法院所在地）、粤海关署（外城五仙门内）、河泊所大使署（内城仓边街宝广钱局之左）、平粜惠济东西二仓（西湖街）、大有仓（潮观街）、永丰仓（外城素波巷）、正南仓中南仓（天字码头）、公监（榨粉街）、府监（仓边街）、盐务会馆（清水濠）、盐务公所（高第街）、番禺知县署（正东门外惠爱街九约）、南海知县署（马鞍街）等，以上各衙、署、仓都设在城内。[③]

学宫书院社学、祠庙等则有的设于城内，有的设于城外。万寿宫设在文明门外，是广州城内非常重要的建筑，也是广州最重要、规模较大的祠坛之一，充分体现封建帝王的统治思想。每遇万寿圣节、千秋圣节及元旦、冬至等令节，文武官员至此望阙行礼。每月逢朔、望两日，各级文武官员也要来到万寿宫，在向君王表达敬意后，退至讲所与军民人等一起环列肃穆，恭听司讲生宣讲圣谕，如有钦颁律例也在此宣讲[④]。除万寿宫外，广州内外城还设有83座祭坛、祠堂、庙宇，80座寺、庵、观（著名的有大佛寺、能仁寺等），52所学校、书院、义学、社学和诗社。[⑤]

演武厅在东教场，演炮所在东城外十里燕塘地方。其他如育婴堂（小

---

① 同治《番禺县志》卷十五。
② 参见《粤东省城图》，原图现存广东省档案馆。
③ 《广州府志》卷六十五。
④ 《羊城古钞》卷三；李福泰修，史澄等纂：同治《番禺县志》卷十五。
⑤ 《羊城古钞》卷三。

东门外子来里，城西第十甫)、普济堂(东门外教场东)、普济院(东门外黄华寺址)、恤嫠公局(文明门外三大忠祠)、麻风院、瞽目院(在东门外)、漏泽园(大小北门外)以及各类义冢都在城外①。

到了清代，随着商业的不断繁荣，海上运输越来越发达，广州城区南部基本形成了一个商业带，粤海关也设在了城外珠江边。这与古代城市中的市场在北面(属阴性的布局)南辕北辙，体现了南方人重视商业、重视世俗需求的传统实用主义城市建设观念。这种实用主义还体现在广州城北有越秀山，山上有镇海楼；南有珠水，而水是有流动性的，远离水本身就表明对安全的要求。因此，广州城重地趋于北部，背山临水，实现了建城者实用主义的社会治安安全理念。当然这其中也反映了作为都城的政治中心型城市与非都城的地方城市建设标准要求的差异。广州自古以来海运发达，是著名的古港，也是海上丝绸之路的起点之一。由此沿海北上，可达中国大陆海岸诸港口；而南下可通越南、马来西亚、印度尼西亚、斯里兰卡、印度等国港口，海上航线十分遥远。由于"近海，多犀、象、毒冒、珠玑、银、铜、果、布之凑，中国往商贾者多取富焉。番禺，其一都会也"。②可见海路交通发达是广州兴起和发展成为岭南最早的经济都会的重要原因。从历代广州城的规划和建设看，其以商业或者经济为中心的特点也渐次显著。

因此，广州城的商业区主要集中在沿珠江一带的新城区。清中后期，广州发展最快的要数西关平原，即由西濠到小北江之间的低洼地得到了开发。清代西关最早的商业区为十八甫，即沿西濠和大观河兴起的原明代商业街圩。也就是从西城墙外的西北角起，沿西墙外向南一直到达西南角，再折向西南到达今天大观河边，呈东北—西南走向，伸延数里。因为西关集中了广州织造业的机房区，很多街道以织造为名，如锦华大街、经纶大街、麻纱巷等。其分布区主要在第六、七、八甫和上九甫一带，即位于城外西南地区。随着工商业的发展，富商大贾在西关开辟了高级住宅区，即宝华路、宝源路住宅区，位于泮湖东南一带，这一带的街道经过规划，均为东西走向、南北走向，犹如棋盘，十分整齐。在城西南的西濠口以北，形成了官办洋商的特殊区域，即十三行，十三行街就是洋行兴起后开辟的新街，大都呈南北走向，直达珠江沿岸，显然是为了对外贸易，方便货物的水路运输。其中怡和大街、同文街、同兴街、靖远街等路名仍保留至今。在清代，若是商业城市

---

① 《广州府志》卷六十五；同治《番禺县志》卷十五，郑梦玉等修，梁绍献等纂：同治《南海县志》卷四；《羊城古钞》卷三。
② 《汉书》卷二十八下《地理志》。

有外人聚居者，则经常划区以限之，广州是清代重要的商业城市，广州城外西关十三行就是给西洋商人居住的地方，洋人不得进入广州内城①。

西关平原南侧有一个沙面区域，为珠江岸边的河滩地，就是今天白天鹅宾馆一带的老使馆区，由于水路交通方便，也成为广州最繁华的外籍人员居住区域之一。后来的英、法租界也设在沙面，英国在西面，法国在东面，有东西大街三条，南北小街五条（参见《粤东省城图》）。

法国人伊凡在19世纪40年代来到中国时这样描述划给夷人居住的街道：

……包含三条完全中式的街道。一条为了纪念水手们，欧洲人给它起了个名字叫猪巷，中文叫新荳栏。它位于英国馆与美国馆东部之间的废墟上。尽管你现在看不到那里肮脏的动物了，此街即按照那些动物的名字命名，的确恰如其分。这是一种低档的酒馆，中国人会邀请水手进来，以较低的价格卖给他们掺假的低劣酒。这些黑暗巷子的众多店铺，在任何时候都在上演着酒醉之后令人厌恶的骚乱事件。另外两条中国街道也经常有人光顾：一条被称为旧中国街，中文称之为靖远街，位于法国馆与从属于美国馆的一块空地之间；另一条街叫新中国街，或称同文街，是法国馆建立之后才有的，先于丹麦馆。②

可见，使馆区的社会治安是相当混乱的，广州地方政府显然忽略了对这一地区的社会秩序治理。接着伊凡继续描述靖远街和同文街的情况：

旧中国街和新中国街真的成了欧洲人的"侨寓地"，从没有一个中国人冒险进去，即便是他想进去购买商品时也不会这样。一个本土人不会去也不会被商人带到那里，而巴黎人会去参观某些本省人或外国人将冲进去的某些商店。事实上，逛商馆区这两条中国街道的商铺只是权宜之计。在天气比较好的日子或者其他一些日子，广州城的统治者，禁止"番鬼"成群结队地去郊区。一名旅行者，可能会瞅准机会，在上文提到的街道上满足他的好奇心，但这种情况极为少见。他也可能宣称，他看到了真正的中国人，带回来了真正的中国瓷器和扇子。事实上，这两条著名街道上的人都是这么说的。我可以发誓，如果在广州看不到更惊

---

① 萧一山编：《清代通史》第一卷，华东师范大学出版社2006年版，第523页。
② ［法］伊凡：《广州城内——法国公使随员1840年代广州见闻录》，张小贵、杨向艳译，广东人民出版社2008年版，第26—27页。

奇的东西，那么呆在停泊于江上的快艇中会更好些。我已经尽可能细致真实地描述了广州的欧洲馆区。它由10条孤立的街道组成，至多共住了200名红头发或黑头发的"番鬼"。①

如前所述，道光时期的广州城不仅驻有总督、巡抚、知府等行政衙门，将军署、督标中军署等军事衙门，书院、学社、庙宇等文化设施，更有负责进出口贸易关税管理的海关署，另有集中的西关商业带、各类集市。可见，广州不仅是政治、军事和文化城市，还是兼有商业性质的城市，在当时的全国，这样的城市为数极少。② 当然还有外国人居住的特殊地区——十三行商馆。这使其功能布局纷繁复杂，也使广州的社会治安具有其他城市所没有的特征。

4．城区人口及其社会生活
（1）人口数量及其构成

根据光绪《广州府志》卷七十所记，自雍正九年（1731年）至嘉庆二十三年（1818年），番禺、南海人口增长十分迅速，其中番禺丁数激增13倍之多。③

嘉庆二十三年，南海县有人丁83万多，番禺县有人丁48万多，两者合计占当时广州府属总人口（340多万）的三分之一多，还不包括疍户、军户等。④

通过对道光《南海县志》卷六和同治《番禺县志》卷三所记载的坊厢里甲的整理，清前期在老城内的坊厢（城中为坊，近城为厢）数约有21坊，但是坊厢内的里甲户数早已和明初"一里中有十甲，一甲中有十户"的状况大大不同，在县志中可以看到，有的甲只有一户，而有的甲却可多到上百户，因此通过里甲户数去计算城区人口数量肯定是不准确的。⑤

到清代中后期，城区里的坊厢逐渐演变为街巷，是由保甲演化而来的基层社会组织，与街道既有联系又有不同。同治年间，老城内街95条，新城内街55条，城外街222条。其中南海县境的老城内街47条，新城内街31条，太平门外街134条，西门外街36条，大北门外街13条。番禺县境的老

---

① 《广州城内——法国公使随员1840年代广州见闻录》，第34—35页。
② 萧一山编：《清代通史》第一卷，第521页。
③ 《广州府志》卷十七。
④ 道光《广东通志》卷一二五。
⑤ 道光《南海县志》卷六，同治《番禺县志》卷三。

城内街48条，新城内街24条，东门外街19条，新城外街20条。"至鸦片战争前夕，（广州城）人口已接近百万"（不包括郊区疍户）这一数字是鸦片战争前夕访华使团成员的估计数字。①

施坚雅专门对19世纪中国农业和城市人口的比例进行了研究，通过对各个地区城市群进行地区服务状况、发挥作用大小等的细致研究表明，1843年岭南地区的城市化比率是7％，城市化人口约为204万人。此外，每个地区的城市体系中都有一个是主要城市，人口往往过分集中，并且意味着不是地区服务特别集中，就是主要城市起了一种超出它的地区腹地的作用。在19世纪的大部分时间里，广州发挥的作用特别大，朝廷把帝国对外贸易的实际垄断权留给广州，并且指定该城市为几种重要进贡品的进口港。相对于该地区的城市体系，广州人口和集中程度相应过高。根据各地区城市中心地的等级——规模图分析，广州人口与岭南地区其他大城市的人口之比是1.02∶1，由此可以推算出1843年的广州城区（此处的城区范围应包括广州内外城、城周边街及河南）人口约为103万多人。②

美国人魏斐德对1840年前后的广州城市社会形态印象深刻：

> 这个城市人口很多——至少有五十万人。小贩、艺人、店主摩肩接踵。被每天可挣两先令工资所吸引而来的广州三角洲地区的农民，卸下和搬运各种各样的涌入广州的货物：用潮州船运来的广东沿海乡镇所产的盐、鱼、大米和糖，广西来的大米、肉桂，云南来的铜、铅、宝石和黄金，福建来的陶器、烟草、蓑衣、糖、樟脑、红茶、雨伞，浙江来的丝绸、扇子和上好刺绣品，安徽来的绿茶，湖南、湖北及河南来的大黄和各种药材。
>
> 广州则输出燕窝、檀香和外国奢侈品。这里有六万七千名男人、妇女、儿童从事织棉布、丝绸和锦缎的工作。还有的工人则生产粗糙的瓷器、劣质的玻璃，然后从水路把它们运到中国的其他地方。大的珠宝商号加工制作宝石、玛瑙、黄玉、珍珠——一年可赚几百万元。木匠们制作上好的玩具和家具。从南方进口的象牙被雕刻成复杂而奇特的形状。这个城市像块磁石，它吸收原料和人力，然后再把它们排出来……在城

---

① 广州市地方志编纂委员会编：《广州市志》第2卷，广州出版社1998年版，第150、277页（另参见爱尼斯·安德逊《英国人眼中的大清王朝》，费振东译，群言出版社2002年版，第208页。）。

② ［美］施坚雅：《十九世纪中国的地区城市化》，见施坚雅主编：《中华帝国晚期的城市》，叶光庭等译，陈桥驿校，中华书局2000年版。

市河南区那一边……是世家大族的居住区，他们的子孙多在国家的各级机关中任职。在这一片士绅住宅周围，居住着小自耕农和佃户，他们是广东大量丝织品的生产者。①

通过这样的描述，我们可以发现当时的广州城区人口成分非常复杂，除官府组成人员、驻城士兵、士绅阶层、本地行商、店主伙计、普通城市居民等构成一个等级森严的城市社会外，还有大量从各省来广州从事经贸活动的内地商人阶层，也有生活于城外西关商馆区来华贸易的大批夷商，以及依附于行商、外商，为他们提供各种服务的社会底层人员。漂浮在珠江水面各种各样小船上还生活着一个特殊的疍户群体。广州是清代"一口通商"的港口城市，四面八方的流动人口都因为利益或生计的原因向广州聚集，比其他任何城市都多，成分自然也极其复杂。而清政府将厂灶矿丁、棚民寮户（广州的疍户）、流寓客商、渔民商船、无业游民、僧侣道士、乞丐等都归入流动人口，以为这是社会最不稳定的因素。②

（2）广州居民的社会生活

社会生活的状态总是与政治、经济、文化有着非常紧密的关系。在我国封建社会的各个朝代中，由于政治、经济、文化的不同，各个朝代人民的社会生活状态通常也存在着较大的区别。统治阶级的专制统治政策、有关生活方式的法令、社会政策、社会上层的风尚、社会生产、外族文明的传入、不同地理条件下的社会生活自身的传统等因素都影响着各个时期的社会生活状态。

清朝立国后一直实行民族分治政策，特别是满汉分治，"国家安鼎以来，布列八旗，分编参、佐领为之管辖，犹天下之省、郡、县为之阶。第八旗之设参、佐领，并隐然以一旗为一省，一参领为一府，一佐领为一县矣"③。旗民的社会俨然是国中之国。而且清政府严禁旗民汉民杂处，严禁通婚，1811年再次下令禁止汉民移民东北，竭力减弱汉文化对其发祥地的影响。④对其他民族的居住地也实行严厉的管制政策，所以在清代社会结构的等级阶梯内部，首先体现在民族的等级划分上，民族出身是至关重要的，然后在这一基础上才有官员的特权等级（皇族、官僚等）、平民等级（地

---

① [美]魏斐德：《大门口的陌生人——1839—1861年间华南的社会动乱》，王小荷译，第6页。

② 朱绍侯主编：《中国古代治安制度史》，第772页。

③ （清）赫泰：《复原产筹新垦疏》，见《皇朝经世文编》卷三十五。

④ [美]费正清、刘广京编：《剑桥中国晚清史》上卷，中国社会科学院历史研究所编译室译，中国社会科学出版社1985年版，第45页。

主、商人、自耕农、佃农、手工业者及医生、雇工、佣工、巫人、乞丐、地痞等）、贱民等级（奴婢、丐户、世仆、疍户、乐户、皂隶）的划分，不同等级的人们的社会生活自然有着天壤之别。① 在所有等级中，满人享有做官和法律上的特权。这种民族分治政策实际上是一种历史的倒退。

清朝严禁士人结社活动，"士习不端，结盟订盟，……着严行禁止。以后再有此等恶习，该学臣即行革黜参奏，如学臣徇隐，事发一体治罪。"② 但在道光时期的广州，因为政治的需要，曾经有一段时间受到官府支持的社会组织相当多。除了会馆（侨寓在异乡的仕商组成的联络乡谊的组织③）、四邻会社（祭祀组织）、诗社（文人以诗文会友的活动）、行业公所（处理行业内部纠纷的组织）等不具有政治性质的民间自发组织外，团练组织、学社、公所等官府认可的组织曾经一度在反侵略、反走私以及维护城乡社会治安秩序上发挥了很大的作用。

因为清廷严禁结社的专制政策，具有政治性质的社会组织基本上处在秘密活动状态。除了秘密宗教组织外，还有一种秘密结社，一般称之为"会党"，会党主要活动在南方地区。乾隆年间以天地会为主体的秘密结社大量涌现，经嘉道年间的发展，直至光宣间，"会党组织已遍布全国，从城市到乡村，从交通码头到驻军兵营，到处有它们的山堂香水。会党的名目已达一二百种，会众约数千万，形成了一种无处不在的社会势力。这在世界历史上也是一种罕见的历史现象"④。而在道光时期的广州，会党组织的活动并不多，广州官府的严厉打击，使各种秘密组织没有生存的空间，像"三合会"这样的组织基本上在边远地区活动，对广州居民的生活影响不是很大，以致广州花县的洪秀全也没有条件在广州传教布徒，而是跑到广西的山区开展活动，最终在广西金田起事。

此外，清人的宗族祭祀、家庭婚姻、衣食住行及娱乐消遣等社会生活都受到清代各种复杂、严苛的规章制度约束，深深地打上了清朝统治阶级的

---

① 冯尔康、常建华：《清人社会生活》，沈阳出版社2003年版，第3—42页。
② 《清世祖实录》卷一三一，"顺治十七年辛巳"条。
③ 乾隆二十二年（1757年）一口通商后，广州在全国的商业地位突显，全国的商人不断云集广州，各地会馆应运而生，刘正刚在其《广东会馆论稿》（上海古籍出版社2006年版，第220页）中，据美国韩格理《中国社会与经济》统计，除了不下于18个从外省来的商人所组成的会馆组织外，广东省内以正式"会馆"组织名义出现者最少有17个不同的地区，可见广州至少有35个会馆，多为工商会馆。除了这些会馆外，广州另有100个以上的行会或公所，分别代表各种特定的行业。
④ 蔡少卿：《论近代中国会党的社会根源、结构功能和历史演变》，载《南京大学学报》1988年第1期。

烙印。

　　道光时期的广州城具有政治、经济、文化等方面的特殊性，该城居民的社会生活与其他地区相比，具有自身显著的特点。特别是商业性质的社会生活比较明显，无论是在城外还是城内，商业气氛都非常浓厚。一位美国记者乘坐"维尔拉麦号"船曾经来到广州古城，他看到珠江河道上有很多小船，上面永久性地住着广州的水上居民（疍户），据说竟有40万之多（约计有8万艘民船，每条船上有5口人）。这些民船分二三十只不等，沿纵深方向有规律地排列成行，而且在各行之间划分出了水街，前后约有一英里长。河中还有一些装饰过的内河船，大多是妓院、剧场、杂耍、赌场及烟馆等，还有些船是用来运送旅客的，有用来做盐、米仓库的体形巨大的船，有快速的蜈蚣船，全副武装的官船等，热闹非凡。①

　　另一位美国人则记录了他在广州一天的生活，他眼中的广州商业社会生活气氛更加浓厚。街两边排列着很多店铺，有家禽馆，还有猫、鼠、狗肉卖，有宠物市场，还有大烟馆（里面有丑陋的食鸦片者）、茶叶商会、尼姑庵、罗汉庙、瓷器店、制绳厂、面粉厂、印染厂、陶器厂、马具厂、铸铁厂、刀具厂和制模厂等。他还记录了丧事用品街和典当楼的情况，描述了清代绅士、乡村姑娘、学童和教课的先生、变戏法的街头卖艺者、放风筝的男人等街上活动的人们。最后这位美国人来到招待他们的张家，享受了广州富人提供的丰盛晚餐。② 在他们的记叙中，我们可以感受到晚清时期广州城市面貌和居民的社会生活剪影。

二、古代治安管理的概念和内涵

　　"治安"并非只是一个现代概念，而是一个古老的话题。在汉代许慎的《说文解字》里，"治"是齐地的一条河名，后引申为"治理水患"的意思，相对的词是"乱"；"安"就是"静"，引申为"安定"之义。战国时期，韩非子在《韩非子·说疑第四十四》中有"民治而国安"之说，在《韩非子·显学第五十》中提到"今上急耕田垦草以厚民产也，而以上为酷；修刑重罚以为禁邪也，而以上为严；征赋钱粟以实仓库，且以救饥馑、备军旅也，而以上为贪；境内必知介而无私解，并力疾斗，所以禽虏也，而

---

　　① 郑曦原等编译：《帝国的回忆：〈纽约时报〉晚清观察记》，生活·读书·新知三联书店2001年版，第14页。
　　② 《帝国的回忆：〈纽约时报〉晚清观察记》，第37—46页。

以上为暴。此四者所以治安也，而民不知悦也"，较早地把"治"和"安"联结成了一个词，但其"治安"的概念侧重于国家的治理和安定。这一理念基本上为历代统治者所承袭，汉、唐以来历代君臣经常谈到治安的概念，基本上都属于倡导政治清明，从而促进国家长治久安和社会秩序安定的政治思想、制度和法律制度的范畴。可见，所谓"中国古代治安"是融合在国家行政理念、行政体制、行政管理等概念之中的。

究其缘由，中国古代长期军政不分、军警不分、司法刑狱不分，并不存在独立、完整、系统的治安制度或体制。① 虽有"治安"的概念，其含义却与今天的"社会治安管理"有很大的不同。古代的社会治安管理基本属于学术意义层面的，是按照古代治安业务工作的实际展开的情况，把社会治安管理从国家行政管理总体中剥离出来进行研究和阐释的。② 因此，古代社会治安管理往往与政治管控、法律约束（统治策略）及道德规范（统治思想）交织在一起，特别是在对违反社会治安管理规定的处罚上更加显示出治安管理与政治管控、法律约束与道德规范的同一性。以今天对社会治安管理的理解，在古代很难分清哪种行为违反了一般治安管理规定，哪种行为违反了法律条文、道德规范。这种现象到了清代尤为显著。乾隆皇帝认为盗贼、赌博、娼妓和打架斗殴是四大危害社会秩序的丑恶行为，必须严厉予以镇压，"劫人之财，戕人之命，伤人之肢体，破人之家，败人之德，为良善之害者，莫大于此"③。在乾隆看来，背德与违法的社会危害性是一样的。当然，即使在今天看来，社会治安管理与刑事犯罪的分辨也不可能做到泾渭分明，特别是对一些个案的处理，需要非常技术化的鉴定才能确定其犯罪的轻重，同时还要看其对社会影响程度的大小，犯罪者和受害者的年龄、身份，等等。

同时，古代社会治安管理的内容也因各个朝代、各个时期政治、经济、文化和军事形势的变化而不定。总的来说，内容非常广泛、芜杂，既包括政治统治秩序管理，也包括社会层面上的秩序管理。可表述为国家通过对政治、经济、文化、军事等方针政策的制定实施，治理国家、管理社会，使国家政治清明、社会安定。单就社会层面上的秩序管理来说，大概包括户籍管理、驿站管理、消防管理、宗教管理、市场贸易管理和社会治安秩序管理。因为内容庞杂，在古代社会，参与社会治安管理的主体也非常广泛，几乎每

---

① 朱绍侯主编：《中国古代治安制度史》，第2页。
② 陈鸿彝：《对古代治安的理论思考》，载《公安大学学报》2000年第2期。
③ 《清高宗实录》，"乾隆元年三月上"。

一个社会管理者或每种社会机构、群体都有参与社会治安管理的责任，即使是普通老百姓也要承担社会治安管理的"连坐"义务。

陈鸿彝认为，中国古代社会治安主要包含三个层面的含义：一是法理层面，指国家的治安思想、治安法理、治安方略的理论基础。它为历代治安定向定性。二是体制层面，指建立在一定的社会安全机制和国家行政体制基础上的治安体制。它研究的是国家警治禁卫安全力量的组合配置方式与运用模式。三是操作层面，指的是历朝历代的治安法规建设和治安业务的实际展开，以及所采取的治安措施、经验积累和实际收效。[①] 这种认识试图从比较全面的角度概括古代社会治安的概念与内涵，但过于笼统和含混。

现代治安学则认为"治安"有广义和狭义之分。广义的"治安"是指整个国家的有效治理和整体社会秩序的维持。狭义的"治安"则是指一个国家以警察力量为主体所实施的各种社会管理与维护社会公共安全秩序的行政活动，即警察部门依法实施的治安管理。近代以来，"治安"一词的含义较之古代逐步变窄，仅指社会层面上的秩序管理。可以这样说，治安关注的是社会总体稳定局面下较为"微观"的秩序维护情况，它与本书所涉及的鸦片战争发生后整个社会动荡时期的军事化"戡乱"行动含义大相径庭，虽然在战时两者有着互为影响的功能交叉关系。

因此，我们在理解古代"社会治安"概念时，不能受到现代"治安"概念的干扰。如前所述，古人所谓的"治安"，目的是为了"政治清明，国家和社会安定"，说明凡是影响到统治阶级所期望的"政治清明，国家和社会安定"这种状态的自然变化和社会活动，都可纳入古代治安管理的范围。统治阶级对影响社会秩序层面很细微的行为、思想都有可能引申为动摇其统治基础的洪水猛兽，由此可知古代的"治安"不是小事。在古代，实施治安管理、体现治安职能的主体有国家的行政机构、军队、民间组织、团体、个人等，客体包含一切影响到治安管理实施的因素。因此，我们可以把古代社会治安概念的研究范围界定为：国家的行政管理机构及下属分支机构和军队、民间组织、团体的构成、指导思想、意识形态、人员配置、运行机制、经验教训、管理法规、管理措施及取得的效果等。[②]

本书论题所使用的古代"社会治安管理"概念等同于如前所述的"社

[①] 陈鸿彝：《对古代治安的理论思考》，载《中国人民公安大学学报》（社会科学版）2000年第2期。

[②] 高晓波、田素美：《中国古代治安概念的界定与基础理论研究》，载《零陵学院学报》2005年第3期。

会治安"概念，但并不把古代社会治安概念作为研究重点，也不可能在这样的篇幅中面面俱到地研究古代社会治安范围所包含的所有内容。其实每一个时期、每一个地域的社会治安重点和特征是不同的，本论题将"社会治安"放置在鸦片战争这一特定的历史情境下，只抓重点和特征，侧重研究特定时期（道光时期，尤其是鸦片战争时期）的社会活动对国家安定和社会治安秩序的影响，强调特定时期（道光时期，尤其是鸦片战争时期）、特定地域（广州）的社会治安操作层面，即具体治安管理的实施主体、实施行为、实施对象和实施结果，进而深入探讨在中外文化、文明交流及军事冲突中，广州这个特定区域所显现出来的传统社会治安模式向近代警察制度渐变的某些趋势。

三、相关学术史回顾

1. 鸦片战争与道光朝研究

道光朝从1821年到1850年，共经历了30年时间，是清朝由强盛走向衰弱的转折性历史阶段，是大清国从一个独立、专制的主权国家，沦为半殖民地半封建国家的重要历史转型时期。辛亥革命以后，学术界开始对清代历史进行广泛深入的研究。尤其是新中国成立以后，国家成立了专门的清史研究机构，使清史研究呈迅猛发展的态势。但相对清朝前期和1850年以后所谓近代晚清史研究的广度和深度而言，道光朝的研究则呈现出不平衡的状态。

道光朝自始至终面临着错综复杂的中西关系，各种冲突暗流涌动。特别是1840年发生的第一次鸦片战争使中华民族与侵华势力之间的矛盾公开化、尖锐化。战争的失败给中国社会带来了深重的灾难，使中国社会的性质发生了根本变化，从而改变了中国社会发展的方向。这样一个动荡的历史时期必然成为研究者们关注的热点、焦点。中国大陆学者出于政治考虑，将1840年以后的清史划入近代史研究的范畴，围绕鸦片战争进行了深入广泛的研究。

这些研究体现在：

（1）资料整理方面

早在1950年，中国史学会就整理、编辑、出版了六册的《鸦片战争》。① 20世纪60年代又依据档案出版了《筹办夷务始末》（道光朝）② 等重要资料。20世纪90年代，天津人民出版社出版了《鸦片战争档案史料》

---

① 中国史学会主编：《鸦片战争》（全六册），上海人民出版社、上海书店出版社2000年版。
② （清）文庆等纂：《筹办夷务始末》（道光朝），上海古籍出版社2007年版。

(Ⅰ—Ⅶ册)①。在台北，鼎文书局出版了杨家骆先生主编的《鸦片战争文献汇编》（全六册）②。日本学者佐佐木正哉先后编了《鸦片战争の研究》（资料篇）③和《鸦片战争前中英交涉文书》④。《鸦片战争の研究》收集了大量关于鸦片战争的资料，从中我们可以看出战争时期广州城市社会各个方面的反应以及各种各样的城市社会形态面貌。广东省文史研究馆也先后编译出版了《三元里人民抗英斗争史料》⑤《鸦片战争史料选译》⑥《鸦片战争与林则徐史料选译》⑦。胡滨先生翻译出版了《英国档案有关鸦片战争资料选译》⑧。这些资料中罗列了不少社会治安事件和治安个案的处理情况，尤其是涉及外国人的治安事件和个案的处理，绝大部分有记载的案件基本能够完整记录其处理过程，对我们研究鸦片战争时期的社会治安极具资料意义。

（2）对战争的全面研究

对这场战争的起因及社会背景，战争前后统治阶级内部的斗争与变化，战争的过程、性质、产生的社会影响等进行了全面、深入的研究。如萧致治的《鸦片战争史》（上、下册）⑨、茅海建的《天朝的崩溃——鸦片战争再研究》⑩等颇具影响。在这些战争史的研究中，也或多或少涉及战争期间清朝地方政府特别是广州地方政府对一些治安事件和个案的处理情况。

（3）对战争核心人物及各类事件的研究

如对林则徐、邓廷桢、琦善和英人义律等人的生平、思想以及禁烟运动等，都进行了探讨。其中杨国祯的《林则徐传》⑪、陈胜粦的《林则徐与鸦片战争论稿》⑫等非常具有代表性。

国外学者对1840年鸦片战争也进行了大量的研究，如美国张馨保的《林钦差与鸦片战争》⑬从中英早期接触入手，深入分析了双方在广州推行的中外贸易制度和中英外交往来中的多年争执，特别详细地探讨了影响广州

---

① 中国第一历史档案馆主编：《鸦片战争档案史料》（全Ⅶ册），天津人民出版社1992年版。
② 杨家骆主编：《鸦片战争文献汇编》（全六册），台湾鼎文书局1973年版。
③ ［日］佐佐木正哉编：《鸦片战争の研究》（资料篇），台湾文海出版社1983年版。
④ ［日］佐佐木正哉编：《鸦片战争前中英交涉文书》，台湾文海出版社1983年版。
⑤ 广东省文史研究馆：《三元里人民抗英斗争史料》，中华书局1978年版。
⑥ 广东省文史研究馆编译：《鸦片战争史料选译》，广东人民出版社1983年版。
⑦ 广东省文史研究馆编译：《鸦片战争与林则徐史料选译》，广东人民出版社1986年版。
⑧ 胡滨译：《英国档案有关鸦片战争资料选译》（上、下册），中华书局1993年版。
⑨ 萧致治主编：《鸦片战争史》（上、下册），福建人民出版社1996年版。
⑩ 茅海建：《天朝的崩溃——鸦片战争再研究》，生活·读书·新知三联书店1995年版。
⑪ 杨国祯：《林则徐传》，人民出版社1981年版。
⑫ 陈胜粦：《林则徐与鸦片战争论稿》（增订本），中山大学出版社1990年版。
⑬ ［美］张馨保著，徐梅芬译：《林钦差与鸦片战争》，福建人民出版社1989年版。

社会乃至整个中国社会秩序的治外法权与鸦片贸易的兴起，以及围绕鸦片问题中英之间展开的日益激烈的斗争，从另一个视角对鸦片战争、林则徐、邓廷桢等人都进行了特别的论述和评价。

近年来，研究者们或者运用大量的英国外交部档案等新的资料，或者从更为独特的视角对鸦片战争进行新颖深入的研究，取得了一些崭新的成果。

对鸦片战争后八九年的各个方面的历史研究虽然不多，但也有一些研究较有新意，如张海林的论文《重评近代广州绅民的"反入城斗争"——兼论近代中国应付西方挑战的合理方式》①、美国人魏斐德的《大门口的陌生人》②等都对道光后期的社会历史状态进行了有针对性的研究，非常有价值。

2. 中国古代社会治安管理研究

关于古代治安管理通史的研究专著，主要有中国社会科学院法学研究所法制史研究室编著的《中国警察制度简论》③。该书是一本论文集，分别探讨了中国古代"警察"职能的萌芽和发展、中国古代早期的现场勘查和法医检验等问题，并系统地介绍了秦汉、魏晋南北朝直至明清的"警察"机构、刑事侦查、治安管理、宫廷警卫制度等内容。

朱绍侯主编的《中国古代治安制度史》④，是从中国古代的政治制度、军事制度、司法制度、监察制度以及其他有关制度中，分离组合成一个中国古代治安制度，也就是通过研究中国古代政治、军事、司法、监察等制度中与治安有关的部分来揭示古代治安制度的演进过程。其治安制度史主要内容是：中国历代统治阶级的治安思想，历代有关社会治安管理的法制建设，历代政权机构中的治安职能，历代中央的治安保卫制度，历代地方的治安制度，历代的户籍管理制度、消防制度以及对驿传、关卡、市场、娱乐、赌博等的管理政策等。朱绍侯认为清代是整个封建社会中国治安制度的全面总结，他在第13章专门对清代的治安制度进行了系统的介绍，并深入研究分析了清代的户籍管理制度、市场治安管理制度和驿传治安管理制度。

---

① 张海林：《重评近代广州绅民的"反入城斗争"》，载《安徽师范大学学报》（哲学社会科学版）1989年第1期。

② ［美］魏斐德：《大门口的陌生人——1839—1861年间华南的社会动乱》，王小荷译，中国社会科学出版社1988年版。

③ 中国社会科学院法学研究所法制史研究室编著：《中国警察制度简论》，群众出版社1985年版。

④ 朱绍侯主编：《中国古代治安制度史》，河南大学出版社1994年版。

陈鸿彝主编的《中国治安史》① 则从国家机器的运转和社会管理层面对中国社会治安史进行宏观把握，对中国历代治安思想、治安法理与治安体制、治安方略、治安措施都给予了较多的关注。同时，介绍了近代治安制度、治安机构、治安立法及治安管理服务，甚至对工农民主政权下的社会治安也做了初步的介绍。该书把中国治安史划分为六个时期，与朱绍侯有所区别的是，他认为明、清是中国古代治安史的终结期。明清时期，中国自身的资本主义经济萌芽已在生长，民主思潮开始发育，旧有的治安体制已经不适应时代的要求。明清政府未能顺应时势做出体制性变革，相反，却大肆推行宦官把控的特务统治，在社会基层推行"十家牌法"和保甲制，组建民团乡勇，与民为敌；在沿海地区实施严厉的"禁海"政策，搞闭关锁国；又实行严厉的思想钳制，镇压一切有反政府嫌疑的社会人士。以上种种举措使中国古代治安未能和近代治安正态接轨。直到晚清，中国封建社会治安体制才开始向近代警察制度蜕变。

陈智勇的《中国古代社会治安管理史》② 系统地研究了中国古代社会治安管理的产生、发展及其演变，而且对不同历史时期的社会治安管理从管理机构、户口管理、交通管理、消防管理以及公共场所管理等方面进行了较为深入的探讨。该书的第九章对清代治安管理的特征进行了归纳，认为清代的治安管理是对历代治安管理经验的总结，类似于朱绍侯的观点。

3. 城市及城市管理史研究

改革开放以后，大量农村剩余劳动力进入城市，城市人口迅速膨胀，城市基础设施建设全面推进，城市的区域面积不断扩大，推动城市快速向国际化、现代化、科技化、信息化的方向发展。大量的流动人口进入城市，结果是各种各样的现代城市管理问题应运而生，特别是现代城市的社会治安管理问题大量涌现，成为当代中国改革开放历史进程中亟须研究的重要课题。中外学者开始对中国城市各个方面的研究产生了广泛的兴趣。

城市研究首先是从城市发展史的研究开始的。据张利民统计，自1979年至1994年，国内出版的关于近代中国城市史的专著、资料集、论文集等共计534部。③ 据熊月之、张生《中国城市史研究综述（1986—2006）》④ 统

---

① 陈鸿彝主编：《中国治安史》，中国人民公安大学出版社2002年版。
② 陈智勇：《中国古代社会治安管理史》，郑州大学出版社2003年版。
③ 张利民编：《近代中国城市史论著索引》，见《城市史研究》第13—14辑，天津古籍出版社1997年版。
④ 熊月之、张生：《中国城市史研究综述（1986—2006）》，载《历史学》2008年第6期。

计，自 1986 年至 2006 年，仅《历史研究》《中国史研究》《近代史研究》《史林》等 8 家主要历史专业期刊中，共刊发了城市史及相关研究文章 390 篇。时至今日，关于城市史研究方面的论著仍然在广度和深度两个方面大幅度增加。

何一民的《中国城市史纲》[①] 全面论述了中国城市产生、发展的数千年历史进程，将中国城市发展分为三个历史时期：从原始社会末期到春秋战国的"城市产生和初步发展时期"，从秦代到清代鸦片战争前的"古典城市发展时期"，鸦片战争到 1949 年的"传统城市向近代城市过渡时期"。这种分期基本得到了城市史研究界的认同。

近年来共有近百部单体城市史研究的专著出现，其研究内容不外乎两个方面：一方面是城市内部形态的研究，主要包括城市内部区域历史沿革、人口数量和构成、功能分布、结构特征的深入剖析，如杨万秀、钟卓安主编的《广州简史》[②]，曹子西主编的《北京通史》[③]，熊月之主编的《上海通史》[④]等。另一方面是对城市社会生活的研究，如对城市空间的研究，对乡绅、士人、商人、帮会、小生产者、妓女、乞丐等社会群体的研究。这一方面的内容，以上所列的单体城市史研究专著中都有广泛涉及。

在城市史研究中，绝大部分研究注重于城市社会历史形态及其发展，关于城市社会管理史的研究较为缺乏。这与我国几千年来的城市发展特点有很大关系。

在古代，"城市"其实是"城"和"市"的整合，是两个功能、作用都不同的概念，"城"是指由城墙沟壑（护城河）组成的军事防御工事范围内的政治、军事和文化中心，"市"则是商品交易的场所。各个朝代的统治者出于"重农抑商"的政治目的，往往对城中"市"的范围进行严格限制。因此，中国古代"城""市"的建设都有一定的规格，因而其管理也具有一定的模式。城内往往有军政首脑管理全城的"城"和"市"，首脑人物称"父母官"，他们及其所辖兵弁、属僚等负责戍卫城池、征收赋税、维护治安、审判官司等事务，一切关于城内的具体事务都由他们来主导，指挥众僚按确定的体制进行管理。但是为政绩考虑，地方官更关心自己所辖区域（衙署所在城市和所管辖的乡村区域）的统治，而将城市的管理置于次要的地位，管理模式通常以统治策略的形式出现。因此，中国古代各级地方政府

---

① 何一民：《中国城市史纲》，四川人民出版社 1994 年版。
② 杨万秀、钟卓安主编：《广州简史》，广东人民出版社 1996 年版。
③ 曹子西主编：《北京通史》，中国书店 1994 年版。
④ 熊月之：《上海通史》，上海人民出版社 1999 年版。

未能形成专门的、完善的城市管理制度，城乡管理一体化是中国古代城市管理的固定模式，这种管理模式被马克思称作"城市和乡村无差别统一"的典型亚细亚式社会现象。

城市的高速发展还刺激了一些学者在对一些单体城市管理进行研究的同时对治安管理史有所涉猎。尹均科等人的《古代北京城市管理》① 从城市规划、市政管理、户籍民政管理、工商税务管理、社会治安管理、教育文化管理等几个方面论述了北京自金代建都以来直至清代在城市管理方面的发展、演变。该书的研究属于史料性的介绍，对各种类型的管理形态只进行了制度性的阐述，可以从中窥探出古代北京城市管理演变的历史轨迹及不同时期北京城市管理的概貌。该书将北京城市政治统治秩序的管理与城市社会层面上的秩序管理作为一个整体来论述，没有对众多管理案例作具体分析，属于概括性的通史研究性质。此外，还有一些论文专门讨论了各个时期的城市治安管理情况，但大部分因为篇幅短小，史料明显单薄，无法进行深入的研究和分析。②

专门的城市治安管理史研究，尤其是关于单体城市在某一个阶段治安情况的研究论著非常少见。但涉及城市社会治安管理相关内容的专题研究则较为丰富，且具有一定的广度和深度。

官府是古代社会治安管理的实施主体，本论题主要研究道光时期广州城的社会治安管理，首先自然要深入研究管理广州城的各级地方政府的构成，以及依附于各级官府的基层组织、地方精英阶层、社会团体等。

在官府组成群体的研究方面，瞿同祖的研究最具代表性，他的《清代地方政府》③ 一书运用极其丰富的史料考察了清代中国州县官进行政治统治与行政管理的运作过程。专设一章对清代的衙役特点进行了全面深入的剖析，对各种衙役的活动做出了提纲挈领式的论断。从城市管理的角度看，该书的最大特色是注重非正式的、私人性的因素在社会管理过程中所发挥的作用，对各种鲜活的官府决策案例进行了深入分析，以论证居住在城市里的士

---

① 尹均科、毛希圣等：《古代北京城市管理》，同心出版社2002年版。
② 如谢彦明：《秦汉京师治安制度研究》（首都师范大学2008年博士学位未刊论文）、陈昌文：《汉代城市的治安与组织管理》[《安徽师范大学学报》（哲学社会科学版）1998年第3期]、诸山：《魏晋南北朝城市治安管理论略》[《扬州大学学报》（人文社会科学版）2007年第3期]、张春兰：《唐代都城治安管理制度》（《南都学坛：南阳师范学院人文社会科学学报》2010年第3期）、柳雨春等：《试论宋代城市的治安管理》（《许昌学院学报》2007年第3期）、杨发源：《清代地方城市治安管理研究——以重庆为中心》（四川大学2006年未刊硕士论文）等。
③ 瞿同祖：《清代地方政府》，范忠信等译，法律出版社2004年版。

绅集团等社会群体参与大量城市管理活动的积极性，让我们从另一个非常新颖的视角来观照清代城市社会管理的复杂性。

此外，周保明的《清代县衙吏役的内部管理》①讨论清代县衙对书吏、衙役等僚属的内部管理形态及其效果。谢世诚的《道光时期胥吏违法问题》②具体论述了道光朝胥吏在履行地方管理职责过程中违法乱纪的情况并分析了原因。邱捷的《知县与地方士绅的合作与冲突》《清末民初地方政府与社会控制——以广州地区为例的个案研究》③则以广州地区为个案，具体研究了清末广州地方政府的社会控制以及官、绅在地方控制中所发挥的不同作用与相互合作的问题，为广州城市社会管理群体的研究提供了一个难得的范本。

保甲制度作为一种军事化的基层治安制度，在我国古代存在的时间非常之久，各个朝代的表现形式大同小异，至宋代王安石变法期间渐趋成熟，新中国成立后该制度才走到尽头。其本质特征是以"户"为社会组织的基本单位，以实现城市和乡村的基层管理。至道光时期，社会问题众多，城市和乡村都呈现出比较混乱的局面，相对来说，乡村的保甲制度遭到了更大的破坏。为加强对鸦片的管控，道光时期曾经要求各级地方政府对保甲制度进行恢复，取得了一定的效果，但在乡村地区收效甚微。而广州城内类似保甲的坊厢、里甲、澳甲制度却在城区及水上社会治安管理中发挥着一定的作用。

早在20世纪30年代，闻钧天的《中国保甲制度》④就对清代保甲制度从行政区划、乡村组织、保甲编查、户口编查、保甲组织方式的具体演变，保甲制度的内在结构，清人对于保甲的各种论说和具体实施情况等方面做了比较深入的论述，对保甲制和城乡组织的内在联系做了探讨，并对清代城乡各种组织形式的名称、系统、首领与保甲长之间的关系作了梳理。王晓琳、吴吉远的《清代保甲制度探论》⑤不仅讨论了清代保甲组织领导人的职务认允、保举、辞退等手续，而且探讨了清代保甲组织的管理职能问题。该文认为清代保甲突破了历代相似组织的传统职能，承担着繁杂的维护地方秩序、维持地方社会治安稳定及催征地方钱粮等行政公务，是州县职责的延伸。

团练作为一种基层社会控制组织，萌生于清代皇权控制严重衰弱的嘉庆

---

① 周保明：《清代县衙吏役的内部管理》，载《北方论丛》2006年第1期。
② 谢世诚：《道光时期胥吏违法问题》，载《学海》1997年第3期。
③ 邱捷的两篇论文分别刊于《近代史研究》2006年第1期、《中山大学学报》（社会科学版）2001年第6期。
④ 闻钧天：《中国保甲制度》，商务印书馆1936年版。
⑤ 王晓琳、吴吉远：《清代保甲制度探论》，载《社会科学辑刊》2000年第3期。

初年，与这个时期的白莲教等教匪活动频繁有很大的关系。韩国学者都重万的《嘉庆年间广东社会不安与团练之发展》① 侧重论述了清代嘉庆年间广东地区团练与地方社会治安维持之间的关系。1840年鸦片战争发生以后，清代团练组织开始在各个方面的政策推行中，特别是在抗击外来侵略势力，协助官府进行基层社会管理，维护地方治安秩序等方面发挥了非常重要的作用。美国学者魏斐德、孔飞力都曾对清末团练在基层社会管理方面发挥的作用进行研究。

清代城市的秘密结社，对城市治安管理发生了重大影响。马继武、于云翰的《中国古代城市中的民间秘密结社》② 分析了中国古代城市中的民间秘密结社现象，我们从中可窥探出地方政府对秘密结社的管理。秦宝琦、孟超的专著《秘密结社与清代社会》③ 全面探讨了有清一代教门、会党的产生、发展、活动的情况，特别是嘉道时期人多田少的矛盾加剧、自然灾害频仍、民力耗尽、国库虚空等现象，致使移民和游民大量涌现，土匪滋生，盗贼、行骗者、江湖术士等肆意横行，互相勾结，民间秘密结社由此得到了进一步繁衍和发展，以致在康乾时期就已经形成的对教门、会党进行惩治的法律、法规在嘉道时期不得不进行全面调整。

流民、移民研究方面，江立华、孙洪涛的《中国流民史》④ 论述了流民产生的根源、流向、生活和归宿，以及对社会特别是治安的影响。该书第六章重点探讨了中国古代历朝统治者对流民的治理措施，其中对成为城市社会问题的流民、移民现象的治理对本文的论题具有重要的启发意义。池子华的《流民问题与社会控制》⑤ 论述了流民的发生机制、流民的流向，重点研究了流民的控制模式。与此相关，对赌博、妓女、乞丐等社会现象的管理研究也出现了不少专著。

随着鸦片大量进入中国，作为道光时期一口通商的广州城，对鸦片运输、贩卖、吸食等违法行为的管理成为广州城市治安管理中的一个重要内容。马模贞《中国禁毒史资料（1729年—1949年）》⑥ 收集了大量关于鸦片进入中国及清王朝在鸦片管理政策方面的资料，对近两百年的中国禁毒史进行了全景式的扫描。

---

① ［韩］都重万：《嘉庆年间广东社会不安与团练之发展》，载《清史研究》1998年第3期。
② 马继武、于云翰：《中国古代城市中的民间秘密结社》，载《社会科学辑刊》2003年第5期。
③ 秦宝琦、孟超：《秘密结社与清代社会》，天津古籍出版社2008年版。
④ 江立华、孙洪涛：《中国流民史》（古代），安徽人民出版社2001年版。
⑤ 池子华：《流民问题与社会控制》，广西人民出版社2001年版。
⑥ 马模贞主编：《中国禁毒史资料（1729年—1949年）》，天津人民出版社1998年版。

国外学者对中国古代城市自主管理权限的缺失有很清醒的认识，对中国古代城市管理史的研究视角不同，因而得出的结论也比较独特。法国学者安克强在《19—20世纪的中国城市和城市社会：对西方研究成果的评论》①中指出，中国学者注重对国家制度及文本具体内容的研究，而忽视对政治和社会现实的研究，这些研究传递的是勤劳、节俭的理想乡村社会价值系统和道德规范。他们反对城市移民，反对在政治上更具潜在危险的商人进入城市。此外，中国城市从未正式存在过管理层级，相反，国家管理机构的设计更以限制城市实体的权力和影响为旨归，表现在大城市常被拆分由两个或多个不同的县来实施管理，城市自身不设正式的行政管理机构。这个观点在一定程度上符合中国古代城市的实际状况（如广州府城就是由南海县和番禺县分而治之），也代表了一部分西方学者的观点。因为这个原因，近几十年来的西方学者在中国城市史研究中涉及近代以前（1840年鸦片战争前）中国城市史的研究非常少，涉及城市管理内容的更少。美国学者罗威廉《汉口：一个中国城市的商业与社团（1796—1889）》②主要研究清中后期城市商人及其试图组织城市精英集团，以操控政府所忽视的城市管理。他的另一部同样研究汉口的著作《汉口：一个中国城市的冲突与社区1796—1895》③则指出城市公共领域越来越需要城市行会组织来进行有效的管理。这两部著作的基本出发点就是认为中国城市在近代化之前是没有相应的由政府出面组织而进行的城市社会管理。

因此，国外类似的研究更注重对近代中国城市的政治、经济社会的分析，在这样的分析研究中揭示出中国城市的近代化演进过程，这个演进过程实际上就是对城市进行有效管理的时代要求。因此他们把研究的目光转向清代晚期城市，这个时期的城市近代化步伐较为显著。

施坚雅直接把他辑录的16篇西方学者关于城市研究的文章集子称为《中华帝国晚期的城市》④。全书分成三编，第一编论述城市的建立与扩展，以及影响其形式与发展的诸种因素；第二编着重阐述城市在各自的腹地和区

---

① ［法］安克强：《19—20世纪的中国城市和城市社会：对西方研究成果的评论》，参见刘海岩主编：《城市史研究》第23辑，天津社会科学院出版社2005年版，第288页。

② ［美］罗威廉：《汉口：一个中国城市的商业和社会（1796—1889）》，江溶、鲁西奇译，中国人民大学出版社2005年版。

③ ［美］罗威廉：《汉口：一个中国城市的冲突和社区（1796—1895）》，鲁西奇、罗杜芳译，中国人民大学出版社2008年版。

④ ［美］施坚雅主编：《中华帝国晚期的城市》，叶光庭等译，陈桥驿校，中华书局2000年版。

域中扎根,剖析城市与城市以及城市与乡村间的联系;第三编论述城市内部的社会结构。

虽然施坚雅把中华帝国晚期界定为明清时期(1368年—1895年),但从16篇文章的内容看,即使是涉及清中期以前的城市研究,也只是从一般意义上去分析古代城市的外在形态特征和帝国传统观念在城市建设或结构中的体现。只有《衙门与城市行政管理》《城市的社会管理》两篇文章涉及了城市的管理研究,但是这两篇文章的重点并非是研究如何管理城市。前者通过对衙门职能及组织特征的考察来探讨清晚期行政管理向城市化方向发展的趋势,没有研究清代城市社会管理本身。后者则宣称:中国人的社会从来都没有建立过拥有独立的明确管辖权的自治市,城镇与乡村一样是被两种不同的组织机构联合管理的。其一是自上而下直至各家各户的帝国中央集权辖区网,其行政治所只设于县城内;其二是各种相互交叉的社团、陈陈相因的非官方组织,这些组织并非由于有目的,或有明确公认的权利而产生,而是由一群有经常性联系、同住一个街坊、共同参加某些活动如祭祀、有共同利益或总体上都是休戚相关的人时时处处自发地形成的。该文没有探究怎样管理城市自身,而是讨论城市是如何成为管理整个社会的官方管辖权与惯例管辖权的大本营。他们的观点与安克强的论点基本一致。可见,中国城市真正有了自治权才是实施社会管理的前提。

国外学者比较关注近现代中国城市史和管理史的研究。澳大利亚学者伊懋可的《1905—1914年上海的市政管理》[①] 通过中国最早的上海市政会来说明中国社会政治结构是如何改变的。爱德华·罗兹的《1895—1911的广州商人团体》[②] 则讨论了广州市政府的城市管理职能。

港台学者关于中国城市史和社会管理史的研究,非常注重史料的发现和史料的重新挖掘使用。早期的傅斯年就认为史料的发现是史学发展的极大契机。受此影响,港台学者非常重视城市史、家庭史、妇女史等不属于传统史学范畴的研究,并在使用史料的新角度上下功夫,从不同层面、不同角度来观照中国古代城市的演进及其发展。台湾学者赵冈编著的《中国城市发展史论集》[③] 从宏观的角度和经济层面探讨中国城市的曲折发展及其存在的特

---

① [澳]伊懋可、[美]施坚雅主编:《两个世界之间的中国城市》(The Chinese City Between Two Worlds),斯坦福大学出版社1974年版。
② 见[法]安克强《19—20世纪的中国城市和城市社会:对西方研究成果的评论》一文,参见刘海岩主编《城市史研究》第23辑,天津社会科学院出版社2005年版,第288页。
③ 赵冈:《中国城市发展史论集》,台湾联经出版社1995年版。

殊问题。香港薛凤旋的《中国城市及其文明的演变》① 则从中国独特的城市观和城市演化的特点上，来看城市史和城市文明的演变。台湾李孝悌的《中国城市生活》② 是一部论文集，从艺术、文学、社会学、思想史等种种角度切入，对城市生活历史图景进行多方位的研究。台湾刘章璋的《唐代长安的居民生计与城市政策》③ 则从城市居民生计的角度来探讨当时长安城的建设规模、城市管理政策及其贯彻实施的情况。台湾吕进贵在《明代的巡检制度——地方治安基层组织与运作》④ 中，从制度方面探讨了明代地方治安的基层组织在维护城市治安管理方面的情况及其社会效用。

4. 广州城的研究

较早关注广州城研究的是近人黄佛颐（1885—1946），他的《广州城坊志》，以古代广州府城及其附郭南海、番禺为范围，考证古代广州城坊街道的沿革轨迹，对了解古代广州城的功能布局有重要的历史意义。陈代光的《广州城市发展史》⑤ 则属于通史性研究，从"城"和"市"两个侧面，对广州城市的形成和发展、建置沿革、人口、手工业、外贸业、金融业、旅游业等各个领域进行论述。该书对广州城的来源进行了细致的考证，对各个时期的广州城区面积、功能布局、广州人口数量及构成情况也进行了认真研究。

围绕广州城各个方面的研究论文也相当可观。曾昭璇、潘国璠的《宋代以前广州城历史地理》⑥，从秦代任嚣、赵佗所建的越城谈起，一直考证到南汉的"新南城"，对广州城的历史地理沿革进行了详细的考证，再现了宋以前广州城不断建设的历史进程，说明"宋代三城"的来历。蒋祖缘《明代广东的省城与府城建设》⑦ 详细介绍了明代对省城广州的大规模建设情况。曾新的《明清时期广州城图研究》⑧ 通过分析明清时期有关地方文献中保留的诸多广州城图，认为广州古城在明清时期主要有三次扩城之举，城区分别向北、向南扩展，清道光年间城区范围已突破城墙界限向外发展，其扩展动力是商品经济功能的增强和人口的不断增加。魏立华等的《清代广

---

① 薛凤旋：《中国城市及其文明的演变》，香港三联书店2009年版。
② 李孝悌：《中国城市生活》，台湾联经出版社2005年版。
③ 刘章璋：《唐代长安的居民生计与城市政策》，台湾文津出版社2006年版。
④ 吕进贵：《明代的巡检制度——地方治安基层组织与运作》，台湾中国文化大学2001年硕士论文。
⑤ 陈代光：《广州城市发展史》，暨南大学出版社1997年版。
⑥ 曾昭璇、潘国璠：《宋代以前广州城历史地理》，载《岭南文史》1984年第1期。
⑦ 蒋祖缘：《明代广东的省城与府城建设》，载《广东史志》1999年第2期。
⑧ 曾新：《明清时期广州城图研究》，载《热带地理》2004年第3期。

州城市社会空间结构研究》①通过对清代广州城的社会空间结构分析，认为自然条件限制了广州城市空间的扩展，"一口通商"的港口贸易繁荣又使广州城具有了同国内其他大城市显著不同的城市空间结构特点，以及广州城的自然地理条件、遵循封建礼制的城建思想等都成为影响清代广州社会空间结构的主要因素。

综观这些学术成果，对狭义层面的社会治安研究涉及较少，而道光时期的中国处于转型时期，社会治安尤其是城市社会治安研究，具有重要的学术价值和现实意义。而如前所述的一些有关古代社会治安专题的研究大多限于古代社会的治安制度和通史性的治安史研究。尽管其中也涉及清代治安研究，但大都笼统空泛。嘉庆、道光时期，随着鸦片大量进入中国沿海，作为当时唯一的通商口岸，对鸦片运输、贩卖、吸食等违法行为的管理成为广州城市治安管理中的一个重要内容。虽然也有个别学者专门对某个特定的涉及治安的专题予以系统的关注②，但卷帙浩繁的研究论著并没有系统全面地对广州社会治安管理进行深入分析研究，而关于广州城的研究，虽然也一定程度上体现了城市功能布局随社会形态演进而不断采取应对式的被动嬗变趋势，但大多数都局限于城市时间和空间布局上的历史变迁性研究，对广州城社会治安的研究来说，也算是提供了一些原始的启示性资料，表明城市功能布局与社会治安管理有着一定的关联。

四、研究思路及资料来源

任何一个时代、一个国家或一个区域的社会治安管理问题，从根本上讲都是各种社会矛盾的综合反映。只要存在社会矛盾，就必然会产生社会治安问题。

道光时期，"一口通商"背景下的广州城人口众多，成分复杂，社会混乱，城市的发展进入了一个"新"的巨变时期，治安形势非常严峻。"一口通商"政策的实行，使广州成为外国商人进出中国进行贸易的唯一通道。大量的外国人涌入广州，他们不断突破清政府关于正常贸易和对外国人的各项管理规定，长期滞留甚至居住于广州，从事合法或非法的经营活动。鸦片等毒品的进入导致各种刑事犯罪的增加，资本的刺激使原有的社会道德水平下滑，各种社会寄生群体如流民、乞丐、妓女、游方僧人、江湖术士、传教

---

① 魏立华等：《清代广州城市社会空间结构研究》，载《地理学报》2008年第6期。
② 马模贞主编：《中国禁毒史资料（1729年—1949年）》，天津人民出版社1998年版。

士、行骗者、黑社会势力、海盗等大量滋生。旧的、传统的城市功能与外来的、近代化的社会发展要求发生了复杂尖锐的冲突，特别是鸦片战争期间及战后十年，广州城区社会形态发生了巨大变化，给广州城市管理者带来了前所未有的考验。像"十三行"、鸦片、行商、流民、会党、夷商、夷务和防务等问题，都因为社会形势的高速发展而发生了前所未有的巨大变化，各种社会矛盾复杂而尖锐，必然引起社会治安秩序问题的广泛发生。

本选题的目的和意义就在于通过历史巨变阶段（道光时期）广州城的社会治安状态研究，揭示中国古代社会向近代社会转型这个特殊时期的本质特征。

通过学术史回顾，笔者认为，与本研究内容相关的诸多专题研究取得了一定的成绩，对本选题的写作起到一定的启示作用。本书将在这些研究的基础上认真探讨道光时期广州城市社会治安管理的状况和特征。

道光时期是我国古代史向近代史发展的一个承上启下的阶段，是社会性质发生巨变的时代，各种社会问题开始发生变化，其中的诸多问题甚至发生了质的变化，但目前的研究并没有完整地展示这个特定时期的社会质变过程，哪怕是在某一个社会层面如社会治安管理的层面上。总体看来，关于道光时期研究的广度和深度远远不够，这无疑是清史研究中相对薄弱的环节。

鸦片战争研究虽然相当全面，但我们更应该从大历史的角度，向多视野、多领域的方向拓展鸦片战争的研究领域，而不能仅仅局限于战争本身，"只见树木，不见森林"。从这个角度看，即使是关于鸦片战争本身的研究也还是不够的，因为现有的各种各样的鸦片战争研究，关注点主要侧重于政治史的研究，对涉及民权、民生的社会史、经济史、管理史研究显得不够广泛、不够深入。鸦片战争虽然是相对独立的单个历史事件，但任何历史事件都不是孤立的，我们在研究历史事件时不能够割裂事件发生前后的时间联系，不能忽视事件发生的空间形态联系以及与事件相关的各种社会群体的研究。170多年前的事件对今天我们的社会还有没有影响；如有影响，是体现在观念上的还是现实中等问题，都值得我们去正视。因此，全面讨论和深入研究1840年鸦片战争前后的历史及其影响的广泛性、深远性，是非常必要的。

目前，治安管理史的研究侧重于相关管理制度（主要涉及治安管理的典章制度）的制定、内容的颁布和实施，属于通史性质的研究，虽然将中国古代各个朝代的治安管理史的脉络梳理得比较清楚，但未能深入研究各种治安管理制度在实际社会管理中实施的状态、效果以及社会的反应，特别是在固定的空间（城市）、独特的时间段（朝代或某一时期）里社会治安管理的实际操作情况，因而缺乏一定的现实意义。

城市史研究主要集中在近现代城市的研究，与中国古代城市的研究几乎割裂开来，看不出古代城市向近现代城市发展、转变的轨迹。城市治安管理史的研究主要体现在对城市治安管理宏观的、再现式的叙事化陈述，而忽视了对具有独特性质的中国古代城市治安管理的众多实施者、治安管理政策的执行过程、治安管理客体对政策的应对等方面的具体探讨，对单体城市的社会治安管理研究除了前面提到的几篇论文外，近乎空白。

涉及城市社会治安管理史相关专题的研究虽然较为丰富，但大部分研究都是从城市社会治安管理的整体中割裂开来进行研究，从中看不到各个内容在某个城市社会治安管理整体中发挥的系统作用，而实际上在任何一个城市的社会治安管理系统中，各个社会治安管理专题研究所涉及的内容都是互为渗透、互为作用的，构成城市社会治安管理的整体系统。

对广州城及其管理的研究，特别是道光时期的相关研究非常缺乏。古代的广州城不论是在规划形态、功能布局，还是在城市建设管理方面，都具有与北方城市不同的特点。这一点本书在后面将以专节分析。

众所周知，我国史学界以1840年鸦片战争为界，将清史分成截然不同的两个分期。从事古代史与近代史研究的学者，无论从学科训练、研究方法、还是研究对象上，都很少交流对话。这无疑给研究清代中期之前就开始出现萌芽的城市化过程带来诸多负面影响。尤其是研究古代城市与近代城市的衔接与对比时，出现诸多断裂和空白。而为转型研究所最需要的，恰恰是要了解具体城市转型前后相承的发展轨迹。道光时期，广州城正处于古代到近代的转型期，转型节点就在鸦片战争时期广州的动态变化过程中，战时的社会治安管理问题也成为特定的战争时期城市管理的重点，但如前所述的鸦片战争研究显然没有太多关注特定的广州城在特定历史时期的社会治安管理。

基于以上分析，本书把研究的视野放在广州城，把关注的重点放在道光时期，以1840年鸦片战争为界分成战前、战时和战后三个阶段，分别对广州城市社会治安管理的形势、特征进行深入研究。同时，通过对鸦片战争期间各种人物及其言行活动的分析，对各种城市治安管理的临时政策，特别是对战时"治商""治夷""治鸦片"等管理政策的解构，对具有治安管理客体类别代表性的治安管理典型案例的评判，观察广州城市社会管理群体在鸦片战争期间的所作所为及其与西方入侵者管理理念上的碰撞、应对，揭示鸦片战争对广州城区社会治安管理体制、内容等各个领域的深层次影响。

因此，本研究将在一定程度上弥补道光朝、单体城市史、鸦片战争时期广州城社会治安管理等方面研究的不足之处,重要的是尝试填补中国古代史向近代史转型时期社会治安管理研究方面的空白。

传统史学研究往往以事件和人物为依托,历史表达以叙事为主。本书主要运用传统的历史学方法,重视史料的发现和重新发掘使用,首先将大量地发掘有关道光时期、1840年鸦片战争、广州城、广州城市治安管理等方面的具体材料,以完成对道光时期广州城社会治安管理历史发展脉络的勾勒及其特点的深入研究。

在此基础上,本书借鉴社会学、管理学的理论与方法,对道光时期的广州城社会治安管理进行结构化研究,把例证、分析和解释作为审视历史人物、事件等的主要方法,与叙事的方法一起,既勾勒出研究对象的具体图像,也试图梳理出历史事件的内在脉络即历史学上的科学逻辑。因此,本书的着眼点虽然只是关注道光朝的广州城社会治安管理,但却在大历史的视野里观照道光时期这个特殊阶段在整个社会史发展中的科学轨迹。

资料来源方面,基于本书选题以道光朝特别是鸦片战争时期广州城市社会治安管理研究为中心,因此,凡是有关道光朝、鸦片战争的一系列史料,包括阮元、卢坤、李鸿宾、林则徐、邓廷桢、琦善、奕山、杨芳、隆文、祁贡、余保纯、耆英、伊里布、徐广缙、叶名琛、黄恩彤等人物的史料,道光朝夷务史料,三元里人民抗英、订立和约、广东乡勇和团练、反入城斗争等事件史料都被笔者大量使用;粤省的治安成案初编、省例新纂及军事防务、广东通志、广州府志、南海县志、番禺县志等史料也是本书使用的主要资料。此外亦使用大量的清代档案史料。

书中使用的外文资料主要来自于英国人所写的大量关于鸦片战争经历的专著,尽可能原文和译文同时使用,并试图对原文进行翻译。这里还大量使用了一份英文报纸,这份报纸是由美国人裨治文于1832年在广州创办的英文期刊——《中国丛报》(旧称《澳门月报》)(1—20卷)。

文献方面,主要运用清代的政书,阐述清代的典章制度;运用《经世文编》及其续编、《清代稿抄本》等记载士大夫阶层言论的系列书籍、档案以观照清朝士大夫阶层的思想观念。

此外,书中还大量使用了有清一代的各种史料笔记,特别是与道光时期、鸦片战争、广州城有关的笔记,有关广东、广州、佛山的碑刻资料,道光时期任职于广州的各级官员的奏疏、书信、诗文、日记、笔记等,以及其他类型的相关资料。

上编

鸦片战争前夕广州的治安重心

盛时时代。到乾隆四十年以后，保甲的防盗作用开始废弛。总的来说，保甲的任务有三个方面：警卫、收税和户籍，三者是紧密联系在一起的，查户口的目的在某种程度上也是为了"弭盗"，查盗是保甲制的一个重要社会职能。三者的重心仍是维护地方社会的稳定。"保甲之役，稽查奸宄，剔清盗源，实为整顿地方之良法。"至道光时期，广州地方政府出于治安形势的需要，又一次重编保甲，使保甲成为各种治安措施的首要保障制度。无论是查缉鸦片走私，还是查匪缉盗，保甲都成为广州地方政府首选的基础性治安措施之一，其地方治安功能日益凸显。

道光十三年五月初一日（1832年6月18日）谕旨："嗣后在各直省督抚酌度所属州县督率保长人等于城市村镇户口按各查造清册，发给门牌，详载姓名生业，仍随时挨户核查劝谕化导，俾安恒业，倘有不安分之徒即行拿究。并于春秋二季农暇之时将迁移户口详加察核。责令该管道府，每年抽查一次，以昭核实。" 维护保甲制度运行的保正、甲长和牌头必须经常查明本管区有无"途匪、邪教、赌博、赌具、窝娼、讹诈、包牌、私销私盐、踩踏、贩卖硝磺、开设立名色、敛财聚会等事，及来生可疑、形迹诡秘之徒。" 其做法就是按名查造清册，详细登录门牌姓氏，并随时挨户核对，而且规定道府每年要抽查一次。这就把保甲的治安职能明确地界定出来。凡不能取得实效者将受惩处。可见，道光朝重编保甲后，保甲再次成为维护地方治安的重要制度之一。

2. 城内街道的治安预防和对负责治安官员的奖惩制度

由于广州城区是由南海和番禺两县分治，其治安管理的责任也落实到两县的头上。特别是每年重大庆典活动的治安维护者由南、番两县会同广州协同负责。"庆祝元旦各节，除照例遵行外，由前、后二具广州协派员稽查弹压，仪注由县通详"。两县是基层社会治安的重要角色，有时还得亲自担当验尸官（法医）的角色。1899年2月16日，南海知县就亲自主持了在广州眼科医院对一具中国人的尸体进行尸检。

19世纪是世界资本主义列强殖民时代的继续,资本主义的扩张势力使欧洲各国之间争斗频仍,其触角也逐渐逼迫到了大清帝国的门口。

1820年,道光皇帝即位,以1821年为道光元年。此时,清帝国的兴盛时期已经结束,进入了衰弱阶段,整个社会乱象丛生,内忧外患。穆彰阿等权臣干政,朝廷威信旁落,吏治腐败。1820年,广州非法的鸦片进口总量已达4600箱,价值近600万元,白银大量外流。① 接下来的回疆张格尔之乱、敖罕入侵、七和卓木之乱、湘粤瑶乱、各地教匪之乱,加上鸦片战争,使大清帝国元气大伤。连年干戈,加之水灾干旱,耕地急剧减少(道光十三年较嘉庆时减少五十余万顷②),人口不断增多,漕运危机、盐务改革、货币和税收制度的混乱更是雪上加霜,导致整个道光时期社会不得安宁,人民不能安居乐业,社会治安秩序空前混乱。③ 此时,广州仍是清朝唯一合法的对外通商口岸,但嘉道时期,中外贸易中的走私活动已十分猖獗。道光皇帝甫一即位就认识到了广州鸦片走私贸易的严重性,走私鸦片的销售范围越来越广,由广东不断向江南地区蔓延,价格越来越高,白银外流越来越多,"总以广东为最"④。这一现象已经影响到清帝国的国家安全。

首当其冲受到这种影响的就是广州地区。广州地区历来盗匪猖獗,治安形势本已十分严峻。道光十七年(1837年)两广总督邓廷桢在其奏折中奏称,广东有十条积弊:凶盗充斥;营务废弛;海盗作窃;纹银出洋不下千万;衙役小县数百、大县千余;差役滥押无辜;海滨沙滩开垦,有碍水道;奸徒放火;盗发坟墓;习尚侈靡。⑤

---

① [美]马士:《东印度公司对华贸易编年史(1635—1834年)》第四、五卷,中山大学出版社1991年版,第402页。
② 萧一山主编:《清代通史》第二卷,第273页。
③ 费正清等编:《剑桥中国晚清史》,中国社会科学历史研究所编译室译,中国社会科学出版社1985年版,第100—147页。
④ 《清宣宗实录》卷四十六,"道光二年"。
⑤ 《清史列传》卷三十八,第10册,第2973页。

一口通商和鸦片走私使广州城的治安态势雪上加霜，日趋严峻。大量人员的进入，引发了诸如盗窃、行骗、抢劫、赌博、走私、斗殴、火灾、商业纠纷、华夷纠纷等各种类型的治安案件，广州地方政府面临着巨大的社会治安压力。正是在这种压力下，官府采取了各种措施试图从各个方面强化社会治安管理，以维护广州的社会稳定。

第一章　嘉道时期广州城的管理布局

一、广州城官僚体系和基层社会组织的构成

清承明制，根据各地区的不同情况，在全国设立了总督和巡抚。发展至道光朝，广州绝大部分行政机构的设置已经趋于稳定，道光在位的30年间，广州地方政府的建制基本上没有什么大的变化。

道光年间，因为中外贸易的巨大发展，与之相关的专项事务繁多，皇帝经常派钦差大臣驻跸广东省城来处理重大的特别事务。钦差大臣在督抚处事犹豫不决或不能执行皇帝旨意的时候，直接奉皇帝差遣去执行皇帝意志；或者是当省政的整顿已不是常设官吏的能力所能胜任的时候，钦差被派去担负一省或几省的行政责任。钦差在他的使命范围内享有特殊的权力，他到任后，可以一般地或者在执行特定任务上，代替督抚行使职权。① 而事实上，道光派到广东的大部分钦差大臣后来都转任为两广总督。钦差的督办、审查功能非常明显，对地方官来说，既是一种监督，也是一个巨大的考验，对匡扶吏治、稳定人心、维护特定地方的社会治安秩序往往起到不可忽视的作用。

就治安管理而言，省一级的机构主要是两广总督、广东巡抚。两广总督管辖广东、广西两省及南海诸岛，提督军务、粮饷，"统辖文武军民，为一方保障"。② 其直属军营名为"督标"。凡文职道府以下、武职副将以下都由总督奏请升调免黜，两广总督对外还有交涉之权。③ 广东巡抚"掌考察布按诸道及府州县官吏之称职不称职者，以举劾而黜陟之用，用兵则兼理粮饷。三岁大比则为合省秀士升于礼部，于一省文职无所不统"。武科则由巡抚主考。④ 其直属军营名为"抚标"。督抚之下设布政使司和按察使，称藩司、臬司。一般而言，保甲、防盗、防窃由布政使督办，凡人命、强盗、邪教、聚众滋事、勒索、越狱潜逃等案件，均由按察使随时查问，并督饬下属缉

---

① ［美］马士：《中华帝国对外关系史》第一卷，第16页。
② （清）张廷玉等：《皇朝文献通考》卷八十五，《职官考九》。
③ 张德泽：《清代国家机关考略》，学苑出版社2001年版，第208页。
④ 《皇朝文献通考》卷八十五，《职官考九》。《历代职官表》卷五十。

拿。此外还有道员，广东省设置了六个巡道，都不驻在广州城。① 以上各职皆负有治安责任。

而地方政府是直接管理地方治安的机构。广州知府和所属 14 县令，是广州社会治安管理的中坚力量。② 知府主要的职责是综理地方行政，凡广州所属州县发生盗贼、人命、叛乱、邪教、聚众滋事、诱拐妇女儿童、需索诬拿、滥刑越狱，以及兴贩硝磺、毒品、私制火炮兵器、违禁出海越关等案件，应随时督饬下属缉拿人犯，下令禁止。在清朝中前期，广东地区的知县经常有同时身兼数县县令的情况，有时所兼的两个地方相距甚远，其弊端不言而喻。雍正时大学士尹继善建议改变这种不利于地方行政管理的现象：

> 州县为亲民之官，地方事务最关紧要，凡有委署必临近地方始能兼理。奴才到广东时见有以韶州府之乳源县而署广州府之花县者，又有以广州府之花县而署惠州府之海丰县者，此皆府分各异，相去数百里多……州县一官，钱粮必及时征收，人命必当时相验，盗贼必立时擒拿，仓库监牢须不时防守，而且承审案件，均有限期，若于数百里之外兼署印务，不但顾此失彼，事易废弛，而且吏役奔忙，人犯拖累，殊有未便③。

从那以后直至道光朝，广东各县县令不再有兼职的情况出现。

广州府、县之下共设有巡检司 37 个，衙署名即为巡检司。各县所辖巡检司的数额不一，多的有五六个，少的有时只有一个，视各县的具体情况而定。巡检司的主要职责是负责属地的治安及其他政务，分防本府县关津险要处所的治安，缉捕盗贼，盘诘奸伪，缉拿辖区内各种罪犯。④ 粤中阻山濒海，港汊纵横，地多险要，又有五方杂处之人，地方治安向较他处严重，致有"广州府属县多盗"之说。而粤中之盗，又有山盗、海盗之分，且多有严密之组织。⑤ 可见，巡检一职，在广州地方治安管理中非常重要，各司巡检，除亲自带领役壮，勤于缉捕外，还离不开当地驻防武员及地方保甲和士绅的积极配合与协助。

如前所述，道光朝的地方政府机制已比较完善，每个部门各司其职，既

---

① （民国）赵尔巽、柯劭忞等：《清史稿·职官志三》，中华书局 1977 年版。
② 参见朱绍侯主编：《中国古代治安制度史》。
③ 《史料旬刊》，第 1 册，第 9 期，第 645 页。
④ （清）嵇璜、刘墉等：《清朝通典》卷三十五。
⑤ （清）屈大均：《广东新语》（上），中华书局 1985 年版，第 246—248 页。

互相牵制又互相依赖。广州城内各个衙门官员之间的联系虽然并不密切，基本上没有日常的沟通，但职权划分非常清晰，共同完成稳定广州地区社会秩序的职责。同孚行行商潘启官在向法国人伊凡介绍广州城的衙门设置及官员们之间的关系时说：

> 新城目前与旧城分开——鞑靼城（指八旗兵驻扎地）以前分为四块明显的地区，互相独立，有围墙包围。这种设置的目的是孤立这些官员，使他们互相监督，因为太频繁的交流会使他们密谋造反，或者至少在必须严格控制官员关系的问题上有所松懈。这种监督与分离的体制在帝国的政策中仍很流行。例如，两广总督是如此组织的：两省的最高长官是总督，他住在中国城。所有官员都由他任命，必须绝对服从命令。但是这些最高统治的代理人，在各自的治理范围之内，都有独立性。总督的权力无法涉及。他本人在某些范围内不能执行，直到他征询了下属的意见，并得到赞同。第二长官是文官，他是抚院，副总督，驻在鞑靼城。他的权力只限于广东省，他只履行个人的责任。但是他在政府的几个代理与总督之间起着中间作用，如果没有得到这位官员的同意，即使在危急时刻，也无法执行死刑这一处罚。广州的第三长官是将军，鞑靼将军负责城市的安全，统率着五千人的军队。但如果没有得到总督的授权，他就不能在任何战略演习中调用军队。尽管他有总司令这一头衔，但是将军不是唯一带有亲兵的人，总督统有五千人，副总督统有两千人。当然，前者要将他的小军队与围墙包围的城市保持一定距离。①

接着潘启官又进一步介绍了粤海关及各官员之间的权力运作形态：

> 现在看一下官员是如何互相监督的吧，在新城，在总督府的旁边，是粤海关监督的府第，人们不禁猜想他的政治重要性远大于海关税务司的不明显的作用。粤海关监督通常是皇室的成员，或者是皇室年老的家人，或者远房的亲戚——皇室家族滋生的大量食客。这个官员忠心耿耿，因为他是如此接近最高统治者。他通常是一个间谍，如此安排是为了监督总督的一切言行。在鞑靼城，抚院通常是一名有文化的中国人，通常因为文学上的成就而获得如此高的地位，他受鞑靼将军指挥。将军是一名战士，生性残忍，反对所有鄙视军事、只承认智力优越的人。这

---

① 《广州城内——法国公使随员1840年代广州见闻录》，第65页。

两个官员的对抗还因为种族的不同而升温。一个是征服者,一个是被征服者。然而,因为无知的民族爆发的叛乱要比文明民族的人民频繁得多,真正的执法者——总督和抚院,出于需要,会用他们统领的七千人去反对将军所统领的五千人。判决犯罪,是继我刚刚提到的权力之后,广州最重要的权力。总督独立审判,但是当判处死罪时,在没有省内其他主要官员协同的情况下,他不能宣判罪行。除此之外,这样的罪也不会马上行刑,而需要皇帝的批准。只有遇到叛乱,总督和抚院才能达成默契,不经北京批准,而对罪犯执行死刑。

实在无法相信人们对官员们的严苛、法律的公正性等等毫无反抗。省内最驯服的居民也可以经常向总督上诉。他将一月两次专门处理所有上达给他的诉状。①

从行商潘启官的描述中我们可以看到,清代的政治制度不仅在制度层面对各官员的权责加以分工和监督,在实际操作中基本上也奉行各司其责,同时互相牵制的管理模式。

此外,乡村的基层社会组织在社会治安管理中也发挥着不可替代的作用,对维护基层社会的稳定起到一定的影响。除了保甲制度外(见后文有关治安制度问题的章节),清代的乡村和街坊还有一些自发形成的组织,名称不同。有时城内同一街坊,城外同一乡村,或相连的几个街坊、几个乡村的居民组织起来,议定乡约、乡规,谋求解决内部纠纷和本区的秩序,推举德高望重的人为"街正""乡长"等。

此外,以家庭为单位的家族,因集体生活在一起,自然具有防护盗贼的责任。族长被赋予预防盗案发生的责任。凡有外人入盗,事主的亲属必须协办;失事后,亲属可以代替事主呈告官府。如果盗犯是家族成员,父兄不告发,需受罚。如窃犯罪行较轻,可由父兄保出管束,如不认真看管,致使再次犯罪,其父兄便要承担一定的刑事责任。② 在广州地区,最典型的就是乡村社会颁布的族规、乡约以及各种条例,比较著名的有黄埔南岗镇秦氏大宗祠内道光十一年(1831年)的"祠堂规约碑"、萝岗区玉虚宫内道光十八年(1838年)的"严禁砍伐风水树条例碑"等。③ 这些乡规从维护基层社

---

① 《广州城内——法国公使随员1840年代广州见闻录》,第66页。
② 朱绍侯主编:《中国古代治安制度史》,第725—726页。
③ 以上各碑皆见于冼剑民、陈鸿钧编:《广州碑刻集》,广东高等教育出版社2006年版,第1225、1228页。

会稳定需要的各个方面对基层的治安违法行为进行约束，从某个侧面反映了基层社会组织在基层社会治安中所发挥的不可忽视的作用。

二、内外城的安全防务

1. 城内布防

在广州的城区内，也像其他国内的各个大小城市一样，设立更夫，相当于今天的"巡逻警察"，所不同的是，这些更夫的来源非常复杂，有的是营兵，有的是地保派出的较有责任心的平民，等等。各坊厢街巷，入夜均有更夫，或执锣，或持梆，到处巡逻。击锣敲梆之声以更计数，如定更则敲一下，二更二下，三更三下，四更四下，五更五下。定更在下午六时，二更九时，三更子夜零时，四更凌晨三时，五更则天明矣。各城中复有鼓楼之设，鼓楼按更次击鼓示以时，古称谯楼。正午定更又各鸣炮一响，二更鸣二响，则全城皆可闻，所以济鼓声之不达也。俗谚云：定更，小孩安生；二炮，小孩子睡觉。是故民众之生活，均以午时炮、定更炮、二炮为准，其时钟表尚少，约期守时均依赖更鼓鸣炮。城门在二更时关闭，五更时开门。多在除夕时彻夜不闭，城壕上的吊桥，则是除了大乱这样的重大危机时刻都不会撤掉。①

法国人伊凡是这样描述广州夜晚的治安管理情景的：

> 这些街道在白天就一片生机，到了晚上则死气沉沉。守卫着这份平静的守夜人经常整晚睡觉而不被打扰。这需要做一番解释。到了晚上，这里很快封闭起来，每条街的入口都大门紧闭。每个离开房屋的人一定要拿着灯笼，或者在前面有人提着灯笼，上面写着他的姓。任何想要从一个街区到另外一个街区，他的名字都会在经过的街道登记。第二天，如果有案件发生，所有前一天经过案发现场的陌生人都会被传讯，但是如果他们能够描述出自己的行动，就不会受到困扰。此时，会张贴告示，要这个地区的居民抓到犯人。如果抓不到，他们就都要支付一大笔财富，以补偿被错判的人。②

可见当时的广州城，一到晚上就几乎实行宵禁制度。

---

① 萧一山编：《清代通史》第一卷，第522页。
② 《广州城内——法国公使随员1840年代广州见闻录》，第52页。

通过这一体制,我们可以看到,所有市民都乐于抵制犯罪。市民要供养守夜人,以保证在每条街的入口处都有燃烧的灯。要供养消防员,每隔一段距离就有一个竹架,消防员在竹架上守望,以便发现火灾。这些人彼此通过信号联系,这好像是从首陀罗那里学来的。他们通过铜鼓传递彼此的发现。这些锣声,悲壮而又和谐地穿过寂静的夜空,弥漫在空气中,不止一次令新近到达这个陌生城市的旅行者颤抖。[①]

清代没有近代意义上的警察制度,其地方城市的治安职责除行政机关负责外,萧一山和伊凡所记录的维护社会治安的情景主要是靠驻军派出的兵弁以及城乡的保甲、乡约等民间组织来实现的。治安事件发生后,具体的执行工作要靠驻扎在城区内的各种营兵,特别是一些大规模的治安事件,仅靠各级衙门的属官、幕僚或长随、衙役、捕快等远远不够,关键时刻营兵这些"武装警察部队"发挥着不可替代的作用。

据清代驻军制度,清朝在全国大部分省会城市都驻有满汉八旗兵和绿营兵。满汉旗军在全国共设将军十三人,广州将军驻扎于广州府城。八旗兵驻防比较集中,广州城内除将军署外,还有副都统府、协领署、佐领署,等等。[②] 除官署外,有兵房八千六百间。此外广州还设有东较场、北较场,供八旗兵训练用。[③] 有研究者指出,八旗兵布防的主要目的是针对全国的军事、行政进行监控,是防范统治阶级内部的反叛,不负责具体的社会治安管理工作,[④] 只在出现战争、灾害等非常情况才有可能参与城区的治安维持。各营无需派兵弁去各治安点巡逻,只是在各大城门点、具有战略意义的关卡安插少量的八旗兵,以达到监视分散驻防的汉族武装绿营兵的目的。道光年间,两广总督耆英在奏疏中称"广东旗营专为驻防省城而设,所有城上神安炮台,请改归旗营拨兵防守,其凤凰岗炮台旗营既难兼顾,即改归绿营就近管理,如所请行"[⑤]。可见,只有在特殊情况下,才由绿营兵驻防。

驻于城区的各类绿营兵虽然是协助旗兵镇压地方的汉兵武装,[⑥] 却要经常承担社会治安的具体任务,可以把它们看作是清代的"警察部队"。因为

[①] 《广州城内——法国公使随员1840年代广州见闻录》,第52—53页。
[②] 光绪《广州府志》卷六十五。
[③] (清)长善主纂:《驻粤八旗志》卷二、卷四。该书始修于光绪元年(1875年),光绪五年(1879年)初刊,十年(1884年)续修。
[④] 朱绍侯主编:《中国古代治安制度史》,第738页。
[⑤] 《清史列传》卷四十,第10册,第3176页。
[⑥] 张德泽:《清代国家机关考略》,学苑出版社2001年版,第240页。

这些督标、抚标、提标、镇标部队都属于地方官管辖，直接听命于地方官的调遣。据康熙、乾隆两朝《会典通考》记载，清代驻粤的绿营兵约为七万人。①广东省城内主要有两广总督统辖的督标官兵及分防各营，同时节制抚标两个，提标两个，镇标九个。广东巡抚统辖抚标左营、右营。广东督标、抚标所辖兵员大约五千多人，大部分驻扎在省城内维护城区日常的社会治安。广东提督（另有水师提督，康熙朝初设，其后多次分合）领兵不驻广州，各镇标一般也不驻防省城内，而是分散驻防于全省各地兵镇内。②绿营兵规制、兵力及布防会根据社会治安状况、战争形势等实际情况经常性地改变。道光二十年（1840年），林则徐奏请将大鹏营制改设副将，并添拨移改官兵舡只等项，以资守御而重海防。③道光二十二年（1842年），祁贡奏为查明广东海口添兵防守并裁撤陆路兵丁情形折中说："查广东全省向分中路及东上、东下并西上、西下五路，惟有水师提标中右后三营所属之虎门内外各海口，多连大洋，内通省会，省会为全粤根本，共需添兵丁一千零三十名。"④

广州城老城八门，隶满、汉八旗和抚标左右营防守。新城八门是由满、汉八旗与广州城守协右营驻防。具体为老城小北门、大东门、文明门、定海门（即小南门）、大右营南门等各门内门皆由满、汉兵防守，外门由抚标左营或右营官1员、兵20名把守。新城永靖门、永安门、永兴门、五仙门、东水关皆由广州城守协右营驻防，兵数分别为7、12、12、17、10名。老城内设堆卡（相当于今天的巡逻岗亭）：黉桥、北水关、豪贤街、榨粉街。布政司后街永安北、正南街、芳草街、状元桥等每堆卡由抚标左营兵6名防守；拾桂坊、贤思街、长塘街、桑园口、圣贤里、龙虎墙每堆卡由抚标右营兵6名防守。此外，老城上自归德门第一堆至大东门第十堆（今解放路）共十处，每处布兵10名，抚标右营千总1员，外委1员防守。⑤

2. 城外防御

广州绿营兵还被派往城区周边的番禺、南海各县以及沿珠江的各内河炮台进行布防，每个布防点都有额定的兵弁数。⑥

---

① 萧一山编：《清代通史》第一卷，第463页。
② 《皇朝文献通考》卷一八九《兵考十一》。
③ 中国第一历史档案馆编：《鸦片战争档案史料》，第Ⅱ册，天津古籍出版社1992年版，第70页。
④ 《鸦片战争档案史料》，第Ⅵ册，第481页。
⑤ 同治《番禺县志》卷十九《经政略》。
⑥ 参见光绪《广州府志》卷六十五；同治《番禺县志》卷十九《经政略》；道光《南海县志》卷六《经政略》。

大臣们还经常向皇帝专折请款以添建或维修各个炮台。道光十五年四月十四日（1835年5月11日）谕旨：准卢坤奏议添筑炮台之事。其添铸六千斤大炮二十位，八千斤大炮二十位，准其给价银一万四千八百两并增建炮台修理墙垛，铸造炮子约共需银五万二千有奇，均准令粤海关商人捐办，先于司库杂款内陆续动支，给领兴工，仍俟收缴捐项，按分三年解还归款。惟设守固宜扼要防御，尤贵得人，平日操练有方，则临时施放自能得力，该督等总当谆饬派委各员将各炮台联络轰击之法，教导水师弁兵务须练习精熟，方能得力，震慑群夷也。① 外海炮台主要分布于珠江口虎门附近沿海岸边。至道光年间，粤东外海、内河各海口要隘共建设炮台城寨约一百六十九座，安置炮位，由各驻地营镇派拨弁兵驻守巡防。② 这些炮台的建设主要是为了维护省城的安全，震慑海盗，防止外敌入侵。"向设各处炮台，正为预防（洋人）偷越之用。查英人惧强欺弱，其伎俩长于水，短于陆，强于外洋弱于内洋。汪洋巨海之中，横行无忌，不值与之相角。倘违例禁，驶进炮台地界，则以石台之炮，攻木板之船，使彼望而生怯，其势如鱼困辙，一人之力足制彼数人。"③ 但是因为建设费用不够，技术落后，所建炮台质量非常差，而且所设置的大炮多以土炮为主，射程不够远，着力点准确性也很差，甚至在战争中发射炮弹时经常发生炮筒炸裂的现象，并不能对入侵的船只起到多大的实际攻击作用。道光十四年（1834年）八月，英国人律劳卑带两只兵船闯进海口，沿岸炮台发炮轰击，但英国兵船边还击边前进，直达黄埔江面停泊，并没有因为这些大炮的攻击而受到一丝一毫的损伤，卢坤还因此被革职留任，可见炮台的"威力"是有限的。④ 即使是到了1860年，这种情况也没有得到多少改善，美国"维尔拉麦"号班轮进入海口时，船上的记者这样描述广东的外海炮台：

  河流在这里收缩成了一条狭窄的水上航道，而清国的这些防御工事排列在河两岸的山脚下。有一堵坚固的石墙沿河伸延，炮阵横列在石墙上，使得这些堡垒对通过的敌对船只能进行有效的火力攻击。然而，我们发现这些工事的后部并没有设防。设想英国佬从山背后登陆，爬上山顶，居高临下，发挥攻击火力，那么，这些碉堡就毫无价值了。⑤

---

① 中国第一历史档案馆编：《道光朝上谕档》，第40册，第131页。
② 《粤东省例新纂》卷六《兵例下》。
③ 《清史列传》卷三十六，第9册，第2827页。
④ 《清史列传》卷三十五，第9册，第2763页。
⑤ 郑曦原等编译：《帝国的回忆：〈纽约时报〉晚清观察记》，第12页。

令人啼笑皆非的是清朝军队的领导者们却一直以为英国人只适合水上作战，一旦上岸就失去了战斗能力，所以他们不会登陆到炮台后面进行攻击。尽管在第一次鸦片战争时，陈连升父子、关天培都先后因为大角炮台、横档炮台四面受敌而力竭战死，①其实这已充分暴露了炮台缺陷，但直到第一次鸦片战争结束，炮台设置存在的严重问题也没有引起丝毫关注。

内河外海各炮台上安置的"石炮"，其真正作用反而体现在威慑山盗、海盗对内河的袭扰。同时，各个炮台所派驻的少量兵弁客观上成为维护广州城区内外社会秩序稳定、预防社会治安事件发生的有效力量。这些兵弁似乎成了配备土炮的驻点警察。

但是布防炮台的兵弁力量过于薄弱，几乎形同虚设，加之炮位设置也不够坚固，有些地方竟然经常发生大炮失窃的事件。两广总督李鸿宾曾奏称广东南海、番禺两县有匪徒抢劫炮械，番禺县属乌猪冈地方炮台八百斤炮位的一门大炮被窃去。李鸿宾意识到其盗窃大炮的意图可能是想滋生事端，并非寻常盗贼可比。皇帝也只是谕令李鸿宾将已获的九名罪犯审讯实情，从重定拟。②

三、维护社会稳定的各项治安制度

1. 推行保甲制度

清代在地方管理方面，承袭了明代的保甲制度。保甲组织作为最基层的社会治安组织形式特别有效，因此受到清代统治者的重视。其组织模式是"凡保甲之法，州县城乡十户立一牌头，十牌立一甲头，十甲立一保长，户给印牌，书其姓名、丁口，出则注其所往，入则稽其所来。"③保甲制最初的职能就是"弭盗安民"，其目的仍是加强控制，强化基层社会治安，"稽其犯令作慝而报焉""自城市达于村乡，使相董率，遵约法，察奸宄，劝微行。善则相共，罪则相及，以保安息之政"④。

保甲在顺治朝前重在编查户口，催办钱粮，防止汉人犯上作乱。康熙时才确定保甲重在弭盗，以保安息之政，从此与社会治安紧密地联系在一起。乾隆二十三年（1758年），最重清匪，兼摄户籍之事，是清朝保甲制度最兴

---

① （清）梁廷枏：《夷氛闻记》卷二，中华书局1959年版，第52、57页。
② 近代中国史料丛刊三编第九十五辑《清宣宗成皇帝圣训》（三），台湾文海出版社1992年版，第1412页。
③ 《皇朝文献通考》卷十九《户口考一》。
④ 光绪朝《大清会典事例》卷九，第6页，商务印书馆光绪戊申冬月初版，宣统己酉五月再版。

盛的时代。到乾隆四十年以后，保甲的防盗作用开始废弛。总的来说，保甲的任务有三个方面：警卫、收税和户籍。① 三者是紧密联系在一起的，查户口的目的在某种程度上也是为了"弭盗"，查盗是保甲制的一个重要社会职能，三者的重心仍是维护地方社会的稳定。"保甲之役，稽查奸宄，肃清盗源，实为整顿地方之良法。"② 至道光时期，广州地方政府出于治安形势的需要，又一次重编保甲，使保甲成为各种治安措施的首要保障制度，无论是查缉鸦片走私，还是拿匪弭盗，保甲都成为广州地方政府首选的基础性治安措施之一，其地方治安功能日益凸显。

道光十二年五月十九日（1832年6月18日）谕旨："嗣后着各直省督抚严饬所属州县督率保长人等于城市村镇户口按名查造清册，发给门牌，详载姓名生业，仍随时挨户核对勘谕化导，俾安恒业。倘有不安分之徒即行拿究，并于春秋二季农暇之时将迁移户口详加改换，责令该管道府，每年抽查一次，以昭核实。"③ 维护保甲制度运行的保正、甲长和牌头必须经常查明本辖区有无"盗窃、邪教、赌博、赌具、窝逃、奸拐、私铸、私销私盐、踩麯、贩卖硝磺，并私立名色、敛财聚会等事，及面生可疑、形迹诡秘之徒。"④ 其做法就是按名查造清册，详细登录门牌姓氏，并随时挨户核对，而且规定道府每年要抽查一次。这就把保甲的治安职能明确地界定出来，凡不能取得实效者将受惩处。可见，道光朝重编保甲后，保甲再次成为维护地方治安的重要制度之一。

2. 城内街道的治安预防和对负责治安官员的奖惩制度

由于广州城区是由南海和番禺两县分治，其治安管理的责任也落实到两县的头上，特别是每年重大节庆活动的治安维护皆由南、番两县会同广州协营负责，"庆贺元旦冬节，除照例遵行外，由南、番二县广州协派员稽查弹压，仪注由县通送"⑤。知县是基层社会治安的重要角色，有时还得亲自担当验尸官（法医）的角色，1839年2月16日，南海知县就亲自主持了在广州眼科医院对一具中国人的尸体进行验尸。⑥

---

① 萧一山编：《清代通史》第一卷，第511页。
② 《大清会典事例》卷六二六《兵部》。
③ 中国第一历史档案馆编：《道光朝上谕档》，第37册，第232页。
④ 《皇朝文献通考》卷十九《户口考一》。
⑤ （清）黄恩彤、宁立悌纂修：《粤东省例新纂》卷四《礼》，道光二十六年刊本。
⑥ 《中国丛报》，1842年7月第11卷第7期第1篇，见《鸦片战争与林则徐史料选译》，广东人民出版社1986年版，第339页。

对省城街道的治安维护，规定由驻省城的司、道会同两县派员分段进行巡查。"省城委员巡查城厢内外街道，南、番二县共分三十六段，春夏秋三季，每三段派委一员，冬季每二段派委一员，由司道会同遴委在省试用佐杂按段巡查，一月更替，每届冬季分段添委。总巡督缉，仍由县按段派拨捕役，协带更保随同委员缉捕。"①

为了加强城内治安管理，地方政府对治安管理机构采用奖惩兼施的制度，即对各委员所管辖的街道、段在一定的时间内没有发生治安事件的，或者发现并查处了窃盗、赌博等违反社会治安行为的委员给予升迁奖励，反之则给予总巡委员乃至该段的地保相应的惩罚，甚至调离、革职。据道光《粤东省例新纂》记载：

> 该委员一月期满，所管段内并无失事者，记功一次注册，下届派委得功并计，积功至三次者给予超委一次；拿获斩绞人犯一名，军流徒犯二名，窝窃盗、赌博滋事枷杖人犯五名，各记功一次，积功至三次，并拿获命盗凌迟斩绞人犯一二名，例不引见者，给予超委一次；如一月之内段内既无事，又能拿获外来强盗，及城厢内外白昼抢劫、积惯窝家、迷窃扰害各匪徒，或黑夜登时捕获持械窝贼共五项罪应斩绞、遣军、流徒、枷杖各犯，核计获犯章程，功至四次，给予尽先超委一次。倘有失事抢劫重案，立即撤委，勒限留缉。其寻常窃案，每一案记过一次，积过三次者，撤回停委。总巡委员按分巡功过核计，如分巡各员汇计记功三次者，总巡记功一次，积功至三次以上，准超委一次，记过亦然。各员失事后，能将本案及时破获，及拿获首犯者，准其功过相抵，倘本案无获，另获他案人犯，核计应得两功准抵一过，如不及两功，照常记过停委，仍不准以别案获犯详请记功超委。其段内有无失事，责成该管地保按五日禀报府县，由县按月通禀，如有失事，捏报安靖者，地保责革，该县及委员记过一次，若讳匿失事而又捏报获犯者，即将该县撤任，委员停委一次，仍责令该管府州严密访查，按月禀报查考。至各委员拿获人犯，应即通禀将犯解司饬讯。如不将犯禀解，期满始由县汇禀者，扣除记功外，仍将该委员及该县各记过一次。②

条例将负责每段巡查的委员在社会治安巡逻中所取得的各种治安成绩及

---

① 《粤东省例新纂》卷五《兵例上》，第12页。
② 《粤东省例新纂》卷五《兵例上》，第12页。

失误进行详细的划分，分别予以奖励和惩罚，强化治安责任。通过上述详细的奖惩规定，我们可以看出，地方政府逐渐形成一种以治安状况和治安效果为考核标准的奖惩机制。同时，广州地方政府非常重视对盗窃案的预防和查处，对抓获盗窃犯的员弁差役，皆可获得逐级纳入候补或升迁的奖励："佐杂人员获盗，以县丞补用者，归入候补班内。俟各项候补，并本班原系试用县丞获盗，尽先补用。应归候补班之员，补竣后，再以该员等按班酌补，如遇外调要缺，仍准与各项候补人员酌量补用。"①

地方政府还对出差公干人员进行考核，根据不同的情况进行奖励："候补佐杂人员奉派远差（如押解人犯赴京及远省各项勤劳苦差）经办妥当销差后，准将奉差劳绩禀候藩司核明详请给予超委一次（道光十六年试用县丞李锡绶、杨昭等解犯赴京详委有案），其有过罚令出差者不在此列。"② 在封建社会，押送犯人是各级低层官员主要的出差任务，因为各种罪犯一般情况下都要押解到省城衙门内做最后的判决。《粤东成案初编》中所记载的各种类型的罪犯基本都是递解到省城广州由相关官员来最终审判的。③ 古代交通不便，长途奔波的同时，还得防止犯人生病、死亡、逃跑或诸如犯人被劫持等突发事件的发生，押送罪犯的出差任务非常艰巨，是维系社会稳定的重要治安内容，将犯人平安送达目的地就是押送者的一项显著功绩，因此将其列为专项工作予以奖惩。

此外，对治安案件发生后，是否按期处理、结案，也是考核院、司官吏及首府县帮审案件委员的一项重要依据：

> 首府县帮审案件委员，不论时日久暂，应以结案多寡分别奖励，如审结奏案及委审案内，有平反更正，罪关生死出入，暨审结二三年以上日久未结之命盗重案，每一案记功一次，寻常命盗罪应斩绞者，每五案记功一次，遣军流徙者每十案记功一次，自理枷杖人犯，每二十案记功一次，积功至三次者，由府县列摺请奖候补。试用人员给予超委，实缺人员量予调剂，积功至六次者，候补试用人员请给尽先超委，实缺人员准予调置备繁缺一次，以示鼓励。④

---

① 《粤东省例新纂》卷一《吏·调补》，第22页。
② 《粤东省例新纂》卷一《吏·功过》，第24页。
③ 参见（清）朱壇：《粤东成案初编》，道光壬辰新刻，据广东省立图书馆藏本。
④ 《粤东成案初编》卷一《吏·功过》，第23页。

此外还对民控案件处理的奖惩内容作另行规定：

> 各州县士民控案件，院司每月核计详销数目分别记功记过，如一月内结案七起到九起者，记功一次，十起至十四起者记功二次，十五起至十八起者记功三次，十八起以上者，记功四次而止（详销五六起，不敷记功，次月再有销案，准其合算，共成十起者记功一次，未足十起，不准记功，再次月之销案亦不准接算）。其控案在五起以上，一起未销记过一次，十起以上，一起未销，记过二次，记过至十次，停其升调，记过到十五次，详请撤参，以示惩儆。①

诸如上述对官员的详细考核机制，从侧面反映出地方政府对社会治安管理的高度重视，也折射出当时地方治安管理的某些怪相。道光时期两广总督也经常上奏对部分官员予以超拔或褫革，皇帝根据这些奏折，委派诚信官员查实后，会经常下旨对社会治安有突出贡献的相关官员进行较高的奖励。

道光十二年正月初七日（1832年2月8日）谕旨：

> 广东试用知县吴思树调署南海县江浦司巡检，五斗口司巡检吴象坤，派委搜捕土匪认真出力，吴思树着俟补缺后以应升之缺升用，吴象坤着以县丞升用，以示奖励。②

道光十八年四月二十二日（1838年5月15日）谕旨：

> 奖励兴办义仓捐银较多之举人伍崇曜等，并在事出力之礼部候补主事陈其锟等。③

下面这个案例表明，对犯过错误的官员，只要能够戴罪立功，根据所犯错误的性质，照样有可能得到起复重用。道光二十年六月二十六日（1840年7月24日）谕旨：

> 革弁吴金魁于斥革后复获叠劫巨盗孙秋，并另获行劫逸盗陈沛解省

---

① 《粤东成案初编》卷一，第26页。
② 中国第一历史档案馆编：《道光朝上谕档》，第37册，第11页。
③ 《道光朝上谕档》，第43册，第127—128页。

审办，缉捕尚属勤能，准其以把总留于该省标营效力。①

实际上，道光时期，吏治腐败现象已经比较严重，因此，决心整顿吏治的道光皇帝对犯事官员的惩戒相当严厉。道光十七年二月初十日（1837年3月16日）谕旨：

> 御史黄仲容奏广东番禺县悍差杨超不法各款，据兵部尚书朱士彦查奏：该差并无包赌窝娼、纵贼扰害，及因案株连私押交结各衙门差役，倚势虐民各情节，皆无实据，但因该革役被控多案，未便宽纵，著交邓廷桢、祁贡提集未结各案人证，严拿各赌匪，务获另行审拟。②

即使经过核查，悍差杨超犯事的情节并没有事实证据来证明，但因为杨超被控告的罪名非常多，不能轻易放过，要求地方官员严加审查，不能宽纵。在其他属于严厉打击的一系列恶性案件的处理中，道光对犯事官员的处罚都是非常坚决，这在后面的论述中都可以看到。

3. 强化水路治安力量建设

因为广州城区河汊纵横，水系发达，又为唯一的对外通商口岸，对水路安全的保障自然成为广州治安管理的一项重要内容。在省河珠江河面穿梭的船只非常多，广州城的水路治安任务非常艰巨，各级地方政府对水路犯罪行为的预防和缉捕也特别重视，制定了众多规章制度。

首先，广州地方政府委派水师营、汛兵弁参与到水路治安上来，水师营、汛兵弁成为广州水路治安防范的中坚力量。

> 除旧有师船及巡桨各船外，另设快蟹船七只，分派水师提标中左右后营暨香山协左右各营，配驾在于外海内河要隘，分段巡查，正月至七月，捕务稍缓，七船共拨兵丁二百二十名，八月至年底捕务吃紧，共拨兵丁二百五十五名，每船派委千把一员，管带并责成出洋总巡之水提中军参将右营游击，分派督缉。③

---

① 《道光朝上谕档》，第45册，第289页。
② 《道光朝上谕档》，第42册，第45页。
③ 《道光朝上谕档》，第42册，第9页。

同时也制定了相应的省河治安缉捕赏罚规则：

广州府属附近省会各路河道绵长，港汊纷歧，盗匪出没靡常，捕务较他郡紧要，由两院派委文武员弁督带快船分路查拿，其各要隘海口添派水师员弁堵捕，仍责令该管之地方文武亲身督带兵役会缉。各该县暨营委各员如能实力巡缉，一月内地方安静，兼能拿获斩枭、斩决、盗匪多名，由府查明禀报，该管之知县分别实任署事，与在事出力文武员弁，酌予升调超委记功。若一月内地方失事，新案未能破获，每案记过一次，积至三次以上，未能依限破获或首犯未获及获犯不及半者，即将该管带营县委员酌予参劾撤任、摘顶、停委、记过。①

道光二十五年十月（1845年11月）广州府根据战后形势的需要又续议重申省河捕务，制订水陆章程，将省河分成三路，规定各路的巡查兵力，要求州县派文总巡协助兵营派出的武总巡开展省河各路的治安稽查任务，形成政兵结合的水上治安防御体系，并根据巡查效果及水路治安状况相应地制定了奖惩条例：

（省河捕务）分为三路：西路、东路、南路。每路各委文职候补丞卒，州县一员为总巡，佐杂二员为分巡，各拨快船二只，共船六只，由县修整移营配足军火器械，每船派千把外委一员，拨兵五十名，发交总巡稽查，仍由营每路派拨都守一员，坐驾桨船会同文总巡，督饬分巡员弁购线悬赏缉拿。该弁兵等定以一月为期，限满更换，所查河道段落弁兵姓名，由文武总巡查明造册申报，另委文职知府一员，武职副参游一员为三路统巡，将善后总局旧有缯船一只，配足壮勇五十名交文统巡管带会同武统巡督饬查缉，稽查各路员弁勤惰及有无失事，按旬禀报，其应如何分段会哨之处，饬令总巡会同该管营县体察情形，绘图通禀核办，并责成该统巡总将沿河安设塘汛防兵，就便查验是否足，如有老弱疾病之人冒滥充数，准随时禀究。陆路亦照水路章程，一体分为三路派委员弁专司巡缉，该委员等一面会同各州县严查保甲，督饬绅耆人等，举充牌保甲长，实力查察，以绝盗源（所需经费各条略）。此项缉捕委员固有专责，地方官亦不得置身事外，均应严定功过以免推诿，而昭激劝。各州县遇有情节重大及连劫数家各案，一月内未能破获，立即

---

① 《道光朝上谕档》，第42册，第20页。

撤参外，其寻常行劫及行窃，临时行强之案，一月内仅获一二名者，每一案记过一次，两案记大过一次，全未破获者，每案记大过一次，积大过至三次以上，即行撤参。如果一年之内，地方安静，或虽有失事皆能全数破获及获犯过半兼获首犯，实任之员酌予升调，署事之员分别记功超委，所属捕巡功过与州县一体办理。其总巡分巡各委员如一月内所查段内水陆安静并无失事，记功一次，营弁记名注册，如拿获邻境要犯，即予优叙或送部引见，营弁准其遇缺即补或量予升阶，一月内如有失事能获犯过半兼获首犯者，免议，不及半者一案记过一次，两案记大过一次，全未破获者，每一案记过一次，积大过至三次以上，即行撤换，候补者停委，实缺者停升，营弁摘顶勒缉，至统巡委员，一月内河道安静，拿获邻境罪应斩枭要犯一二名者，记大功一次，如获积年著名巨盗窝家，随时奏请优奖。如有失事，一月内获犯过半兼获首犯者，免议，获犯不及半者每三案记过一次，每五案记大过一次，全未破获者，每三案记大过一次，积大过三次以上，即行撤换停委停升，陆路赏罚功过一体办理（经费各条略）。①

地方政府通过对全体巡查人员具体而微的奖惩措施以加强广州城内外众多河道的治安管理，这对于整个广州治安来说不失为一种可行之举。

4. 船务管理严密细致

与广州水上治安管理密切相关的是船务管理，在这方面广州地方政府做得非常细致、严谨。

为从根本上加强对水上治安的控制，针对省河河面船只众多、以船为家的疍户长期停泊在河面生活的情况，广州地方政府在狠抓官府巡逻队伍建设的同时，强化对水上船户的管理。主要办法是把陆上的保甲治安制度搬到对水上船户的管理中来，水上保甲称为"澳甲"，仿照陆上保甲制度的建设，详细制定了"严查澳甲条例"，暂且称为"澳甲制度"，据记载：

> 凡大中小三项商渔船，各州县照烟户式编排，十船为一甲，互相保结。一船有犯，一甲中无人举首，即予连坐。每十甲设澳长一名稽查，如一县止船数十号，亦设立澳长一名，船在一百五十号以外，设澳长二名，分管其商船按双单桅分甲，合对渔船以十对为一甲。各州县务选殷

---

① 《道光朝上谕档》，第 42 册，第 33—37 页。

实并无过犯重役之人取结承充，五年一换，倘敢怠玩滋事，详革另举其余，水练埠保名色革除。递年将澳长姓名、年籍，所管船只甲数、号数造册缴查。①

这种"澳甲制度"的内容比较宽泛，从商船、渔船开始制造的时候，官府就开始对船只进行编审，对船只的大小、类型、船只拥有者等方面都进行了严格规定，不得私自更改，据《粤东省例新纂》记载：

其尺寸式样报明州县核例相符，批准兴工，工竣亲验编号入甲给照。商船由印官开明船用什物等项，以便汛口察验。渔船造成出口时责成守口员弁将船往何处生业、舵手年籍姓名，逐一查填钤盖印戳，登行存记开行。如有将船卖与他人，由澳长及地保查明果系殷实良民，开报姓名年籍入甲，内照刊书饬换给新照承买。至拖风船只，如有朽坏，报明拆卖者，即令押拆销号，如堪驾驶，成只转售，应报明卖与何人，听买主不论改作何船，一体呈明换照编甲稽查。②

除了对商船、渔船制造加以控制外，对商船、渔船的停泊也有明确的规定，所有商船、渔船必须在指定的港口停泊，并且按照出港时约定的时限回到所泊港口：

商船贸易须报明所往地方、何时收港，登册存案，回日查对。倘买卖未宜、转贩逾期，须在指定所在地方官取照，方免治罪。如渔船梁头五尺以下，止许本港朝出暮归，梁头五尺以上应三日、五日、十日归港一次者，地方官详允饬移海口员弁照限查辨。如逾限三日以上笞四十，每一日加一等罪，止杖一百，再犯递加一等，杖一百枷号一个月，倘结联肆扰抗违越捕，无帮逾限一月以上者，将船户舵手由陆递籍，照违禁治罪（船只变价入官），澳甲等并处。若因风飘阻别港守风，报讯转移，各县免议，仍由沿海弁目盖用红戳书明日期，俟船入口验放。如查无汛戳钤盖，移明地方官详究。营汛习难不与盖戳，亦许渔户报县通禀查究。至合对出口渔船，有一船先回，一船被风阻滞，先回之船必须俟后船进港查明无弊，方许合对出口。倘合对船内有一船应追照拆毁，其

---

① 《粤东省例新纂》卷六《兵例下》，第3页。
② 《粤东省例新纂》卷六《兵例下》，第4页。

余一船仍许另配别船出海,不得株连并解。又有鸭仔船一项,只许在本境滨海沙田牧鸭,遇晚湾泊,汛前不许出洋。此项船只亦责成澳甲管束,如敢故违,沿海营汛舟师查拿解究,澳甲失察并处。更有乘潮长退,暮出朝回者,令各于夜出时,船尾添设灯笼,白地黑字,大书号数、船户姓名,字画宜粗大,如违,许汛弁追截拿究,若非暮出朝回渔船,概不许黑夜出海,稍有违犯,查拿究办。"①

对采捕船只的活动范围也进行划界管理,活动范围由其在何州县申报船只牌照决定,超出了活动范围要向该船籍贯所在地报告:"沿海采捕各有地界,如在原籍欲赴外县造船采捕,应先赴原籍地方官禀报查明移知,各县方准成造,俟工竣给照收港,听该县文武约束,一体编号排甲,统归此县澳长查管,遇停泊修葺之时,不许驶回,违犯照越境例治罪。若在外县领照,愿改原籍者,呈明该县将原给司照吊销,给护牌回籍换给,本县船照另行编号印烙。"②

地方政府对各商船、渔船牌照的有效时间也做了明确的规定,超过时间要重新申领、查验、派发新照,类似于今天的工商、税务等部门的年审制度:

> 各渔船请领司照,先由县着令澳甲查明各船户年貌、姓名、船名、只数、船身、梁头丈尺,造册缴县转造正册注明,油饰刊书,编排保甲号数,一缴藩司领照,一移守口营汛于出入港口时,按册核对,递年限定,以六月初旬领回,于七月内截给,各渔户出海采捕,县领迟延,藩司差提经承惩处,渔户迟至九月请领,不准换给。各渔户无本年新照,不许出港,并令将旧照缴县汇销。至商渔船所雇舵手有中途病故,缘事更换,许其另雇,并将年貌、籍贯、姓名赴所在地方官就近报明,填注照内。其缘事更换者,该县即将原雇舵手递押回籍保束。"③

从这一复杂而明晰的管理程序可以看出,官府严格控制着这些各种各样的船只。道光十九年(1839年),林则徐在打击走私行动期间,又刻颁了新的船政管理规定,保甲的互结制度被引入到船只管理中来,使广州的船务管

---

① 《粤东省例新纂》卷六《兵例下》,第5—6页。
② 《粤东省例新纂》卷六《兵例下》,第9页。
③ 《粤东省例新纂》卷六《兵例下》,第10页。

理更加绵密和严谨，有效防范了水上船只的犯罪活动，其具体做法如下：

> 粤东海口分歧，出洋各船名目众多，应责成各口岸澳甲编号造具名册，呈送该管衙门。饬令五船互保抽查，如无人保结，另造一册编入岸地保束，其内河大小船只，责成地方官查办。至出洋船只有帆三扇者，每扇帆上写大字三行，中一行写州县船户姓名，左一行写字号，右一行写牌甲，其单帆又帆仿照书写，船之两旁写某州县某人姓名，违即查究。①

地方政府的治安管理是一个复杂的系统，广州地方政府的治安管理措施除了保甲制度和船务管理外，对行业的管理也制定了相关的制度。为了突出广州地方治安管理的特殊性，本书将行商及外商的管理制度单独予以分析。

5. 对器械和流民的管制

为了防止器械流入民间，成为违反治安管理规章制度、造成恶性治安事件的凶器，清政府对攻击性器械实施严格的管制政策。道光八年二月十五日（1828年3月30日）谕旨："予限半年，凡土著流民及杂项壮丁等私藏鸟铳，一概赴官呈缴，给予例价银两。"② 在广州，这一管制至鸦片战争发生后，因民众反抗外族入侵的激情暴涨有所放松，从而导致晚清时期广东的民间械斗风波频频发生。③

对流民则采取限制进入广东省境，省城广州这一省垣重地更是不得进入。一旦发现流民来到广东省境，沿途州县官员必须担负起将流民或难民堵截并递送出境的治安职责，但并不要求地方官员对流民或难民进行安置，其目的只是为了维护地方治安稳定："本省遇有难民到境，沿途州县无论行抵何处即行截留妥为抚恤，酌给口粮转递前途出境。听其自愿投往何省觅食，或回原籍栖身，不得任其纡道来省及分投各处致滋事端。"④ 特别对广东与江西等省的边境地区，特别加强巡查，以防流民进省为盗，影响广东省境内的社会治安秩序。道光二十二年十月二十七日（1842年11月29日）上谕：御史黄赞汤奏：江西、广东两省穷民无所借以谋生，必将聚而为盗，请饬设

---

① 《粤东省例新纂》卷六《兵例下》，第11页。
② 《道光朝上谕档》，第33册，第33页。
③ 《大门口的陌生人——1839—1861年间华南的社会动乱》，第17页。
④ 《粤东省例新纂》卷二《户·蠲恤》，第15页。

法防范。两省船户挑夫向以挑运各货为生，若一旦失业，难保不流为盗贼。著祁贡等体察具奏。①

四、广州地方政府"严打"的恶性治安案例

道光时期，清廷非常重视对一些社会影响恶劣、引起民众共愤、严重扰乱社会秩序甚至动摇封建统治基础的恶性案件的预防和惩治。特别是广州，又为全国唯一通商口岸，是国家物资、朝廷贡品和财税的重要来源，其社会稳定与否直接关系到大清帝国统治的安全。因而，广州地方政府向来对发生在这个地区的各类造成恶劣影响的社会治安案件予以严厉打击。

1. 私自拆卖房舍案

当时，广州作为全国唯一的通商口岸，商人众多，而在广州经商，必须要有居住的地方，这就必然导致房屋的私下买卖行为。而私自拆房卖屋在清代是被严行禁止的，因为这种行为直接破坏保甲制度，影响正常的社会治安管理秩序，属于恶性的治安案件，必须随时随地严厉予以查禁。道光十二年正月二十九日（1832年3月1日）谕旨："奸商拆卖房舍从前例禁甚严，自应随时查禁。"②

2. 私用夷钱案

在打击走私鸦片的行动中，同时也打击白银外流现象，白银外流的直接原因是外国人用他们的钱来兑换白银。鸦片战争前，广州很多地方私用夷钱，对清廷来说，这种行为破坏了清帝国的金融体制，导致社会流通环节的混乱，当然属于恶劣的治安案件，必须予以严令禁止。因御史黄仲容奏广东地方私用夷钱等情，据邓廷桢查尚无私铸夷钱小钱。道光十七年二月（1837年3月）上谕：

> 著该督（邓廷桢）等即通饬所属，于城乡设局收买（夷钱），予限一年，责成保甲令将市间行使小钱夷钱一并缴出，由该地方官每斤给制钱一百文，依限缴销净尽，取具甘结存案。并出示晓谕，倘再有私藏行使等弊，一经查出即从严惩办，并将铺屋查封入官。并著粤海关监督严

---

① 《鸦片战争档案史料》，第Ⅵ册，第494页。
② 《道光朝上谕档》，第37册，第32页。

饬各洋商于夷船进口详细验明，设有偷带夷钱来粤，即晓以天朝禁令，不准开舱，饬令带回该国，如违，惟洋商是问。并谕令各海口管关经书，于验货收税之便一体严查，每月将查过海船有无偷带夷钱情事通报。①

3. 盗掘坟墓勒赎案

道光时期，广东盗匪猖獗，在朱枟编撰的《粤东成案初编》中，盗匪抢劫案例占了很大的篇幅。其中除盗杀一类的恶性案例属于刑事追究的范围外，盗掘坟墓当是最为恶劣的社会治安案件，这类案件所引起的社会恐慌程度绝不亚于盗杀案件。中国人讲究"慎终追远"，非常敬重祖先，礼拜鬼神。掘人坟墓，就等于灭人祖宗，是绝对恶性的治安案件，自当严行禁止。御史冯赞勋曾上奏，"广东濒海通洋，向多盗匪，叠经查办，此风总未净绝。近日贼党纵横，胆敢掘人坟墓，攫取衣物，甚至劫掠衣冠，公然勒赎，各府皆有而省城及首府所属州县尤甚。"② 为此，皇帝于道光十四年十二月十三日（1835年1月11日）发布谕旨：

> 广东匪党掘坟勒赎案以广州府所属为尤甚。其勒赎之法：匪徒乘夜粘贴于事主门首，限以某月某日指定事主戚友中家富而年高者一人只身携银往某山代赎，倘或多人而往，或所往非所指之人，盗在山巅遥见，早便逸去；又或逾所约之期，或不足所勒之数，立将骸骨投之污秽，付之水火，被掘之家虽甚多，报官之案则甚少，缘未赎之先，一经告官，恐贼匪将骸骨毁灭，追赎回之后，地方官辄以骸骨既得，概置之不理，即或准理而门丁书差，层层索费，反致盗挟告官之恨，重掘别坟，小民畏事，每至忍气吞声。匪党见目前必得之利，日后无捕究之患，盗风因而日炽。匪徒盗掘坟墓，大干例禁。前经明降谕旨令该督抚等严拿究办。若如所奏，近来其风日炽，是该地方官玩视民瘼，形同木偶，既不能严禁于前又不能力缉于后，即有事主控告只以"候缉"一批了事，又何怪贼匪明目张胆，肆为民害。生者破产倾家，死者抛骸露骨，该地方官悉居民上，乃竟漫不经心，毫无闻见，殊堪痛恨。该督抚有转移风化之责，宜何如倍加整顿，力挽颓风，着即严饬所属各府州县营弁即将现在指出被掘各案确切查拿，按律惩办，毋稍轻纵。此外，已经告发者

---

① 《清宣宗成皇帝圣训》（二），第1139页。
② 《清宣宗成皇帝圣训》（三），第1422页。

设法拿究，未经告发者，留心访缉，毋使凶徒一名漏网，庶足以净根株而戢强暴。倘仍前怠玩，无论事主曾否控告，别经发觉或经科道纠参，定将该督抚及地方官从重惩处，决不宽贷，以为纵盗殃民者戒。①

谕旨对匪徒盗掘坟墓勒赎百姓的行为进行分析，并进一步指出此种案件之所以屡禁不止，在于地方官员"漫不经心"，因而严饬广州各府州县严拿盗掘坟墓者。

道光十六年二月初九日（1836年3月25日）又谕旨要求广州地方政府重点打击一些盗掘坟墓现象比较严重的地区，对所抓捕的罪犯必须从重惩治：

> 顺德县属之龙江乡旬日间被匪徒纷纷发冢，各家未及禀官居先赴乡约登报册簿共计一百四十余起，此外未经赴报者尚多。该督抚迅委干员前赴龙江县查取乡约册内所报各起，严行查办；其未经报册者即在该乡出招告按名查拿；并提讯现获七犯，追究巢穴，即将首从各犯严拿务获，从重惩治。倘查明该署知县章鸿实有讳匿不办情弊，即应先行革职严参办理。并责令花县知县迅将为首传徒之犯密拿究办。②

不久，又批准邓廷桢奏请将顺德县令章鸿革职："广东顺德县龙江地方半年之间被掘棺柩至一百四十余具，该署县章鸿平日于此等重案漫无觉察，实属溺职，著先行革职，以为废弛公者戒。"③

4．私设班馆案

如前所述，道光皇帝非常关注发生在广州的重大恶性案件，每有发现，必下谕旨，谕令地方政府严加整饬。道光八年九月初五日（1828年10月13日），他在"恭阅"嘉庆帝实录时，看到嘉庆十年闰六月（1805年7—8月）那彦成、百龄参奏广东南海等县私设班馆滥羁人犯致毙多命一案时，立即谕旨广州地方官员严查重惩：

> 地方官私设班馆本干例禁。粤东狱讼繁兴，省城首县即因待质人犯

---

① 《道光朝上谕档》，第39册，第482—483页。
② 《道光朝上谕档》，第41册，第45—46页。
③ 《清宣宗成皇帝圣训》（二），第1130页。

较多，自应禀知该管上司妥为办理，设法羁押。乃南海一县设有班馆三处、差役私馆五十处，番禺县则有带候所一处、差役私馆十二处，且任听蠹役于各馆安设木栅，四围堵塞，将讹诈不遂之人闭锢其中，竟同黑狱，致令无辜拘系瘐死多人。甚至将各案未结女犯发交官媒妆管，设立女馆名目，遇有年少妇女，官媒逼令卖奸得赃。该令等置若罔闻，尤为可恨。州县为亲民之官，似此蔑法殃民，该督等仅请将该令等褫职办理尚轻。南海县知县王轼、番禺县知县赵兴武均著革职发往伊犁效力赎罪……（今后）各该省督抚饬司一律严行申禁，无论繁要偏僻地方俱不得设立班馆等所滥行拘系。如敢视为文告故事，仍蹈前弊，该督抚等一经查出，即行严参惩办。倘竟漫无查察或瞻徇不即参奏，将来别经发觉或经朕访闻或被科道纠参，定将该省督抚等一并重惩不稍宽贷。①

道光十四年四月二十六日（1834年6月3日）再下谕旨向广州地方政府通报南海、番禺两县私自设立班馆情况：

有人奏广东州县私设班馆监狱非刑凌虐，请饬惩办一折。据称广东省城南海县私设班馆，有起云仓、惠福巷二处。其惠福巷一所本为该县典史衙署，今占为班馆，名收管所，又改名曰署左，典史反赁民房居住。又有添设署前一所，在该县署照墙之左。又有三间一处，在头门之内，马鞍街、仙湖街等处俱有该县役私馆凡十余处。番禺县之班馆则在该县署前后左右一带，庙内为多，而头门内有六间一处，尤甚者，则大堂前之西边巷直通榨粉街为最。②

皇帝还在谕旨中详细声讨了私设班馆内各种令人发指的犯罪行为。

……又有幽之囚笼者，令人不能屈伸；有闭之烟楼者……以火烟从下熏灼，令人不能呼吸。尤惨者，用铁杆三尺余长，竖立于地上顶喉颈，周身捆绑锁镣手足作盘踞状，欲坐不能欲起不得，名曰饿鬼吹箫；又有将人倒悬墙上鞭挞拳殴，名曰壁上琵琶；或将一手指一足趾用绳从后牵吊，名曰魁星踢斗。种种非刑，难以枚举。需索洋银，动以尺称：洋银一百圆谓之一尺，凡需索者，动辄议十余尺数不等。尤可恨者，乡

---

① 《道光朝上谕档》，第33册，第253页。
② 《道光朝上谕档》，第39册，第158—159页。

曲愚民，家颇饶裕，本不犯案而蠹役垂涎，串同土棍门丁捏造案情拘系班馆，任其讹索，谓之种松摘食……至监狱内每遇应行监候之犯初入监时，该禁卒率领旧监犯将其拳殴三次，谓之"见礼"，其讹索之数动以千百计，谓之"烧纸钱"；旧犯之在监有称大哥头者，所讹之银竟有不肖典史从而分肥者，如新犯不肯给予，即横加凌虐，遍用非刑，谓之"打烧纸"；倘不遂其讹索，直打至死而后已。该管官规避处分，直令倒填年月日，先期告病，装病为病故，掩灭其迹等。

道光进一步指出广东私设班馆的风气比其他任何地方都厉害："地方私设班馆，监狱凌虐罪囚，均属有干例禁。粤东狱讼繁兴，此风尤甚，若如所奏种种弊端，藐法殃民，殊堪痛恨。"因此，要求广州地方政府一定要采取断然措施，严厉打击私设班馆这种严重的知法犯法行为，务必将其断绝干净，确保各级政府所设监狱正常运行："著该督抚等严密访查，如果实有其事，即将各州县著名蠹役立行拿究，按法惩办。所有私设班馆尽行拆毁，不准复设。其监狱中有老犯自称头目，勾串禁卒，肆行讹索者，一并严治其罪。倘各州县徇庇容隐及司狱官从中分肥，立即从严参办，毋得稍事姑容。"①

从上述的班馆记载描述中可以看出，道光时期社会矛盾日益激化，从事社会治安管理的官吏，知法犯法，私设班馆，私立刑名，官吏甚至与犯人互相勾结，贪赃枉法，广州的社会治安管理极为混乱。

此外，鸦片走私行为当然也属于恶性的治安案件，本书在后面的论述中将专章论析。

---

① 《清宣宗成皇帝圣训》（二），第1111页。

第二章　针对行商和外国商馆的商业管理机制

"一口通商"的广州，官府没有固定的机构来直接管理对外贸易，其对外贸易行为是通过行商制度来实施的，即官府通过行商对中外贸易实施间接管理，即使是粤海关这样的专门机构也只是主要负责征税，而且是通过行商来实现的。因此，在广州就形成了一个行商群体。这些行商群体直接与设立在广州口岸的外国商馆开展贸易活动，直接关系到中外贸易的正常进行，也关系到一些贸易纠纷的处理。广州地方政府非常重视对行商的严格管控，并由此形成对外国商馆的钳制力量。

一、行商及政府的严控

乾隆二十二年（1757年），清政府决定关闭其他海关，实行广州"一口通商"，但朝廷却没有完善对外贸易的管理制度或机制，也没有设立规范的行政管理机构。在对外贸易关系的处理上，地方政府主要是通过"行商"（很多史料中都称为"外商"，除引文外，本书一律称作"行商"，以与"夷商"即"外商"区分开来）进行间接管理，因此，广州地方政府只有对行商加以严厉的控制，并建立公行制度才能实现对外贸易管理的目标。

据统计，道光时期在广州活动的行商主要有浩官（怡和行行商伍秉鉴、伍绍荣父子）、茂官（广利行行商卢文锦）、启官（同孚行行商潘绍光）、明官（中和行行商潘文涛）、章官（东生行行商刘德章）、经官（天宝行行商梁经国）、鳌官（东裕行行商谢嘉梧），还有教官、海官、三官、贞官等。[①] 当时的外国人普遍认为清政府专门任命了十三名特权商人（其实这里的十三是个概数，并不是只有十三个行商代表）作为对外贸易的主要首领。他们在广州对外贸易中发挥了重要的作用，他们是行商当中任何成员举借外国人债务时的担保人，他们还要为外国商人和海员的行为向政府负责，同时负责征收和上缴他们负责的海关收入。地方官员都非常赞成这种制度，因为它部分地使他们摆脱外国债权人追债的麻烦，而更重要的是为一些腐败的官员

---

① 威廉·C. 亨特：《广州"番鬼"录》，冯树铁译，广东人民出版社1993年版，第27页。

提供了勒索的途径，从中获得大量的灰色利益。而它为国家岁入提供的保证和它为远游异邦之人所做的善举，使它得到了最高政府的欢心。① 如此看来，行商们俨然成为中国官方的代表。

行商控制了广州口岸全部的对外贸易，贸易总额巨大，利润也相当可观。他们是得到官府承认的唯一商贸机构——公行的全权代表。行商除了代替洋人向粤海关交纳关税外，其主要职责是承担住在广州商馆的外国人和停泊在黄埔港的外国船只的管理任务，负有保证他们遵守大清律法的责任。因此，外国居民从登岸之日起，必须有一个保人，每艘外国船都是这样，行商也就成了"保商"。此外，行商还得承担社会公益事业或公共建筑的捐款、赈济灾区等责任。② 可见，行商除了必须保证按时按量交税外，还担负着很多社会职责，其中包括维护正常的对外贸易秩序的治安责任。

尽管地方政府通过行商管理对外贸易，地方政府对行商却没有任何优惠和保护政策。在地方官员看来，行商在对外贸易的垄断经营中，已经挣了很多钱，他们理所当然地要承担社会责任，要为政府做事，要替政府管好对外贸易，应对出现的纠纷，解决治安问题，同时向政府和社会提供巨大的财力支持。但另一方面，对官府来说，行商只是官府的传令工具，依附于官府，地位卑微，没有权力。当行商的利益受到巨大损失的时候，官府经常睁一只眼闭一只眼，表现过于冷漠，甚至会火上浇油、釜底抽薪。在第一次鸦片战争时，行商伍浩官在江边沙面的许多大仓库连同货物都被火灾烧掉，价值达七十五万至八十万元。毋庸置疑，外商是不会同情伍浩官的，然而官府也没有采取任何措施来补偿伍浩官的这种损失，反而在广州被英军将领卧乌古爵士占据时仍要求其贡献六百万元赎城费中的一百二十万元。这场战争使伍浩官损失非常巨大，无疑元气大伤。③

道光时期，到广东经商的外国人已来自多达十几个国家，绝大部分都是自主来中国个人经商，没有一定的组织，只有英国商人以东印度公司的名义来华经营，而且，东印度公司基本上垄断了英国对华贸易。随着不同国家和地区商人的逐渐增多，反对英国对华贸易垄断的呼声越来越高。至道光十三年（1833年）因为包括英国在内的众多自行来华贸易的散商的强烈反对，以及世界贸易大发展的趋势要求，东印度公司对华贸易的垄断行为才被迫取消。至鸦片战争前，随着东印度公司对华贸易垄断地位的丧失，行商的作用

---

① 《中国丛报》，1838年3月第6卷第1篇，载《鸦片战争与林则徐史料选译》，第21页。
② 《广州"番鬼"录》，第27页。
③ 威廉·C. 亨特：《旧中国杂记》，沈正邦译，载《鸦片战争》（一），第246页。

也相应地越来越被日渐增多的围绕在公行周围的洋货店所抵消。"原来各夷船来广贸易，例归洋行保办，原以昭慎重而专责成，乃自近岁以来，开设洋货店户者，纷纷不绝，以致漫无查考，酿成勾串透漏之私。兹查同文街等处，洋货等店竟至二百余间之多，其中守己安分者，固不乏人，而惟利是图，相率营私者，亦复不少。"① 脱胎于明清朝贡制度的行商制度只能依靠"闭关锁国"政策的实施才能生存，一旦国门被打开，随着通商口岸增多，必然失去生存的土壤而寿终正寝。

实际上，在一口通商时期大行其道的行商制度本身也存在很多缺陷。商欠现象几乎与行商制度同时出现。当行商遭遇自然灾害或经营不善时，就不可避免地出现拖欠应该缴交政府的饷银或拖欠外商货款的行为，这就是行商的"商欠"行为。到了道光时期，行商发生商欠（各种史料又称为"夷欠"）的现象同乾、嘉时期相比更加普遍，而且商欠的数量也越来越大，从1823 至1829 年间共有5 家商号倒闭，拖欠总额接近三百七十五万四千元。② 而商欠事件往往是作为一个治安案件来处理的，事主要受到褫夺职衔、查抄家产、流放边地、监禁等众多处罚。对各类商欠事件的严厉处置是广州地方官府对行商采取严控手段的主要体现。

道光三年七月（1823 年 8 月），以丽泉洋行商人潘长耀去世为导火线，引发了一次商行的"地震"。

潘长耀生前因为生意不好，亏损较多，剩下饷银二万二千五百二十八两不能及时完缴，又拖欠各国外商货银十七万二千二百零七元。外商意灯治得知潘长耀去世后即到总督衙门呈文控告。官府立即传令洋行众商伍敦元等质讯具体情况，查明潘长耀确实没有能力偿还欠银，并非故意推诿。于是将查抄潘长耀家产所得的二万二千三百五十四两先行抵扣所欠饷银，众商同意将各行行用全部拿出来缴纳剩余的一百七十四两。因商欠数目巨大，无法归还，仅凭潘家在广州的财产无法填补所欠的饷银，广东官府只得通知潘长耀原籍所在地的福建官府，查封他在福建的家产变卖抵偿所欠货银，如果福建的家产仍然不够，就按照以前处理夷欠的办法，从道光四年（1824 年）开始，由众行商分摊，按照五年的时限归还。丽泉商行被取消，潘长耀生前给儿子潘瑞庆捐买的道员身份也被革除。这样的处置有点赶尽杀绝的味道，官府对行商命运的冷漠态度可想而知。在处理行商与洋商之间的债务问题上，广东官府秉公执法，自然是出于职责所在，但对于行商而言，显然是无所裨

---

① 《鸦片战争史料》（英国伦敦博物馆藏本），见《鸦片战争》（四），第7 页。
② 《中华帝国对外关系史》第一卷，第184 页。

益的。在失去官府庇护的情形下，行商随后便发生了多米诺骨牌式的效应。

道光七年（1827年），同泰行被政府关闭，道光八年，福隆行又被关闭。这两个洋行拖欠了外商不少货银，经外商控告后，官府断令行商及其联名保商照例分年摊还。道光九年又有东生行拖欠外商货银非常之多，因外国商人不断索讨得不到偿还，英国大班部楼顿即向总督李鸿宾呈控东生行商人刘承树，刘也立即被追捕，并从安徽省押回广东，其洋行自然也难逃被关闭的命运。

> 近因内地洋商多有疲乏，屡经倒行。道光七年，闭歇同泰行。八年，又闭歇福隆行。俱负欠夷人账目，经控官断令，照例分年摊还，奏明有案。该夷人唯利是图，去息还本已非情愿，本年春夏间，复有东生行拖欠夷帐甚多，索讨无价。①

行商的商欠现象有着宗数越来越多、商欠总量越来越大的发展趋势，除了一些客观的自然原因外，比较直接的原因是：有不少外商回国时，将没有卖完的货物商定好价格后留给行商代为售卖，所得到的货款银两，约定时间、约定利率来计算利息；有些行商因为流动资金缺乏，贪图不用现银就可以拿到货物，往往非常爽快地答应外商设立的苛刻条件。但是经常出现的现象是，外商回国时，说好一年就回来，但很多外商因为气候原因或者其他因素，不能按时归来，推迟到两三年后才回来，甚至是托故不回，即使行商想归还也没有归还的对象。外商所赎出去的货物所值本银按年计取利息，利息银又再作为本银计取利息，这种利滚利的方式使欠款数目愈积愈多，直至商人负债累累无法偿还，这就无形地增加了行商的借贷风险。

> 舒玺据称洋商拖欠夷人银两，总由夷人于回国时将售卖未尽物件作价留于洋商代售，售出银两言明年月几分起息，洋商贪图货物不用现银，辄为应允。而夷人回国时往往有言定一年，托故不来。迟之二三年后始来者，其本银既按年起利，利银又复作本起利，以致本利辗转，积算愈积愈多，商人因循负累久而无偿等语。②

这一做法，应是十三行制度实行期间外商的一种通行做法。

---

① 故宫博物院编：《史料旬刊》，第1册，第九期，北京图书馆出版社2008年版，第659页。
② （清）梁廷枏：《粤海关志》卷二十五《行商》，第492—493页。

为解决商欠引起的各种问题，维护对外贸易的正常秩序，确保朝廷获得海关监督每年上交的"关余"，道光皇帝根据大臣们的奏议也采取了一定的措施予以回应。广州海关监督延隆奏称：

> 窃照粤省外洋行从前共有十三家在西关外开张，料理各国夷商贸易，向称十三行街，至今犹存其名。惟近年仅存怡和等七行，其余六家或因不善经营，或因资本消乏，陆续闭歇。自应另招新商随歇随补，方可以复旧观。自嘉庆十八年，前监督德庆请设总商经理行务，并嗣后选充新商，责令总散各商联名保结，钦奉俞允，准行在案。是以十余年来，止有闭歇之行，并无一行添设，推原其故，皆因从前开行止凭一二商保结准承允，今则必需总散各商出具联名保结，方准承允，在总商等以新招之商身家殷实与否，不能洞悉底里，未免意存推诿，倘有一行不保，即不能承充以致新，商虽有急公踊跃之心，而历任监督以格于成例，不便著充。数年以来，夷船日多，税课日旺，而行户反日少买卖，事繁料理，难于周到，势不能不用行夥，于是走私漏税、勾串分肥，其弊百出。臣等愚昧之见，应请嗣后如有身家殷实，具呈情愿充商，经臣查访，准其暂行试办一二年，果其贸易公平，夷商信服，交纳税项不致亏短，即请仍照旧例，一二商取保著充，其总散各商联名保结应请停止，如此略为变通，实于国课商情均有裨益。①

因为商欠，被关闭的洋行越来越多，到道光九年（1829年），只剩下怡和等七家商行，其余六家，有的因为经营不善，有的因为缺乏资本，陆续闭歇。而且十几年来，只有洋行不停地关闭，却没有添设洋行以补保商的不足。因为嘉庆十八年（1813年）设立总行（公行），且要求必须总行、散行各商共同出具联名保结，才能允许新洋行开张。但在省城广州很少有商人有能力让总行、散行各商联名担保，因此，新行的产生非常困难，致使应对夷商生意做保商的行商不够，直接限制了日益扩大的贸易规模。因此，必须恢复只要有一两个行商出具联名保结就可以承允的旧例，才能使新的洋行尽快出现。道光皇帝采纳了延隆的建议。

不断发生的商欠事件导致众多商行被迫关闭、洋行不断减少。英国商船的船主们迫于难以找到洋行为他们做保商，直接影响商业经营活动，最终阻碍中外贸易正常进行的实际情况，于道光九年九月（1829年9—10月间），

---

① 《粤海关志》卷二十五《行商》，第499—501页。

多次呈文请求广州官府整顿洋行。大班部楼顿甚至向官府提出不用保商、不用买办的要求，并希望允许他们在省城自租栈房囤贮货物，以减少中间环节，增加商业利润。他们甚至在货船到达澳门时不立即开进黄埔开舱发货，以延误贸易来要挟官府满足他们的要求。据总督李鸿宾说："该大班部楼顿等于九月初九复呈递禀函罗列条款，文义多不明晰，大概总以洋行连年闭歇，拖欠夷银，欲求整顿为词，并有恳请嗣后不用保商，不用买办，并在省城自租栈房囤贮夷货等条，皆与向定章程俾民夷不相交结之意大有违碍，万不可行。"① 最后，广州督抚各司商量后，向英国人申明不能满足他们的无理要求，行商仍然要保留，各外商和商船的保商一定要有，买办同样也不能废除，但可以适当减少夷人货船进口要缴纳的"规银"，规定"粤海关历办税务，系将夷船分为一二三等，均照东洋船例减钞银十分之二，按船征收，丈量各船时照梁头长阔丈尺，将应征银数递增递减……"② 而对英国夷人增添洋行的要求则给予正面回应，"……当经批谕，以总督衙门早经出示，谕令殷户投充，现已有人呈准充办，将来自必逐渐加多，毋庸该夷等过虑。"③ 告知将通过逐渐增添新洋行以补充历年来所关闭洋行的数目，解决行商不断减少、影响正常贸易的问题。经过多次协商和交涉，英国货船陆续进入黄埔港口发货、装货。商欠问题又被搁置下来，只要行商制度存在，商欠问题的最终解决自然是不可能的。

道光十四年十一月初四日（1834年12月4日）粤海关奉上谕，对行商的商欠现象开始进行整顿：

> 粤海关各商未完新旧饷银暨杂款至一百三十万两之多。……各商欠数数万两至十余万两不等。其天宝行商人梁承禧欠银四十二万两，万源行商人李应桂欠银三十一万余两，自应勒限严追，以儆疲玩。著革去梁承禧、李应桂之职衔，其余各商，均勒限三个月，倘逾限未完，即行从重分别究办。④

1839年1月27日，广州地方政府颁布一条法规，规定每一行商向外国

---

① 《史料旬刊》，第1册，第九期，第658—661页。
② 《道光朝外洋通商案》，见《鸦片战争》（一），第78页。
③ 《道光朝外洋通商案》，见《鸦片战争》（一），第79—80页。
④ ［日］佐佐木正哉编：《鸦片战争前中英交涉文书》，见沈云龙主编《近代中国史料丛刊续辑》，第382册，第45页。

借债不得超过十万两,并刻在石上以资永志,① 进一步勒限行商不得拖欠外商的货款。

道光时期,朝野上下联合对行商的整治取得了一定的成效,至道光十八年(1838年),广州商行恢复了原有的生机,商行又达到了一定的数量,基本适应了对外进出口贸易的需要。然而不久,邓廷桢发现有些商人受利益的驱使,以试办洋行为名,浑水摸鱼,偷运鸦片入境。因此他奏请皇上限制新行的出现,以防止小民趋利乘便,只是到了有洋行闭歇时方可招补新行。② 邓廷桢的意思是很多小民会利用申办洋行的机会以便偷运鸦片私卖,正好迎合了道光皇帝决心禁烟的意愿,此后新洋行的出现就非常困难,而且洋行的总数也不再增加。其实真正的小民不可能获得行商的联名具结书,也不可能有那么大的资本(入会需要20万两银子,当然非小民能够做到的)能够运作洋行。邓廷桢的本意是防止洋行过多,至于为什么他不想让广州有那么多的洋行,当时的《中国丛报》认为与他本人利用巡逻船试图垄断广州的鸦片走私行当有关。③

二、对外国商人及其商馆的管理

清政府自康熙二十二年(1683年)设四榷关,"开海禁",允许外国商人来华贸易,④ 便制定了各项规章制度对外商在贸易地区的活动范围予以严格限制,以加强对来华贸易的外国商人、商船的管理。

在广州口岸,广州官府按有关规定委派驻地营兵对外国商船停泊之处进行日常巡逻、稽查,并禁止外国人偷运枪炮等违禁品到省城来;⑤ 并且规定,外商来广州贸易期间,只能住在十三行外国商馆区,且在居住期间,不得外出滋事。同时,出于地方治安考虑,中国人也不得进入外国商馆区。除官方安排的通事、买办外,外商不得自行雇佣民人,不得租赁民居作为住所。即使到了嘉庆、道光年间雇佣、租赁限制有所松动,但也在雇佣人员数量、租住房屋面积上有非常具体的限制性规定。⑥ 此外,严令禁止外国护货

---

① 《中国丛报》,1842年7月第11卷第7期第1篇,见《鸦片战争与林则徐史料选译》,第337页。
② 《粤海关志》卷二十五《行商》,第502页。
③ 参见《英军在华作战记》关于邓廷桢走私鸦片的记录,见《鸦片战争》(五),第146页。
④ (清)王之春:《清朝柔远记》,第36页。
⑤ 《中国近代对外贸易史资料》,第1册,第223—228页。
⑥ 《中国近代对外贸易史资料》,第1册,第229—231页。

兵船驶入内河，"如敢擅进，守口员弁报明驱逐，停止贸易"①；不准外商携带外国妇女住进商馆，禁止在省城内乘坐肩舆或轿子之类的交通工具。道光十年（1830年）就有英商大班盼师"即将眷口妇人带至省城夷馆，并坐小轿登岸进馆，帮行违例"而被驱逐回澳门。②

道光十七年九月初一日（1837年9月30日），南海县谕令洋商知悉：夷人法爷架饮酒，口角气忿，在逃外出二百余里，实属妄为。被三水县转递到南海县，交给领事义律，自行领回发落。并饬义律嗣后务当实力稽查约束毋令商梢人等，再有出外滋事。③可见外商外出饮酒或饮酒后外出游荡是不被允许的。

实际上，清政府自开禁以来制定的各项规章制度都大同小异，互相重复，只是在管理手段的严厉程度上、管理内容和范围上，各个时期有细微的变化，补充和废除相间，显得比较混乱，没有系统性。

乾隆二十二年（1757年）一口通商后，对外国商人的约束才越来越明确。但直到嘉庆十四年（1809年）才制定了成文的《广东互市章程》，规定各国保护货船的兵舰，都不得驶入内港；外国商人销完、采购完货物后，在规定的时间内回国；并命令行商及早清理商欠等。嘉庆十六年（1811年）又发布谕令另行规定，严禁来华贸易的外国人在他们的居住地进行传教活动。嘉庆十九年（1814年），又谕令重新颁布《互市章程》。④

到了道光朝，朝廷制定了比较完善的管理制度。道光十四年六月二十八日（1834年8月4日），粤海关监督谕令：

> 近来外洋贸易货船日多，嗖咭唎公司散局，现有夷目来粤，其船只出入等事，一切均应遵照旧章办理。
> 一、向来英吉利夷目船户，始准坐驾插旗三板船只，若非夷目船户，不得妄驾插旗之船。其送信出入，只准用小三板船只。如内出者，由总巡口报验，外入者，由横档虎门口验。该关口验无军械私货，给予照票，知会附近师船炮台，准予放行。其照票船至黄埔者由黄埔口收缴，往巡船者，由横档虎门口收缴，至省城者，着总巡口收缴。如查有军械私货，税口不准给照，炮台不准放行。

---

① 《粤海关志》卷十七《禁令一》。
② 《皇朝政典类纂》（十一）卷一一八《市易六》"海舶通商"。
③ 《鸦片战争前中英交涉文书》，第125页。
④ 《清朝柔远记》卷六、卷七。

二、夷商在省，不准携带枪炮。向来责成关口巡查弁兵，认真访察，遇有夷人偷运炮械，欲至省垣，即行协力拦截，不准前进。若弁兵失于觉察，甚或知情纵放，致令夷人有偷运枪炮至省之事，即提兵弁究拟。

三、夷人不准私带番妇来省，倘敢故违，即停其买卖，并即押令回澳。一面责成关口巡查弁兵，如遇夷人携带番妇赴省，即行拦阻截回，知会炮台不准放入。

四、夷商寓歇行商馆内，责成行商加紧管束，不得任意出入，致兴奸民交易营私。

五、夷人具禀事务，事关紧要者，应将禀词交保商代递，不准夷人擅至城门口自投。其寻常贸易事务，应赴海关衙门具禀。

又查，嘉庆二十一年，蒋前部堂酌定章程，夷人锢处夷馆，恐生疾病，照旧准其前赴海幢寺、花地，闲游散解。每月只准初八、十八、二十八三次，每次不超过十人。着令通事赴经过行后，西炮台各口报明，带同前往，限于日落时，仍赴各口报明回馆。不准饮酒滋事，亦不得在外过夜。其余附近省城村落墟市，不准任意游荡，以免滋生事端等因，在案。

以上均系久定章程，不容逾越。如果各关口及各海口水师弁兵，稽查认真，夷船安能出入自游，而夷人寓歇商馆，全在地方官督饬行商，晓以定例，随时约束。勿任日久法弛。除咨水师提督，转饬各海口水师炮台弁兵，遵照旧章。如有夷船不候税口查验，请领红牌，或携番妇炮械进口者，即行拦截，不准放入。如敢私纵，定将经由汛口弁兵，分别参处究惩。其寻常送信小三板，及此外贸易夷船，领有照票者，例应准其出入，随到随放，不得混行拦阻外，相应咨会查照。希即谕饬各关口书役人等，查照旧章，小心严密稽查出入夷船，不得任其来去自由。并谕行商将旧章晓谕夷人遵照。除每月逢八日期，不准出外游行，并饬通事人等，不得于定期之外，混行引带游玩。倘敢徇纵，定行严究不贷。各宜凛遵，毋违特谕。①

两广总督卢坤、海关监督中祥于道光十五年（1835年）将历朝各个时期关于对外商及商馆的管理章程进行总结，归纳为八条，并进行正式颁布施行，这是比较完整的对外贸易管理的明文规定，是此前所有规章制度的集大成，不妨罗列如下：

---

① 《鸦片战争前中英交涉文书》，第2—3页。

一、外夷护货兵船不准驶入内洋，应严申禁令，并责成舟师防堵也。查贸易夷人的带兵船，自护其货，由来已久。向例止准在外洋停泊，俟货船出口一同回帆。

二、夷人偷运枪炮及私带番妇、番哨人等至省，应责成行商一体稽查也。……如有私行运带者，责成租馆、行商查阻，更不许令其入馆。责成租馆、行商一体稽查，如行商容留隐匿，即照私通外国例治罪。

三、夷船引水、买办，应由澳门同知给发牌照，不准私雇。若无船上买办在场，其他船夫民等不得与夷人接触。如夷船违例进出，或夷人私驾小艇在沿海村庄游行，将引水严行究处。如夷商有买卖违禁货物及偷漏税货，买办不如实禀报，从重治罪。

四、夷馆雇佣民人，应明定限制。每馆只准雇请看门人二名，挑水夫四名。夷商一人雇看货夫一名，不许额外多用，其人夫责成夷馆买办代雇，买办责成通事保充，通事责成洋商保充。如有违反，将买办、通事、洋商（即行商）一并治罪。

五、夷人在内河行驶用船只，应分别裁节，并禁止不准闲游。夷人在夷馆居住，不准擅自出入，嘉庆二十一年（1816年）规定初八、十八、二十八三日，准其在附近散游一次，现重申只在这三天内在附近之花地、海幢寺散游一次，每次不得超过十人，即申刻回馆，不准在外住歇、饮酒。如有违反，不在规定日期、规定人数和规定地点散游，行商、通事一并治罪。

六、夷人具禀事件，不得直接向官府呈递禀帖，也不得自行具禀词，必须由行商转递、转禀。如系控告洋商事件，或洋商有抑揞不为转禀之事，仍许夷人自赴地方官衙门禀讦，立提洋商讯究。

七、洋商承保夷船，要认、派兼用。夷船来粤后可自认洋商具保，同时仍由洋商设立派保一人，各行挨次轮派，以防认保行商与夷人舞弊，或私增税银，拖欠夷账。派保也不得徇隐，否则并究。

八、夷船在洋私卖税货，要责成水师查拿，并咨沿海各省稽查。夷船不得在口外游荡，或私自将交税货物卖给商贩。必须立即进入黄埔港，如不进口，立即驱逐，并严拿走私匪徒。①

同年，又重新增加了一系列新的规定，外国船只不得使用插旗三板船，

---

① 《粤海关志》卷二十九《夷商四》，第564—567页。另参见威廉·C.亨特：《广州"番鬼"录》，广东人民出版社1992年版，第21—22页。

外国商人不得雇人传递信息，再一次重申不得与内地民人交往、不得私自雇佣引水，限制外商雇用民人等等。①

外国人也熟知这规定，威廉·C.亨特把这些规定简单地归纳为八小点，以便于理解："一是所有兵船不得驶入虎门。……二是妇女、枪炮、戈矛和其他任何武器不得带入商馆。……三是所有引水及船上买办必须在澳门同知衙门登记。……四是每座商馆限定只准雇用8名民夫服设。……五是夷人不得在省河划船游乐。……六是夷人不得向官府呈递禀帖，申诉必须由行商转递。……七是行商不得拖欠夷人债款。禁止走私货物出入城内。……八是抵达之商船不得在口外游荡，必须直接驶入黄埔。夷人不得随意在海湾游玩，不得将交税货物卖于民人，以免走私货物，减少皇帝陛下的税收。"② 从这一归纳中，我们再联系自康熙以来关于外商和外国商馆的各项管理规定，可以发现实在是没有什么大的变化，其僵化守旧可见一斑。

经常来华的外国商人熟悉朝廷规制，在他们看来，众多的规定大同小异，目的更近似于反复强调规定的各项内容，以引起外商的重视：

> 这些规章始自1760年，回想起来觉得很奇怪，这些条文一直没有被废止，一直被认为有效。在1810年修订以后，又在1819年由嘉庆皇帝颁发一道谕令加以重申。……如果发生不遵守这些规章的主要条款的事件，主要受害者自然是行商。时常有一个通事将"八项规章"带到商馆中来，向外国人宣读，以示不得视为具文。

广州历届地方政府过一段时间就要重申一次，提法各有不同，内容并没有多大变化，这些规定经常由通事受行商（保商）委托，翻译后向外国商人宣读，警示外商不能把这些规定视为具文。因为外国商人违反了规章，往往首先追究行商的责任，因此，行商非常注重及时向外国商人宣示，以求外商的配合。③ 正是因为行商的重视和通事的敬业，大部分来华经商的外国商人都知道和理解这些规定。在鸦片战争发生前，"番鬼"们为了保证正常的贸易和鸦片走私的巨额利润，他们在日常的经商活动中尽量避免违反清政府的这些规定。④

---

① 以上规定皆参见《中国近代对外贸易史资料》，第1册，第229—234页。
② 《广州"番鬼"录》，第21—22页。
③ ［美］威廉·C.亨特：《广州"番鬼"录：1825—1844——缔约前"番鬼"在广州的情形》，冯树铁等译，广东人民出版社1993年版，第21页。
④ ［美］马士：《中华帝国对外关系史》第一卷，第100页。

尽管如此，外商们对其中的一些无理规定也非常愤懑。但这种愤懑的情绪却经常在现实生活中被化解。

实际情况表明，内容的重复宣示虽然加深了外国人对这些规章制度的印象，但是对于外国人是否执行这些规章制度，官府并没有一个专门的监督机构。事实上，这种监督权也全部交给了行商，行商既是管理者也是监督者。这些行商为了规避官府对他们监督责任的追究，避免遭到巨额罚款，同时为了追求商业利润的最大化，因此，只要外国人不闹出大事来，行商基本上不太关注外国人的行为是否符合那些规章制度的规定。他们反复告诫外商们不要让官府"知道"他们的行为不符合规范，甚至掩盖外商的违法行为，而不是积极引导他们遵守这些规章制度。利益的追求和监督机制的缺失，使这些行商们视规章制度为可以规避的一纸空文。他们在给外国人的公函中与外国人称兄道弟，表面上看似乎建立了很深的情感，监督责任荡然无存，当然时间一长，外国商人也就不会把这些规章制度当作一回事。

因此，朝廷费尽心机制定并反复修改、增补的这些规章制度在实际操作中并没有得到不折不扣的执行，很多时候就是一纸空文，成为悬在空中的利刃，却总不见其刀光剑影。因而，虽然外商对这些规章制度对他们的约束很有意见，甚至"非常愤懑"，但在日常生活中并不感到有什么巨大的压力。威廉·C. 亨特在其《旧中国杂记》中认为，无论是中国行商、通事和买办，还是外国商人都没有认真地把这些规定当作一回事，他们在这些"具文"式的管理制度约束下过着快乐自由的生活。他在文中描述到：

> 广州城外叫"十三行"的那一部分，在订约（指中英《南京条件》）以前，是"番鬼"唯一居住的地方，从表面看来，在这里居住是受着一堆限制的……我们被肯定地告诉着，要听话和服从，要战战兢兢地，不要因顽抗和规外行动以致引起皇帝的愤怒。但是这仅是一些具文，我们时常被提醒着："我们被容忍暂时住在这里，是因中国朝廷怜悯远方夷人而加的恩典"等等的口头禅。中国当局一再地威吓我们说："假若我们继续卖给人们洋土的话，要受严厉的惩罚，因他们的健康受害，跳入苦海，而且珍贵的金属（指白银）流出国外。是的，不能再忍受下去了。"可是我们像从前一样继续出售洋药。
>
> 我们在伶仃岛的船只，虽不再在下锚处逗留，而是"开入港口或者驶回各自的国家。"富有四海的大皇帝的心里，是充满了慈悲的，但现在不能延迟下去了，要派遣驱逐舰加以轰击了。但是这只是威吓，兵船永未派来，从任何方面来看，好像我们的生命和自由不值一文。

除去一个月三次固定的日子以外,禁止我们闲逛,并且永远不得离开一位通事。可是我们高兴的时候,我们可以随便走走,愿意逗留就逗留,并且很少有通事跟着我们。每一番鬼在每茶季末,就应当离开广州,乘船归国或回澳门。而且住在商馆的时候,不能离开很远。每个商馆,当局只准许有八个中国人照料,担任挑水扫除做饭,及一位大班主持一切。但是实际上数目是无限制的。

公行与黄埔船舶的走私是严刑禁止的,当户部船夫们跟随在每艘停在黄埔的船上,以及他们的长官站在义和行及瑞行前面的时候,我们只要出些小费,那监管的人,就乐为居间,而使我们免去一切麻烦。

依规章我们不准擅自到城门口呈递请求书,不然的话,皇帝就不理我们了。但是我们照样到城门口,守卫者从人群里保护我们,大人立即出现,温和地接待我们,接受了请求书,我们彼此还有简短而愉快的会谈,官吏赐给茶水,收下了雪茄烟,然后退歇,吩咐将让我们进来的守卫加以"杖责",我们很高兴地走进了公行。如此的,并用了许多别的方法,使得任何事情都顺利和谐,这和我们所受的命令直接冲突。我们并不管这些官样文章,我们专心做买卖、划船、散步、吃好的,因此时间很快乐地过着。订约以前在广州的生活和商业,说起来实在是一个谜,像人面狮身神似的不可解。①

广州官府对外商管理条约的完备及其执行的不到位非常不对称地结合在一起。只是,一旦因为外商的行为造成较大的纠纷时,官府才会注意,然后花费大量的精力去处理这些纠纷。可见,在朝廷的反复要求下,广州官府非常重视对外贸易管理制度的制定,然而所有制度的实施却都是责成行商去推动,行商再将实施的情况用禀状的形式上达给官府。而官府对行商的报告内容并不作核对,导致官府对外商、商馆乃至于贸易的实际情况一知半解,自然不可能采取针对涉外治安事件的预防性措施,这样,大量中外纠纷案件的出现,也就不足为怪了。

我们再通过一份外国人的时评看看当时的外国人是如何看待清政府在鸦片战争期间对洋商、夷商及夷务进行管理的。1840年8月1日《澳门新闻纸》有一段文字是这样评论的:

我等与中国久已有不合之处,复因鸦片之缘故,遂致有今日之事,

---

① 《旧中国杂记》,见《鸦片战争》(一),第235—236页。

然因此事或者我等与中国相交之事可以得一平安地步,盖中国人皆谓与外国相交之事乃系皇上慈悲,他们若不喜欢,即可任意停止断绝。中国人所得外国人出卖茶叶、丝绸及各样贸易之利益不少,然他们并不以为意。观近来之事势,即见得中国人任意封港,虽说是暂时,惟他们并不比较有数十万本地人皆系干涉贸易者,尽皆已无事业。所以凡到中国之外国人,不过系到来破费其产业,并受各样苦难而已。当东印度公司之时,所有贸易皆归十一人手内,致在英国中卖货之价钱,亦任他们之意定夺。彼时各大班亦尽皆十分忍耐,贸易方能得顺遂,他们所受之委屈亦复不少。然他们曾奉了中国诸多衙门之命令,他们只可忍耐受勒索凌辱,不可被中国人停止贸易。所以公司各大班,常常贿赂各中国大官,此等贿赂皆在带回国中之茶叶加增价钱所得。然在有公司之时,钱财甚是容易,故外国人在中国居住者,尽皆不得不忍耐受辱,倘有事情阻止,遂即立刻花钱。故各样事情俱由官府摆弄,所以我等总要除去此等法子,不得再任中国官府施行。

我等今在下文,印出数款中国皇帝严禁凡到中国贸易之外国人之律例,内云:凡外国人到中国贸易者,皆须拘禁在十三行夷馆内,不得擅离夷馆。有事只要见洋商,亦必要买办一同前去,该买办工人等,虽受夷人工食,亦必要由洋商分派,以为探察夷人所行,以为提防如细作一样。除洋商通事及其余各工人之外,外国人不准任意与本地人相交来往,每夷人只用工人一名,不能任意多用,又不准他们离开十三行,并不准他们到城外一带游玩。洋商必要担承各夷人之好行为,所以各洋商不得已亦要派人看守各外国人,以免夷人有违犯中国人之法律。因为监禁外国人之法律皆甚严密,又恐怕各外国人在中国住落,所以不准各外国人带妻子到广东省城居住。他们之贸易船只等事若已办理明白,即当或回本国,或到澳门居住,等待来年船只到时,方才再到广东省城居住办事。

即此乃系一件我等所受之委屈,若果常常如此行为,实为艰难之至。惟我等前时已经渐渐减去,至去年林到时,方才复兴回。大半此等律例,当我等离开广东省城之时,贸易之严禁比当日公司包揽贸易时更为严密,遂致人皆恨恶怨骂。众人皆知道,我等在中国贸易不过只准此一港口内,亦禁止外国人不准与本地人相交杂处,各中国官府在此等贸易尽皆依靠各洋商,凡来广东做贸易之外国人,俱不准自行设立栈房,致其产业不得自行提理,若不出卖,即必要信赖各洋商,或将货物卖与洋商,至两三个月之久尚不能得其价值。而洋商之品性在贸易事务实系难以信赖，当外国人将货物托各洋商之时，各洋商亦常受官府之勒索，洋商纵或赚得有大注钱财，官府亦不准他们回家安享，所以凡系做洋商之人，皆不是富厚之辈，只不过将贫穷之人充满已死或已倒场之洋商缺。若有人要充洋商，即必要在粤海关衙门花钱，大约要五十万两之多，此项银多系到处借来的，所以洋商将要开洋行受外国人百千万银信托之时，即已先欠下许多帐目，此事人皆甚易明白。然在各洋商之中，亦常有一、二个系富厚之人，常常将所有之上好贸易尽行包揽，只存下各项次等贸易与其余各洋商，而各本钱微小之洋商亦不得不拉东补西，各洋行之坏规矩，已经常系如此。

当时东印度公司反鼓励之，因为各富厚之洋商不肯作利钱微少之贸易，惟其余各洋商，虽见得系亏本之贸易，他们亦肯做之。自1834年散公司之后，此等坏规矩即已日更加增，因洋行之不谙贸易事务，及所有无论中国外国客商之不忠厚，遂致有数间洋行皆已倒塌，欠下之帐目亦系甚多，遂致有分年摊赔，在摊赔之项，不过亦系在出口入口之货物加增税饷而已。我等若任随有摊赔之银为各行之费，不久必致日更重大，而中国外国所有之贸易，尽皆价钱日增，大受阻碍，不得销流矣。

现在中国包揽贸易之法，不久必致所有之外国贸易尽皆不保。中国国家虽说以怀柔待外国人，而税饷反日更加增，又不准外国人复带货物出口，又不准有囤积货物之栈房，即于搬运货物之时，外国人亦不得亲行提理，只信托洋商及所雇之工人而已。在广东省城各外国人，为与中国官府来往，尚有许多委屈之事，各外国人必要遵守不宜于他们之法度，此等法度亦并不是中国国中之律例，乃系各样事情由洋商主意，若有不好看待，亦不准他们告官。无论示谕禀帖，皆要经过洋商之手，倘有殴毙人命之时，无论有意无意，皆要以命抵命，倘不能查出真实凶手，亦必要乱寻一个外国人抵命。若有外国人到中国官府台前审问，即不依公义判断，只任意将他治罪结案。此外即不准外国人见中国官府，所有之外国领事总领，中国人尽皆以为系管理外国人之官，无论大小事件，俱为领事总领是问。当钦差未到之时，领事总领所有之文书皆要经过洋商之手，若欲求见官府，乃系断断不能之事。有如此许多缘故，我等切不要怪公司各大班屡次与中国人不睦，必等候许久，或是中国人或是外国人，想起贸易之利益，方才罢手；间有与中国官府不睦致恐吓以打仗之语，方才罢手。

为此等缘故，国中曾屡次遣使到北京，……乃反起中国骄傲之心，夸说外国遣使进贡，遂更兴起他们欺负我等之心。律劳麦所受之凌辱，乃系人所共知，大抵至今尚未遗忘。如此足可以见得我等与中国人争论之事，并不是只为鸦片贸易。自散公司之后，英国领事为与中国官府相交之事甚是忍耐，此等事情若系在我等本国行于别国之人，即已早早声明打仗矣。①

这篇评论几乎就是替外国商人大发牢骚，大倒苦水，对广州地方官府的贸易管理制度和行为加以指责。由此我们可以看出，西方的贸易理念与清政府贸易观念激烈冲突的社会根源。从中不难看出广州地方政府的贸易管理模式已经与世界贸易发展的情势严重脱节，纠纷出现是必然的，战争的爆发也是必然的，但广州地方政府对此并没有清醒的认识。

---

① 《澳门新闻纸》第6册（原第3册），见《鸦片战争》（二），第499—502页。

第三章　鸦片战争前的中外纠纷

如前所述，在官方政策不能得到有效贯彻落实的情况下，中外交往的纠纷越发凸显。实际情况是，自清政府与外国人通商以来，中外纠纷案件就不断发生。随着国际贸易规模和范围的不断扩大，作为唯一的通商口岸，广州城的贸易规模也在不断扩大，外商不断增多，与广州市民的接触自然会逐渐频繁。由于中西方政治经济制度、文化风俗特征等方面的差异，越来越多的治安纠纷案件不断发生是不言而喻的。

耆英曾经对"一口通商"背景下频繁发生治安纠纷案件的原因进行了分析。他认为：

> 夷性嗜利尚气，而其嗜利之心，更胜于尚气，是以不远数万里，历涉重洋，来粤贸易，凡属有利可图之处，即小有不平，亦隐忍不敢较量。粤中习俗，无论在官兵役，闾间小民，及肩挑步担驾船受雇之人，既因其不敢较而侮弄之，又艳其得利厚而勒索之。大小文武官员，于内外之防过于严峻，一切微文细故，无不持之过急，视之过卑，夷情不能上达，城狐社鼠，即假借为威，于是浮费日增，夷利日薄，遂启走私之弊。弁兵胥役，又从而得规卖放，我之利权日渐下移，夷之得值更不如前，利薄则气生，以致逞其骄傲，酿成变乱。①

耆英把追逐利益作为中外纠纷案发生的根本原因，似乎过于简单。但他也认识到了官府对外国人的管理上"过于严峻"，不讲究策略和方法，出现偏差，固执地把外国人看作异类而不去深入了解他们。美国人马士认为频繁出现纠纷案件，一方面是由于中国法律的精神与实施的脱节，另一个原因是中国县官和"法官"出名的腐败。因为他们是嘴里讲"理"而心里要钱，他们的裁判是望着荷包任意处理，但是也从属于他们固有的信念，那就是他们的本国人是属于文明种族，同那些粗野的、不开化的人打交道，他们必定是对的。② 此外，担负对外贸易管理职责的官员或役吏、兵丁"得规卖放"

---

① 《筹办夷务始末》卷六十九，第5768—5769页。
② 《中华帝国对外关系史》第一卷，第129页。

的腐败行为,也是导致中外纠纷的主要原因。

当然,中外纠纷还有很多其他原因,如中国和英国对犯人刑讯的态度不同。中国法律并未直接认可对囚犯的刑讯,但在中国的审判程序中,正如以前英国的办法一样,刑讯是作为旨在保护犯人的一种规定的结果而存在的。在英国,当搏斗、考验代替了誓证制度,而又代之以陪审制的时候,这些连续的变更被认为是一种革新,而法律却拒绝违背犯人的意志,强迫犯人把他的命运委托于新的和不习惯的审判形式;犯人的"拒不招供"能使判罪成为不可能的事情……在中国,一个被指控为犯有罪行的人,仅凭他被控诉的事实可以被定为有罪;聘请律师帮助是被禁止的,审判的主要目的是公开宣判罪状和决定刑罚。但是,一个最主要的原因是:中华帝国的每一个臣民对于可能发生的任何事情,虽然同他关系不多,都要负责。① 马士指出了中西方司法审判程序上存在的极大差异,指出了中外纠纷频繁发生的法理原因。

此外,在马士看来,外商对中国政府的对外贸易政策非常愤懑,主要体现在五个方面:"一、加在贸易上的重税,实际上是那些经久不变的露骨的勒索,成了激起愤懑的许多芒刺;二、公行的垄断制度,使他们失去了贸易的自由,特别是官府对公所基金的滥用,更令外商气愤;三、从中国商人们收取到期债款的不可靠性,官府苛重的勒索使中国商人们失去了偿债能力;四、管理商馆生活规章的严格,和不许全年留住广州的禁令,即使商馆是自己掏钱盖的;五、外国商人不得向官员陈述任何事情。"② 马士不仅认识到广州官府的勒索,而且把公行垄断制度作为限制自由贸易的根本原因去看待。官府对商馆的管理过分严格,导致外国商人非常"气愤",尤其是在东印度公司作为英国对华贸易的垄断机构撤销以后,公行制度却仍然为清政府所坚守,中外贸易体制的矛盾对立就更加凸显,这是中外纠纷不断发生的管理制度方面的根本原因,这一点我们在上一节的讨论中已有所表述。

当然,马士的观点因其立场的不同而具有一定的偏见性,但在某种程度上也折射出中外贸易中诸多不协调的现象。本章即以中外交往、贸易过程中出现的治安案件为中心,希冀讨论道光时期广州治安管理的具体运作模式。

一、华夷伤害案的处理

据马士统计,自康熙二十八年(1689年)到道光十三年(1833年)英

---

① 《中华帝国对外关系史》第一卷,第130—132页。
② 《中华帝国对外关系史》第一卷,第98—99页。

国终止东印度公司的垄断贸易为止,在广州贸易口岸地区,共发生了二十多起华夷纠纷冲突案件,其中康熙朝三次,乾隆朝六次,嘉庆朝六次。从中可以发现中外纠纷案件,到了乾嘉时期明显增多。这与乾隆时实施广州一口通商、外商大量云集也有关系。嘉庆二十五年(1820年)就发生了两起案件,一为英国"约克公爵号"在黄埔杀死广州人命案,一为英国商人在澳门被中国人袭击案。①

到了道光年间,几乎每年都有一起或数起中外纠纷案件发生。如道光元年(1821年)发生的案件有:中国商人袭击"温克尔西号"船长,"麦尔威里夫人号"致使中国妇女死亡案,美国船只"急庇仑号"在黄埔击毙妇女案,英国"皇家土巴资号"船只在伶仃洋附近与中国居民互伤事件。② 道光七年(1827年),倭克尔船长在广州被袭击案,说的是两个中国人在广州各国商馆附近袭击倭克尔船长的事情。东印度公司特派委员会把这个案子告到中国地方官府,并提请注意那些会造成严重罪恶的低级酒馆的存在情况。这些酒馆随即被查封,凶手也受到重罚。③

这些案件绝大部分都由广州官府委派人员进行处理,有的得到了双方都很满意的处理结果,有的则显示出官府草菅人命的一面,特别是对侵害外国人利益的中国罪犯的处理。为了方便考察这一时期的案件,我们以案件中受侵害的对象分为对侵犯外国人的中国罪犯的处理和对外国人伤害中国人的案件处理两类。

1. 对侵犯外国人利益的中国罪犯的处理

对华人侵害外商的利益,官府处理起来都比较简单,一般情况下依律对肇事华人予以严厉惩处。如1785年英国水手在黄埔散步时被害,犯事的中国人立即被绞死。1820年在澳门袭击英国商人的两个中国人受到了杖责的处罚,并被枷示了一个月。其他侵害外国人利益案的中国罪犯也都受到了"严重惩罚"。④

最为突出的是道光十七年四月初二日(1837年5月6日)英国商人因义士再次引发纠纷事件。因义士向广州官府呈诉,道光十四年(1834年)

---

① 《中华帝国对外关系史》第一卷,第115—120页。
② 下文还将提及的事件版本是《道光朝外洋通商案》中的记载。
③ 以上所有案例除另有注释外均见于《中华帝国对外关系史》第一卷,第115—125页。另有记录亦附列其中。马士的排列是按照中国人受外国人伤害案和外国人受中国人伤害案的次序排列。在下面的章节中有些案件是中国方面的资料记载。
④ 《中华帝国对外关系史》第一卷,第125页。

间被官府的巡逻船搬取货物二十六箱,经详查,逃逸人亚渣是充当外国商船引水的朱永昌所雇请的番禺疍户。所谓"引水",就是指16至19世纪,生活在珠三角地区的水上人家专门为欧美来华贸易船只担任水上航道的导航者。① 案发后,朱永昌立即被拘押到省城,交给广州府立案审查,同时追捕逃犯亚渣。② 1837年4月,还是这个有执照的英国商人因义士,据理申诉他住所外边经常有砍伐木头的扰乱休息的声音。于是,他向保商申诉,几天之后保商获粤海关监督发出的命令,严令禁止此种骚扰。但是粤海关监督的禁令并没有发生效果,于是因义士就带了两个友人到粤海关部陈明所发禁令无效,再次申诉。只是他们没有能够见到监督,当他们仍在部里的时候,突然被一个手持菜刀的人袭击。因义士的胳臂受伤,他要求两个朋友认明凶手之后,就回家去了。而后他立即要求他的保商逮捕罪犯,按中国法律审判。并且说,如果在太阳落下以前(当时是下午两点钟的时候)还没有捉拿到这个人,他便要纵火焚烧粤海关部。在他限定的时间以内,行商并没有照办。因此,因义士就购买了火箭和蓝花烟火,大约在下午八点钟的时候,有一位中国官员的住所真的起火了。火焰随即被扑灭。袭击因义士的凶手在第二天就被惩处,戴了枷在全广州示众。"总督和粤海关部给了我很诚恳的答复,并且除了另由保商们函知你会(按:指特派委员会)外,我认为这事就此结束"(原文注:见奥贝尔:《中国政府、法律及政策大纲》,第364页,因义士的声明。并见德庇时:《中国人》卷1第119页)。因义士认为他所采取的办法完全正当。但是英国特派委员会通知行商们说,调查该案以后,他们认为他(因义士)所做的极不合理。(原注:同上书,第310页)

我们由此案大致可以体察鸦片战争前夕,中国政府对待此类案件基本上是采取传统的处理方式,并由此折射出广州地方政府息事宁人的态度及对外国人的容忍。在这一案件中倒是英国的特派委员会说了一句公道话,"并不见广州官员发表过类似的指责因义士不当行为的话语,官府对外国人的宽容可见一斑。"③ 对普通民众来讲,他们自然认为官府对外国人的袒护是不应当的,广州民众对官府和外国人的态度开始复杂起来。我们从战争发生后广州民众对官府和外国人的态度激烈,可以观照广州地方政府在处理中外治安纠纷案件时基本上忽视了对每一宗案件处理结果的社会效应的考量。

---

① 程美宝:《水上人引水——16—19世纪澳门船民的海洋世界》,载《学术研究》2010年第4期。
② 《鸦片战争前中英交涉文书》,第102页。
③ 《中华帝国对外关系史》第一卷,第127—128页。

2. 对外国人伤害中国人的案件处理

这类案件，相较华人侵害外国人案件的处理，过程更为复杂，因为这类案件涉及国家司法裁判权问题。然而，通过广州地方政府对该类案件的处理过程，我们更能体察出，在鸦片战争前夕中国地方政府与外商在领事裁判权的较量中显现出来的软弱和无助。

道光以前，广州官府接案后，通常会命令相关地方官员进行调查，一经查清，立即饬令行商督促外国船只将犯事外国犯人交出，坚持由中国政府审判罪犯。如有必要，广东总督、巡抚及海关监督还会经常联名具文命令当事外国商人船主或大班，配合处理一系列华夷纠纷案。当然，总督、巡抚和海关监督也有权利就某一案例各自单独发给属官、行商或外商谕令，限期督办或配合处理案件。如果外国商人船主或大班不予配合，经常会受到封查外商船只、停止该船贸易、禁止船只出港等威胁、恫吓和处罚，其船只的保商、通事等相关人员也有可能受到牵连而被逮捕并受到惩罚。1784年的"休斯夫人号"在鸣炮致敬时造成一名中国人死亡，中国官员立即逮捕了该船的大班，并威胁如果再不交出肇事炮手，还将逮捕公司委员会的主任。最后炮手被交出，按中国法律判决后绞死。①

可是到了道光时期，外国人开始抵制广州官府的这种处理方式。"休斯夫人号"上的水手是最后一名交付中国当局审判执刑的英国人，后来英国制定了一项政策：坚决不再把被控杀人者交中国人审讯。② 于是，各种外国人伤害中国人的案件的处理越来越困难，很多案件的处理没有结果，有些案件的处理甚至只要有了息事宁人的结果，就可以结案。如1820年英国公司"约克公爵号"过失杀人案发生后，该船上的一个屠夫由于癫狂发作而自杀，中国方面立即认为他就是罪犯，该案就不用再审查下去。死者的家属随后企图推翻这种决定，反而被当事官员严厉地处分了。③

道光元年十一月二十一日（1821年12月15日），停泊在外洋伶仃山的英国兵船上的外国士兵上岸取水，并牵着数只奶羊到山上放牧。当地乡民在田地里种的番薯被士兵们挖出来食用，羊只也践踏田地并吃掉薯苗，士兵还误将民人的酒坛踢翻。乡民发现后，要求士兵们赔偿他们的损失，由此导致互相争斗乃至群殴。民人黄亦明、池大河伤重而死，黄刘氏、黄以锦、黄以

---

① 《中华帝国对外关系史》第一卷，第117页。
② 《林钦差与鸦片战争》，第13页。
③ 《中华帝国对外关系史》第一卷，第117页。

赞、黄以昌四人受伤。事件发生后，官府照例要求外国大班交出罪犯，但英国商人借口管不了兵船事，拒绝交出凶犯。英国兵船则认为民人也打伤了十四名士兵，而且是民人先动手。官府更进一步的措施同样是通过行商总商伍敦元，立即传令该英国兵船所护卫的商船不得下舱装货，直至交出凶犯为止。但是兵船最终没有交出凶犯，私自离去。广州官府最后还是让货船装货离港，只是敦促英国商人回去后向其国王报告，要求该国今后不必再派兵船保护商船，并在下次来粤贸易时将肇事凶犯带回，由广州地方官府审判并予以严惩。① 两年后，该艘货船回来进行新一年的进出口贸易时，并没有按照官府的要求将凶犯带回，两广总督阮元等也只得谕饬行商传谕大班，寄信给该国公班衙，要求他们确查凶犯身份，自行正法，以结束此案。② 阮元以敷衍了事的方式放弃了这一案件的最终处理权。

  从这一事件我们可以看出官府在处理这类治安案件时显现出的无可奈何，即使是对外国人的态度比较强硬的两广总督阮元（实际上，从两广总督们的奏折看，道光时期历任总督对外国人的态度都是比较强硬的），除了"停止贸易"这一惯用的做法外，也没有什么新的方法来应对这样的纠纷事件，有时更显得束手无策。英国人的态度让人感到他们并不觉得所发生的中外纠纷事件有多严重，对官府的处罚要求也有意不闻不问，说明英国人越来越反抗清政府在华夷纠纷事件中的处理方式，官府对英国商人的威慑力开始失去，官府甚至要求英国人自己确查，并"自行正法"，等于主动放弃了对在华犯案外国人的裁判权、处罚权。

  由此可见，不但华夷纠纷事件的性质产生了变化，而且官府预防纠纷发生的一成不变的唯一威慑策略——停止贸易——也失去了效用。地方官府原有的管理体制受到了严峻的挑战。特别是这一时期鸦片走私已经给英国商人带来了巨大的利润，正常的贸易反而退居其次，其停止贸易的治安威慑策略自然也就在无形中瓦解。然而不见广州官府有任何新的应对策略出台。

  遇到发生在外国人之间的纠纷案件时，以往清政府虽然一直坚持由中国方面来调查处理，但到了道光时期，情况也开始发生变化。1830年9月30日，发生了荷兰船弗劳·海伦娜号船长美坚治被杀死事件。该事件因为瑞士钟表商布韦用一把私人锁将荷兰商馆的后门锁上，而后门是商馆居住者的公共出入口。帕西（巴斯）商人化林治想外出，要求开门被拒绝，化林治即

---

① 《道光朝外洋通商案》，见《鸦片战争》（一），第55—56页。又见马士：《东印度公司对华贸易编年史（1635—1834年）》第四、五卷，第30页。
② 《道光朝外洋通商案》，见《鸦片战争》（一），第72页。

叫三个仆人将锁打坏，布韦当即用剑向帕西人攻击，剑被夺走后，布韦逃跑并呼救，荷兰船长美坚治闻声出来援助，并用雨伞击打一个巴斯人，巴斯人用棍棒还击其头部致其死亡。事件发生后，荷兰领事番巴臣召集一个由十二人组成的陪审团确认美坚治是被三个巴斯仆人打死的，于是将三名犯人关押在英国商馆。

  两广总督李鸿宾得知后，立即命令行商协同南海知县查究此事。但英国人认为中国政府不应该插手。广东地方政府先是要求将杀人犯移交，并要求按天朝律例审判。被拒绝后，又向外国人表明，法律规定外国人杀死外国人，按照外国人法律在中国审判，但必须由中国当局监督执行。再被拒绝后，只好准许外国人自由判决，只将结果详细向中国官府汇报就可以了。此事最后完全被官府搁下而不了了之。① 蒋廷黻先生认为："中国那时对于法权并不看重。在中国境内外国人与外国人的民刑案件，我国官吏不愿过问，那就是说，自动放弃境内的法权。"② 广州地方政府的治安案件的裁判权和处罚权因为这个案件的处理再一次面临极大的挑战。

  1831年3月15日发生在伶仃岛附近的"伶仃号事件"不只挑战了广州地方政府的权威和大清帝国的法律，甚至无视清帝国的主权。一艘中国小艇驶向美国鸦片趸船"伶仃号"，被一艘约四十人的广州官艇截获拿捕，并遭索取钱财。官艇被拒绝后将小艇带走。中国小艇上几个印度雇佣兵叫喊援助，"伶仃号"当即向其他船只发出讯号，随后追击官艇，要求放还小艇。但广州官艇拒绝放还小艇，并抢夺他们的长矛，于是"伶仃号"船长下令向官艇开火，官艇放弃小艇后避走。另有几只外国驳船也向官艇开火，广州官艇则放炮回击。在这一事件中，一名中国人被打死，海关监督及广州知府分别致函行商，传令派员进行查究并将"外国凶手"逮捕，交由广州地方当局审讯。但结果，行商们自然无法查出真凶。这一事件是官府第一次在官方文件里承认有鸦片趸船停泊在伶仃洋面附近，同时，在这一事件中，外国人为了保护其鸦片利益，第一次主动攻击中国官艇，而广州官府最后把罪名加在一艘英国散商船的头上，发出一系列谕令后也一样不了了之。③

---

  ① 《东印度公司对华贸易编年史（1635—1834年）》第四、五卷，第245—247页。关于这一案件可参阅道光十年九月十二日（1830年10月28日）两广总督李鸿宾的奏折，见《清代外交史料》（道光朝），第3册，第40—41页。
  ② 蒋廷黻：《中国近代史》，岳麓书社2010年版，第25页。
  ③ 《东印度公司对华贸易编年史（1635—1834年）》第四、五卷，第281—283页。前文也叙述了马士在《中华帝国对外关系史》中的记录，略有不同。

二、中外贸易制度对抗下的纠纷处理

如前所述，一口通商后，广州口岸一直实行由古老的朝贡贸易制度衍生下来的公行贸易垄断制度。1813年7月13日，英国废除东印度公司对印度的贸易垄断权，但同时允许它还保持二十年的对华贸易垄断权。① 在此期间，中英贸易在两国都实施垄断经营制度的情况下，虽然纠纷不断，但贸易总量仍然呈现增长的态势，总体上看贸易秩序比较稳定。

但至道光十三年（1833年）左右，随着世界贸易规模的不断扩大以及东印度公司对华垄断经营权的解除，英国商人开始感到中国公行垄断贸易制度以及与之相配套的各种对外商的"例禁"对自由贸易产生了极大约束。英国对华贸易特选委员会于1830年呈文向英国下议院提出申诉："恳请在当前时机，采取某些可以达到改善不列颠籍人，以及侨居中国的其他外国人共同的屈辱状态的措施——这种状态既损害国家的品格，也不利于不列颠商业的扩展，这个大帝国可以提供如此广阔的一个扩展的园地，假如将它从广东地方当局的腐败治理所产生的障碍中解救出来的话。"② 为了"扩展"的目的，英国人开始采取各种行动，从各个方面频繁冲击广州的对外贸易制度及其各种管理规章（例禁）。

1. 外国人的冲击行为

为扭转发生在广州的贸易制度纠纷的局面，给事中邵正笏于道光十年（1830年）奏请严定贸易章程，以便规范来广州贸易的外国商人的行为，他总结近几年来华贸易外国人的违例行为有八条：

> 一、该夷人遇有致毙汉民之案，抗不遵例交出正凶，由地方官惩办，辄行藏匿该馆，或遣归该国，日久听其消弭。二、该夷人在广东省城横行街市，鱼肉汉民，汉民畏夷如虎，不敢与较。三、夷妇在广生子，每雇汉乳妈数十人服役。又有汉奸向雷、琼等府贩卖年幼女子，售与夷为婢。四、内地书籍不准出洋，近则汉奸多为购买，并有汉奸在夷人处，课其子弟。五、上年该夷人在洋行门外，私造临水码头，以为偷税地步，官弁兵役况不能禁止。六、上年该督等所出禁止夷人乘轿及带

---

① 《剑桥中国晚清史》，第163页。
② 《东印度公司对华贸易编年史（1635—1834年）》第四、五卷，第256页。

夷妇入城告示，皆被夷人涂抹，而该夷人则擅出告示，禁止洋商坐轿，洋商乃不敢不遵。七、向例夷人不准进靖海等门，上年该夷人以探听票批为名，率领二三百人，擅自拥入。此后成群作队，任意往来，守门弁兵莫敢拦阻。八、夷人每年货物销毕，即行全回该国，不准逗留广城，近则在广过年者比比皆是。

邵正笏还指出，"汉民之居澳门者，半通夷语，最易藏奸。其他如各洋行服役之人，呼为做路巴沙，又如省城之开设小洋货店者，所谓'汉奸'，大率不出乎此。更有一种匪徒，练习快蟹船只，飞行海面，为夷人运私偷税，贿通兵役，朋比为奸。"① 他建议，务将汉奸尽获惩治，以绥靖远夷。虽然邵正笏为了增加自己奏折的说服力，在这里沿用了一些道听途说的事情，夸大了外国人违例的事实，广东巡抚朱桂桢也曾上奏逐条予以驳释，② 但我们有理由相信，邵正笏的"违例八条"基本上将这一时期的外国人在广州的"非法"活动归纳罗列了出来。

与此同时，英国人为了摆脱清朝政府在贸易上的束缚，首先向广州地方政府发难，要求废除行商制度，减少进口税费。道光九年九月（1829年10月），二十二只英国商船延滞澳门拒不进入海口开展贸易。此前，清政府经常用停止贸易来威胁英国人，现在英国人真有点以其之道还治其人之身的味道。事件发生后，英国大班不断向各级官府呈文提出各项要求。在向李鸿宾、中祥提出的废除行商制度等要求被严词否决后，又于道光十年正月初六日（1830年1月30日）呈文李鸿宾要求减税。李鸿宾为尽快让英国人进入海口贸易，以免耽误贸易季节，经向皇帝奏明，最后决定：以后各国商船进口规银依照康熙二十四年（1685年）酌减洋船钞银二分之一的成例，将一二三等各商船规银均减去十分之二。③

随后，英国人开始试图突破贸易的区域限制，挑战清政府"一口通商"的国策。道光十二年（1832年）五、六月，英国商船以广东买卖不公，所获利润很少为借口，将商船开往福建、浙江、江苏、山东外洋，试图扩大对华贸易的范围，突破"一口通商"的地域限制，与当地的沿海居民进行贸

---

① 《道光朝外洋通商案》，见《鸦片战争》（一），第90—91页。另见《史料旬刊》第1册，第10期，第763页。

② 广东巡抚朱桂桢经过严密访察，藩司桂良逐一详查后，认为邵正笏的说法有不符事实之处，并将具体情况附在道光十一年五月十八日的奏折内向朝廷做了说明。参见《鸦片战争》（一），第171—172页。

③ 《史料旬刊》，第九期，第664页。另见《鸦片战争》（一），第78页。

易。清政府非常恐慌,沿海各省的水师官兵,协力围堵外国商船,使外国商船不能登岸。迫于军事压力,外国商船只好又回到广东。广州各级官府立即指派这些违例商船的保商登上外国船只质询外国船只到北方各省外洋游弋的目的,并勒令行商们知会英国大班今后对商船严加管束,务必遵守清政府关于"一口通商"的规定。① 广州地方政府除了声讨和抗议之外,并没有对外国商船采取具体的惩戒措施。此次英国商船虽然没有达到增加通商口岸的目的,但已经开始触及清王朝的政策底线。

2. 律劳卑的挑战和矛盾的化解

道光十三年(1833年),根据"中印贸易管理法",东印度公司的贸易专利与管辖权被宣告取消,英国对华贸易开始公开化。为规定将来的管理方式,英女王发出敕令,东印度公司大班原来对贸易和商人所行使的一切管理和管辖权,根据上项法律,暂时交由即将任命的监督们行使。1833 年 12 月10 日,英政府任命律劳卑男爵为管理英国臣民对华贸易总监督,部楼顿和德庇时分别为第二、第三监督。②

律劳卑被派往中国后,英国外交大臣巴麦尊在其训令中要求律劳卑遵守中国的各项规章和尊重中国的一切成见,又不许求助于英国的武装力量,到广州后要立即以公函形式通知总督。同时又要求他按照一定的步骤把自己由一个纯粹的商务监督变成英国政府的使节,这一点又势必破坏中国的各项规章和触犯中国的一切成见。③ 可见,律劳卑的到来必然要采取相应措施,对清政府的对外贸易管理制度发起挑战,也必将在广州各个社会阶层掀起轩然大波。因为英国外交大臣的训令违反了两个根本原则,首先是除了大班和其他外国商人,任何人未经北京政府同意不准进入广州,其次是外国人不能与总督平等进行公函往来。这种不当的行为方式,注定了律劳卑在中国将遇到巨大的挫折。

两广总督卢坤和粤海关监督中祥在核实英国贸易管理公司解散后,根本没有想到政府要采取相应的措施应对已经变化了的对外贸易形势,而是依然按照公行管理制度的旧例,将这一理应由政府决策的权力交给行商们。要求行商们商量应对的办法,"务使事有专责,勿致散漫"④

---

① 《道光朝外洋通商案》,见《鸦片战争》(一),第 116 页。
② 《中华帝国对外关系史》第一卷,第 136—137 页。
③ 《中华帝国对外关系史》第一卷,第 139 页。
④ 《史料旬刊》,第 3 册,第 21 期,第 69 页。

此前曾经出现过外国商船不经过保商,私自来华贸易的现象,道光四年(1824年)曾有亚林国两条载货商船私自来华贸易,阮元等专章请奏,道光皇帝恩准其易货后即回,并严令下不为例。① 阮元并没有追究外商的责任。但是时隔十年后,英国人开始要求在中国实施不经由行商的自由贸易。道光十四年六月(1834年7月)英国兵船护送律劳卑作为英国贸易事务的新管理人来到中国,随船携带女眷幼孩共五口,寄住在澳门的兵船上。另有一艘兵船上有190名士兵,在外洋停泊。按照惯例,律劳卑首先应该会见洋商伍敦元,但他拒绝按照清政府的有关规定,而是换船直奔省城广州的外国商馆居住,并直接到城外向两广总督卢坤递送书信。②

律劳卑认为他是大英帝国的官员,是商务监督,与普通的公司大班不同,今后他必须与官府直接往来。广州的行商们反复向其申明常规,律劳卑仍然坚持自己的要求。特别是这一回,英国另外还开来一艘载有士兵190名的兵船停于虎门外九洲沙沥洋面,企图向广州官府施加军事压力,以图改变中国贸易制度的现状。③ 遭到广州官府的拒绝后,道光十四年八月初五(1834年9月7日)英国又派出二艘兵船乘着潮水上涨的时候闯进虎门海口,虎门各个炮台的守卫兵弁向其开炮轰击,英国兵船也放炮回击,而且一边回击一边航行,越过虎门、镇远、沙角、横档各炮台,驶入内河珠江的蛇头湾停泊。初七(9月9日),闯过大虎炮台,初九(9月11日)拼命闯入按规定所有外国兵船(即使是护卫商船的兵船)都不能进入的黄埔河面停泊。④

面对这一"恶性"事件的发生,两广总督卢坤在没有搞清楚律劳卑进入广州的前因后果的情况下,也连发四道布告,要求行商们停止与英国贸易。在总督的第八号布告中,严禁一切对英贸易,并宣布凡本地人(不问是通事、买办或雇员)进入英夷商馆者,概以汉奸论。⑤ 并于9月7日发出告示:

---

① 《道光朝外洋通商案》,见《鸦片战争》(一),第53页。1759年,英国商人洪任辉在清政府下令一口通商后还执意到宁波通市,并指责粤海关种种弊端,被乾隆皇帝严厉查处,将交结洪任辉之徽商汪圣仪治罪,粤海关监督李永标革职,将英商洪任辉押往澳门圈禁三年。因为这个事件,当时的总督李侍尧即奏请设立五条章程防范外国商人的行为。另见王之春:《清朝柔远记》,第110页。

② 《史料旬刊》,第1册,第9期,第659页。

③ 《道光朝外洋通商案》,见《鸦片战争》(一),第120—122页。

④ 《道光朝外洋通商案》,见《鸦片战争》(一),第123页。

⑤ 参见《中国丛报》,1834年11月第3卷第7期第4篇,见《鸦片战争史料选译》,第4—5页。

> 照得英吉利夷目律劳卑固执意见，不遵天朝制度，本部堂现在会同抚部院，照例封舱，停止英吉利国贸易，并禁止该国三板船只，只准出口，不准进口。业经出示晓谕在案。尔等各国商人，均属恭顺，照旧开舱买卖，不在停止之例。惟三板船只，此时不便进省，致口岸难以辨认，所有各国尔等三板船只，着暂时停缓进省。①

同时，他还严厉要求行商饬令律劳卑即时启程离开广州，派出兵弁把守监视外国商馆，又将对外贸易章程的重点部分重加制定，令行商加紧执行。尔后，与此事相关的保商、通事及引水人等皆被捕入狱。②

广州各级官府也立即做出积极的反应。9月7日，广州知府潘正堂谕令行商等知悉：

> 照得英吉利夷目（律劳卑）不遵法度，现奉大宪停其贸易，撤去买办沙文，不许铺户卖给日用米薪各物。并非不加怀柔，实因该夷目冥顽自取。此外花旗各国，向来恭顺，是以仍照常出入买卖。此实大宪抚绥远人，有加无已之诚心。但恐各国未能知之，或有私买食物，接济英吉利夷人之事，合就谕饬。谕到，该商等务即明白传谕各国夷人，不许私买食物，接济英吉利夷人，各宜遵守法度，安分生业，慎勿自外生成。切切特谕。③

一方面宣布停止英国人的贸易，并断绝其生活来源，另一方面允许同美国等其他国家进行正常贸易，并禁止外国人接济英国人。接着，知府又于八月初七（9月9日）告示："现在英吉利国夷人不遵法度，已奉大宪停其贸易，并谕绝其食物米薪，所有铺户人等，如敢私相买卖，一经查出，定即禀请大宪，照私通外国例，恭请王命正法。其花旗各国，有敢私送食物，暗地接济，则是阳奉阴违，与英吉利无异，禀请一体停其买卖。各宜凛遵，勿违特示。"④将市民接济外国人的行为定性为"私通外国"，亦即汉奸，必受严厉处罚。从断绝生活供应上进一步制裁英国商人。

八月十一日（9月13日），粤海关监督彭年也贴出告示：

---

① 《鸦片战争前中英交涉文书》，第13页。
② 《中华帝国对外关系史》第一卷，第145—154页。
③ ④《鸦片战争前中英交涉文书》，第13页。

> 为严访查拿招摇撞骗,以肃功令事,照得近查射利市狯,开设洋货店与夷人交易,跌价卖货,不顾大局。本关部业经会同督部堂出示严禁在案,并兹访查不法棍徒,捏称署服保人等,及挂名不肖主役,暗中结交洋货店,恐其不信,或示文书,或以事诱,秘密说合,希图撞骗银钱,实属可恨。除严访查拿外,合行晓示,为此仰各铺户与军民人等知悉,如有前项棍徒骗钱哄物,寅夜说合,即行据票赴辕,以凭按法处治,即与该铺无关。倘或受其愚骗,徇隐不报,一经访闻,或被差查出实证,一并究办。本关部立法如山,惟期裕课恤商。凡有公事,悉出亲裁,从不假手于人,倘经此次晓示之后,该铺户人等,如有前项弊端,徇隐不报,定接手受同科,一并从重按律治罪,决不宽贷,毋贻后悔。凛之,慎之,特示。①

严防省城各洋货店伪装成外商的保人招摇撞骗,杜绝行商以外的社会商人与洋人私下进行贸易的行为,以维护省城内正常的贸易秩序和社会治安秩序。

八月十二日(9月14日),澳门军民府胡承光迅速响应,出具告示:

> 为严禁土匪假冒兵丁,沿街索扰,以靖地方事,照得英吉利夷目律劳卑不遵法度,照例封舱,停止该国贸易,并奉大宪札饬,委员到澳,会同地方文武,督带弁兵差役设法防御在案。兹闻有等不法匪徒,假捏兵丁,昼夜在于水陆各处,讹索滋扰,合亟出示严禁。为此示仰在澳军民诸色人等知悉,自示之后,尔等务宜痛改前非,各图生业,自知敛迹。毋得仍前假冒索扰,所有现拨兵丁下澳巡防,均派有员弁管带,难容假冒滋弊,倘敢故违,经查拿,或被访闻,定即从严究办,决不姑宥。凛之,特示。②

在澳门全面加强巡逻,强化英国商人后方基地的治安防控,以防止事件发生期间澳门出现社会混乱的局面。

十月十九日(11月19日),广州知府为维护社会治安秩序,再一次谕令,要求城内各商铺不得违反治安管理规定,从事社会治安违法活动,尤强调禁止酒馆卖酒给洋人,如有违犯禁令者,将对犯事酒馆进行驱逐,对相关人员拘拿讯究。

---

① 《鸦片战争前中英交涉文书》,第43页。
② 同上,第20页。

> 同文靖远等街祥裕、义利、义成、丽盛,并禀铺户恒合等店户知悉:现据尔等联名,以锦昌、大章、南盛、东盛四铺,并无设酒卖与夷梢情事,联名保结,恳免饬令搬迁等情。查开设酒馆,摆卖酒物,引诱夷梢聚饮酒禁令。伍兆荣等具禀,李亚保并新基之二店,并作据洋商伍绍荣等具禀,查有新苴栏口开设酒店李亚保等,及同文街之南盛店,靖远街之怡来店,新基北约不挂店名铺二间,均系卖给夷梢聚饮等情,当经饬差,协同县差,查明驱逐。如果锦昌等四店,并无设酒卖给夷梢情事,尽可赴府自行呈诉,何庸尔等各铺户,代为保结,尔等事不干已,乃纠集多人,联名具禀,意存袒庇,实属胆大生事,本应按名拘到讯究。但人数较多,从中恐难保非饰,锦昌、南盛等四店,私签店名,捏冒,冀图卸咎,令行饬谕到,该店等查明现递呈词,并查锦昌、南盛等店私签捏递,抑系尔等自愿联情,限五日禀覆。本府查核,以便扣除,余当按名拘。此等事不(关)已辙被纠众生事,抗遵禁令,法纪具在,决不姑容。①

各级官府的一系列各有侧重点的告示形成了一张天罗地网,从各个方面将英国人困在其商馆内。为了不被官府当作汉奸而受到处罚,英国商务总监督在广州的住宅以及在澳门的英侨所雇用的本地人逃避一空。② 英国人的日常生活开始成了问题。

广州民众积极响应官府的号召,也在大街上贴出告示,对英国人违反中国律例进行斥责:"不法番奴,不知尔外国何等狗夷,胆敢自称监督,……即为贸易管理司事,何得不遵国例,擅自胆敢闯关,任意出入,大干例禁,以国法恭请王命,斩枭示众,以儆刁风。"③ 类似于百年后的大字报,充满着火药味。

以上种种可见,当时广州官府竭力维护原有的贸易体系,律劳卑为其挑战行为付出了代价。广州官府采取这些措施、发布这些告示的终极目的就是为了逼迫律劳卑离开广州。最后,还是行商出面充当和事佬,伍敦元通知浩官、茂官,说英商库力基及其他人已经向两广总督及其同僚报告:律劳卑已认识到错误,因为他第一次进入内地,初到中国国境不懂禁令,因而没有得到许可证就立即驶进广州,军舰错误地进入虎门,其真正目的是为了保护货

---

① 《鸦片战争前中英交涉文书》,第43—44页。
② 《中国丛报》,1834年11月第3卷第7期第4篇,见《鸦片战争史料选译》,第4—5页。
③ 《中国丛报》,1834年11月第3卷第7期第4篇,见《鸦片战争史料选译》,第13页。

物。① 行商们有意曲解库力基的声明，目的是为了给广州各级官府一个台阶下，卢坤在其奏折中亦声称"律劳卑已认错乞恩"②。道光十四年八月十一日（1834年9月13日），行商伍绍荣、卢文锦等向总督转达了外商要求开舱的请示："如欲开仓库，必须先将兵船退出零丁外洋，贵官亦即下澳，……贵国各商在粤贸易百有余年，相安无异，自当遵照。"③ 9月29日，贸易重新开放。10月11日，律劳卑病故于澳门。

律劳卑的鲁莽以失败而告终，因为他违反了清朝原有的贸易体系。他把自己当作是与清政府官员平等的官员而不是英国商人的管理者；不等到领取红牌，甚至不等到与前往查问他们的人们会晤，便擅自来到广州；他既然要求总督考虑变更成规，却又不予总督一点保持面子的机会；他拒不承认行商们向来所具有的传递消息的地位；也拒不说明他前来的目的；更坏的是，他拒不表示他是否将要提出任何革新的建议；而最坏的是，他不予总督以时间去做准备，不论是阻止律劳卑的前进，或是为保护他自己去防备敌人对他的攻击，这样的敌人在一个充满了"阴谋"的东方政府中，是随时都待机而动的。④ 律劳卑以一人之力企图改变清朝实行多年的贸易制度，失败是不可避免的，他无意中充当了冲击广州贸易制度的首个牺牲品。

广州官府在这次事件的处理中完全占据了主动权，让事件得到了很好的化解，广州的贸易制度仍然"固若金汤"。在此过程中，被革职留任的卢坤"始虽失于防范，终能办理妥当，不失国体而免衅端"而官复原职，但他在第二年即病故。⑤ 卢坤巧妙地带领他的官员们，发动或默许行商甚至民众积极参与，对英国人构成了极大的威慑氛围，终使事件得到了暂时的解决。

我们且看看英国人是如何描述这次事件中的两个主要人物的：

> 从卢坤的奏折中处处可以发现其对皇帝的欺骗和谎言（不管是有意的还是无意的，事实上往往是一种习惯），目的是为了获得皇帝的好感，以便保住自己的地位或得到提拔。而律劳卑却得到了驻广州英国侨民的普遍同情。这些不列颠臣民们认为：总监督律劳卑所受的委屈和侮辱，同在过去和现在所有外国人所正在忍受的一样，因而他们认为把这些苦情陈述出来，就是在履行一个迫切的任务。……于是他们向英王陛

---

① 《中国丛报》，1834年12月第3卷第8期第1篇，见《鸦片战争史料选译》第29页。
② 《道光朝外洋通商案》，见《鸦片战争》（一），第123页。
③ 《鸦片战争前中英交涉文书》，第19页。
④ 《中华帝国对外关系史》第一卷，第162—163页。
⑤ 《清史列传》卷三十五，《大臣传编次十》"卢坤"条，第9册，第2764页。

下提出 12 点建议，主要内容是：采取必要措施维持国家的荣誉和利益；要求中国政府对因律劳卑事件停止通商而受损的英国臣民进行赔偿；直接与当地高级官员打交道而不是通过行商来间接联系；给商务监督与清政府交涉的权力和一定的武力保护；派遣全权公使乘军舰来中国，以陛下的名义要求充分赔偿损失，包括对律劳卑死亡的赔偿、对国旗侮辱的赔偿和受损商人的赔偿；采取强制行动支持驻广州不列颠臣民的意见；重新开放宁波、厦门和舟山各口岸；有关开放口岸和其他商业利益问题，全权公使要与广州的英商磋商；对中国政府的妄自尊大予以坚决的驳斥和打击；给予未来的陛下代表以自由裁决和见机行事的权力；凡受中国当局在公共或私人场合侮辱和损害的人都不宜被陛下任命为使节；将来的陛下使节要先进驻接近北京的适当地点，并有足够的海军力量作后盾，特别要拒绝和广州官员交接，他们的腐败和压迫行为已引起不少公愤。①

费正清认为，律劳卑事件有两个严重的后果：它使清朝官员相信，一经大胆地封锁商馆，英商就是孤立无告的人质；它也使律劳卑的继任者认识到，没有应急的战争计划就向广州贸易制度挑战，是一件蠢事。② 费正清认为这一事件虽然目前得到了化解，对中国政府来说，却暗藏着未来的危机。而且让英国政府更加清醒地认识到他们应该做什么，至少这个事件让英国政府感觉到：广州口岸的贸易制度已经成为必须解决的迫在眉睫的问题了。

3. 英人不断挑战广州外贸管制

早在道光十年（1830 年），行商们就向总督卢坤禀报，英国东印度公司至道光十三年（1833 年）期满解散，英国人将开始自由贸易。前任总督李鸿宾得知英国东印度公司将要解散时，曾叫行商传谕英国大班寄信回国，如果公司解散，希望英国继续选派晓事大班来广东总管英国贸易。③

不知道是故意装作不知道英国东印度公司已经解散，还是对英国贸易制度的懵懂无知，总督卢坤在律劳卑事件平息后传谕行商，也要求英人寄信回国请求指派一位大班。但是，因为公司已经解散，不可能再派什么大班，英国委派德庇时继任总监督。德庇时在向巴麦尊报告律劳卑的亡故时，指出驻

---

① 《中国丛报》，1834 年 12 月第 3 卷第 8 期第 1 篇，见《鸦片战争史料选译》，第 32—36 页。
② 《剑桥中国晚清史》上卷，第 168 页。
③ 《史料旬刊》，第 3 册，第 21 期，第 69 页。

华监督处应该采取的政策是:"在中国人方面没有任何改进的情形下,我方在未接奉国内进一步训令之前,保持绝对沉默状态,似乎是最适当的方针。"①

但是广州的英国商人却并不甘心等待,他们于1834年12月9日向英国女王上书,认为对于轻侮及不公平待遇逆来顺受是极端失策的,因为这样会有损国家尊严,还会引起对英国威力的怀疑。他们建议派一位有经验的全权公使带领一支充分规模的武装力量直接北上与中国政府交涉。德庇时却认为英国商人的这篇呈文是浅薄和未考虑成熟的。与商人的对立最终导致德庇时于1835年1月19日辞职,罗治臣爵士接任,继续执行德庇时的政策。②

在此期间,英国人认为"阿柔号"水手案得到了非常恰当的处理。该船上的几名水手被上川岛土著绑架并被扣留以勒索赎金,三个英国总监督都签了字的备忘录被直接送往油栏门,但不被接受,送文件的义律还被守门的兵弁推倒在地。但是当局在坚持不接受文书的同时,却采取了营救措施,将被绑架的水手送还原船。③ 在这一事件的处理中,我们可以理解为广州官府在坚持旧有的贸易章程的同时,也给了新任总监督一个姿态,表明官府始终保护在华英国商人的利益。

然则,为使外国人放弃直接呈文官府的企图以及其他一些对广州口岸贸易制度和规章的冲击行为,1835年3月8日,广州粤海关部又重订了对外国人的管理规章,以更严格的方式重新颁布旧有章程。主要内容是:

> 1. 前来保护商船的外国兵舰,不准驶入省河;如有这种行为,就停止贸易。2. 如有外国人偷运枪炮及私带外国妇女或水手到广州等情事,应由行商负完全责任,并严加惩处。3. 非正式领有执照的引水、买办不得雇用。4. 各商馆雇用本地人伕的数目,应严加限制,他们的姓名等等应按月造册送县,并责成保商对他们负责。5. 船舶的插旗小艇不得免检通行,并重申对结伴游散的限制。6. 外国人有任何具禀事件,一律由行商转禀;如果是控告行商,他们得直接向地方官衙门递禀。信是绝不接受的。7. 外国船得照旧由委托人选定的行商承保;但另增的一家保商应由各行挨次轮派,以制止串通舞弊情事的发生。8. 严禁在广州以外的其他任何地方进行贸易;凡有违犯这项规定的情事,

---

① 《中华帝国对外关系史》第一卷,第166—167页。
② 《中华帝国对外关系史》第一卷,第169—170页。
③ 《中华帝国对外关系史》第一卷,第171页。

当由水师及其他有关各省当局究办。①

这些规定试图继续用旧有的方式加强对外国商人的管理。道光十六年正月二十六日（1836年3月13日），皇帝在谕旨中再一次重申夷船不准驶入内河、进省递信的规定，以防止夷船登岸引起纠纷事件：

> 洋商伍绍荣转据英吉利国夷人禀称夷人来粤必须传递书信，今有港脚烟船能行逆风，欲进省递信。该督谕该夷人不准进口。递送书信向有章程，自应循照办理，何可以诡异不经之船擅入海口。英夷素性诡诈，虽现据查明烟船并无滋事情形，惟既已经饬禁不准进口，乃仍欲驶入内洋，实属藐玩，著邓廷桢等严饬各营县及虎门各炮台随军时查察来行禁阻防范，并谕理饬澳门西洋夷目派拨夷兵在南湾一带巡查，勿任烟船水手人等登岸滋事，仍即驱逐开行回国，毋令久泊外洋。②

1836年12月14日，因不满意总监督对因义士案（指因义士在粤海关部被袭击事件）的处理，以及在广州官府禁止"查顿号"轮船航行的事件中，总监督支持中国人的禁令等，英国外交大臣撤销了罗治臣的总监督职务，办公处档案和印章交由义律，义律成为实际上的英国商务总监督。

义律刚一上任就围绕贸易制度和相关的规章开始与广州地方政府交涉。当天即以禀帖（虽然英国人认为这种禀帖因为带一"禀"字也是一种耻辱）的形式代替呈文，试图达到与官府直接文书往来的目的。他在禀帖中告知总督（此时的总督已由具有更多妥协思想的邓廷桢③代替病故的卢坤），他已被任命为"英国驻华最高官员的职位"，职责是处理英国的公众事务，并将以一切可能的方法保持两国间现已存在着的和睦关系，因此向总督请领一张前往广州的入境凭证。他得到了总督邓廷桢的允许，于1837年4月12日到达了广州。但是总督并没有让义律实现公文的直接来往，即使是禀帖。总督的训令都是交由行商交给义律的，并且总督告知义律要按照大班应遵守的章程行事。义律未能蒙混过关，而英国外交大臣巴麦尊则坚决要求他必须与广州各级官府直接行文，不得通过行商转交。义律只好向巴麦尊暗示必须使用武力才有向清政府争取平等待遇的可能性。于是马他仑海军少将以保护英国

---

① 《中华帝国对外关系史》第一卷，第172页。
② 《道光朝上谕档》，第41册，第27—28页。
③ 《剑桥中国晚清史》上卷，第170页。

贸易的名义，带领两艘兵舰于1838年7月来到中国。①

让我们看看义律和两广总督的部分交涉文书。

邓廷桢给义律的处理是：

> （1837年）1月20日，两广总督邓廷桢向皇帝呈递奏折说，洋人义律将承担对他本国商人和水手的管理。包含皇帝谕旨的内阁文件由兵部的一名专差递送，于8月15日抵达此地。邓廷桢曾经说，自东印度公司解散后，尚没有大班前来。去年12月，该国特别任命它的一名官员前往广州，对以前曾来进行贸易的商人以及水手等承担全面的管理。由于该国船只源源不断地到达，应有人管理他们，并且有时候对他们进行安抚。现在，该洋人已接受公开的正式任命，管理商人和水手。虽然他的头衔和地位不同于大班，但管理的事情并无差别。因此，按照目前的章程（像以前大班一样），允许他前行广州，他抵达省城后获准管理事务，所以命令海关监督发给他一份许可证。……当他今后住在广州或澳门的时候，他应该遵守以前的法律。不许他超过适当的时间逗留不去，从而逐渐产生不正当行为。高级官员们负有责任，必须不许他制造骚乱。为此目的，他们应对百姓、官弁和行商发布密令，要他们有时亲自了解事情真相，对他进行调查和监视。如果该洋人执行职责不当，有越轨行为，并联合奸民暗中违抗法律，那末，便应将他驱逐回国，以清弊源。②

从邓廷桢的谕令看，官府再次认定义律跟以前英国大班的职责是一样的，因此就应该像大班那样遵守广州口岸的一切规章。

道光十七年四月二十八日（1837年6月1日），总督致义律海军上校的照会：

> 邓（廷桢）向总行商们发布这些命令，要求他们充分知悉。英国监督义律已呈递下列禀帖：（编者原著：此处录有义律的照会。）该禀帖已经收到并经过查验，本部堂审查了这个问题。该监督的正式职责在于对商人和水手们进行特别管理，所以每当这些阶层的人们中发生任何麻烦时，他应立即前往进行切实调查并加以解决，这样做当然是正确的。该监督目前申述，"如果他在留住澳门期间有事需要在广州或黄埔

---

① 参阅《中华帝国对外关系史》第一卷，第176—181页。
② 胡滨译：《英国档案有关鸦片战争资料选译》（上册），中华书局1993年版，第192—193页。

料理，他担心，总是需要等候对他申请护照的答复将造成有害的延误"，这是对事情的正确说明，本部堂有责任允许他在发生事情时常常乘坐一艘欧洲的小艇来往于广州和澳门之间，不需要申请护照。

该监督每一次在离开澳门之后，都有责任向澳门同知明白报告情况和时间，以便那位官员可以将此事分别报告本部堂和海关监督，以求完全准确。除了将上述禀帖中所说的事情通知海关监督外，我还立即给总行商浩官、茂官和潘启官发布这些命令，以便他们可以立即转饬该监督遵守。但是，他必须遵守岗位，努力照料他的公务。本部堂处事公正，坚决维护法律，在处理公事时决不允许有任何虚假的借口。他在无事时决不应擅自制造动身的口实，以免使他自己受到查问。此事关系重大，应切实注意。①

邓廷桢特许义律可以不办理护照即可进入广州省城处理突发性的贸易事务。这在以前是没有的，算是总督给义律的特许权。今后义律可以有各种借口在澳门与广州之间来去自由，关于这一条对外商的规定自然失去了效力。

义律也即时地向英外交官巴麦尊汇报情况，他在致函中说："两广当局与我本人之间已恢复公开交往；总督当局同意就所有重要问题写信给我时，盖用广州知府和广州协副将的印章。为了报告这个重要让步，我同意承担责任，写信给总督阁下时使用"禀"字，但我已清楚说明，采取这项方针的理由，是具有我自己这个官阶的中国官员们采用同样的格式写信给总督阁下；这一谅解必定涉及此项原则，即具有头等和二等官阶的英国官员们将要求享有在与相同等级的中国官员们平等的地位上通信的权利。"②

这算是义律面对广州官府坚决态度不得不做出的一个让步。

道光十九年十二月初五（1840年1月9日），义律敬禀钦差总督大人（这里的钦差总督大人指的是林则徐），对本月初三总督谕令中的"士密越分""原禀着即掷还"等句提出意见：

夫水师总官士密为英国主特命官员，与远职同品，每遇事件，为本国制度，责令该总官办理者，虽为大清头等官宪，该总官莫不可自行具禀。且英国主既然与万邦皇王毫无上下之分，则英国官员与万邦官员具文往来，亦无可称为越分。而在远职，不肯代行亵渎国主，侮慢本国大

---

① 《英国档案有关鸦片战争资料选译》（上册），第217页。
② 《英国档案有关鸦片战争资料选译》（上册），第341页。

官，以致惹心生事，攘出相争之情，是以令将士密原禀，敬行送回，谨请不可复为掷还与远职也。①

义律面对林则徐坚持原贸易章程的强硬态度，仍然坚持中英两国信件的平等呈递。

但巴麦尊在给义律的回函中则宣称："英国政府承认，每个不受条约拘束的独立国家有权随意管理它的臣民与外国人进行贸易往来，有权随意允许或禁止对它本国的任何工农业产品或外国输入的任何商品进行交易，有权课征它认为合适的进口出口税，并有权制定它认为适合于它的领土内进行贸易的各种规章制度。因此，女王陛下政府拒绝怀疑中国政府有权禁止将鸦片输入。"②他进一步宣称：马他仑将军带领的两艘兵舰是为了保护英国贸易而来的。

这一宣称表明英国要改变其面临的贸易现状，也成为英国炫耀武力的光明正大的借口，这应该算是义律对旧有的中英贸易章程的显著突破。义律本人认为他取得了一些成绩，中国人则认为他们已揭穿了英国人的虚张声势，而港脚商却知道，只是舰队的访问绝不会引起他们所希望的战争。③

此外，外国人普遍认为两广总督和粤海关监督每年一次的会衔告示是一种具有侮辱性的管理措施，它就被张贴在公行公所或行会会所的大门外面。它晓谕行商和通事以文明教化夷人，并约束他们的狂妄行为。他们不得为夷人购买幼童充任仆役，不得为夷人寻找娼妓，以满足他们的淫欲。同时，不得为夷人寻找或雇佣带有家眷的疍家船。任何商人或通事，如果带领外国人嫖娼，并用任何这类方法供应他们的淫欲，都将从严究处。④

可见，广州地方政府一成不变的治安管控政策及其僵化的执行措施都已经让外国人感到厌烦透顶，他们开始考虑使用武力威胁来推进广州地方政府对外贸易管理制度的改革。

但是在整个事件中，仍然有一些官员显示出他们对外国人违章行为的不在意或暂时容忍的态度，即使是对洋人态度向来强硬的官员也经常在密奏中建议对犯事的外国船只"暂事羁縻，徐图驱逐"，被当时人指责，导致洋人"日即因循"，⑤ 得寸进尺。

---

① ［日］佐佐木正哉编：《鸦片战争前中英交涉文书》，第250页。
② 《英国档案有关鸦片战争资料选译》（下册），第523页。
③ 《剑桥中国晚清史》上卷，第170页。
④ 《中华帝国对外关系史》第一卷，第182页。
⑤ 《清朝柔远记》，第175页。

三、特殊案件的处理

1. 对女性案件的处理

在鸦片战争前的中外贸易背景下，发生了众多治安纠纷案件，涉及女性纠纷的案件不多，但在道光朝却是一种比较有特色的案件。如前所述，在广州珠江河面上的疍户船只较多，他们的生活来源主要靠捕渔业来维持。当然还有一些疍户船只依赖娼妓业及小商品贩卖生存。大量外国船只涌入珠江河面后，由于官府对船上外国人的严格控制，不能上岸进城，除了依托通事和买办外，一些生活的必需品就只能靠穿梭于江面兜售贩卖小商品的船只来解决，下面的案例向我们证明，当时的广州官府是默许那些船户的妇女从事这种贩卖活动的。因为这样的现象，必然造成外国人与中国妇女的正面接触，从而引发女性纠纷案的出现。

道光初年，发生了多起女性纠纷案，1821年"麦克维尔夫人号"船员向外抛掷石块，误将一名妇女砸死。此案发生后，该船向死者家属"行贿"三百元钱，让他们不要向官厅告状而希望得到私下解决。① 1822年"肯特号"船上的卫士长放长枪，打伤了一名坚持留在船旁一艘小艇上求乞的妇女，此人被革职并缚在桅杆前示众，并不见有付出任何款项或受伤妇女提出的任何要求。② 然而，以上两起纠纷也没有引起广州官府的注意。

道光元年八月二十八日（1821年9月23日）发生的妇女纠纷案却引起了轩然大波。该日午间，有一位经常在外国舰船停泊处河面贩卖果子的民妇郭梁氏，同其女儿郭亚斗一起驾着小艇，从美国船户"急庇仑号"船边经过，船上水手弗兰西斯·德兰诺瓦（即 Francis Terrano）叫郭梁氏驾船靠近他，说要买果子。因为在果子的多少上发生了争执，该水手即用其船上瓦坛向郭梁氏砸去，导致郭梁氏额头受伤，站立不稳，落水后被淹死。事件发生后，总督阮元立即谕令相关人员出面交涉。同时将该船的保商和通事立即逮捕监禁，暂时禁止该船进行一切贸易活动。"急庇仑号"不得不将凶犯交出，经审理后凶手被处以绞刑。③

在马士的记录中，抓捕、审判直至处决罪犯的过程却颇费周折。广州地

---

① 《中华帝国对外关系史》第一卷，第120页。《东印度公司对华贸易编年史（1635—1834年）》第四、五卷，第15页。
② 《东印度公司对华贸易编年史（1635—1834年）》第四、五卷，第16页。
③ 《道光朝外洋通商案》，见《鸦片战争》（一），第58—60页。《中华帝国对外关系史》第一卷，第120—121页。两书记载的角度不一样，实际上指的是同一事件。

方政府派出管辖黄埔段的番禺知县来调查此案,他于10月6日来到"急庇仑号"船上,向外商说明这一案件使他的心情受到了很大刺激。美国人当面向他说明,致死妇人死亡的瓦坛是被告安稳地投递到妇人的手里的,女人跌落河中是在距离该船上游30尺的地方,由于潮水的冲击,该妇人想将小艇摆正而失足落水,其头部碰在划桨的旋轴上或锐利的船边上面致死。知县传唤了三名证人,包括一名妇女和两名儿童,女证人证实是瓦坛致死。知县没有听美国人关于该妇女做了伪证的辩解,认为该妇女此前所说的话是讨好美国人,现在证实的才是实话,并自行离去。行商用知县的名义要求美国商人交出犯人。当美国人拒绝交出时,知县立即将通事和保商柏官锁拿。10月27日,德兰诺瓦终于在广州的行商公所内受到审讯,但由于没有欧洲人在场,所以他们认为该水手可能是在被审判者欺骗、威吓等情况下,承认了投掷瓦坛而被判死刑。于是,第二天他就在几年前几个中国罪犯因为袭击美国船"沃巴什号"被处死的地方被处决。在美国人看来,这是广州地方官府的一次极为不公正的纠纷处理。①

从这个女性纠纷案件的处理中,我们可以看出,知县根本不打算相信这个瓦坛是由水手德兰诺瓦递到妇女手中的,如果承认了这个事实,不但无法惩处外国人,而且必须得承认中国妇女与外国水手某种默契的商业交往关系,这是官府绝对不能容许的。在官方的有关规定中,外国人是不能与广州市民直接接触的,一切与中国人之间的事务都要由他们按规定雇佣的通事、买办等少数人员来办理,更不用说与中国妇女直接有所交接,甚至将其杀死。这不但说明广州官府长期以来默许这种交接,而且由于交接的对象还是妇女,这是非常有伤风化之事。而维持教化是知县的重要职责,知县这种"受刺激的心情"自然得不到外国人的理解。

另一件跟女性有关的纠纷案的发生也使广州官府大受"刺激"。这名女性是一名外国妇女,外国妇女对广州城来说,向来就是洪水猛兽,她只是来广州城的外国商馆区走了一趟并住下来,就引起了中方的激烈反应。

自康熙年间开海禁时开始,按照规定,外国商船进入广州城时,船上的外国妇女就不准登岸并寄宿在十三行商馆内,只准住在货船上,一直等到货物交易完成后再一起离开省城。这项规定在不断颁发的内容重复的各种贸易章程中,都被官府坚持下来。乾隆十六年(1751年)允许外国妇女在澳门寄住,但仍然不准进省。乾隆三十四年(1769年)有英国商人非臣私带妇女来省城夷馆居住,被官府查实后即将该妇女押往澳门示众,以表明官府

---

① 《东印度公司对华贸易编年史(1635—1834年)》第四、五卷,第25—29页。

严禁外国妇女进城的决心。直到 1830 年盼师公然携带外国妇女进城在商馆居住事件发生时为止，没有确切证据表明有外国妇女进入过省城。①

道光十年十月（1830 年 11 月，马士记录为 10 月 4 日），英国大班盼师携带外国妇女到省城广州，并将该妇女带到其公司的商馆居住。②

广州府衙闻讯后，立即将总督的命令交给行商：

> 本总督查悉广州外国商人，带一外国妇人（或系其妻），与其住入外国商馆。此事显系由行商与通事包庇所致。如不严加查究制止，并加以驱逐，今后将必混杂，起而效尤，大坏天朝律例。

广州府带同南海县，在其法庭召集行商和通事等，并查明对外国妇人谁应负责，她在哪间商馆，她来时已否报知海关当局并得其核准；他们并下令该国有关头目将该妇人送回澳门，行商将这个谕令带来，他们完全知道这个妇女是谁，于是带着恳求：

> 余等乞请即将外国妇女送回澳门，如此，即可使余等回禀政府（表示遵从命令）；如彼不下澳，余等必招总督之怒及苛责，在这样一个时间里（即总督发怒时）请问各位先生之良心，岂能无动于衷。③

接着，海关监督也将总督关于外国妇女问题的命令转给行商，并在其文件中，加入历史的注释：本官察觉外国商人携带已婚或未婚妇女来广居住，已于乾隆十六年（1751 年）为前任总督陈（大受）所禁止。④

但是英国特选委员会却并没有听从行商转来的官府的有关命令，并起草了一份抗议书，书中说，根据英伦法律，每个男人只能娶一个妻子，妾侍的风俗是不存在的。因此在谕令上所称的外国妇女是外国商人的妻子。公司工作人员每年需要六个月或更多的时间留在广州。宣布不准妻子随同丈夫安居商馆，怎么合乎道理和人情！⑤ 行商浩官立即带来总督的口讯：旧例禁止妇女来广州。此事永不准许，所以要头目立即将女人送走，如果她不能立即离开，行商等必须确实探知她要在几天内离开省城。假如该头目说，他两三天

---

① 《史料旬刊》，第 9 期，第 675 页。
② 《清朝柔远记》，第 180 页。
③ 《东印度公司对华贸易编年史（1635—1834 年）》第四、五卷，第 247 页。
④ 《东印度公司对华贸易编年史（1635—1834 年）》第四、五卷，第 248 页。
⑤ 《东印度公司对华贸易编年史（1635—1834 年）》第四、五卷，第 249 页。

内不将外国妇女送走,假如她仍在此处,将派军队前往赶走。头目要将她走的日期告诉行商。①

携带妇女来广州的盼师本人也先后向各衙门投书请求外国妇女在外国商馆留住,并通知停泊在黄埔港的外国护商兵船船官,命令水手一百多人,乘夜将数座大炮以及鸟枪等器械收藏在小船舱内,偷偷地运到省城外国商馆,以防止官府派兵包围驱逐外国商人及外国妇女。② 特选委员会也拒绝答应将外国妇女送走,并支持盼师的行为。

接着总督又叫行商转送一份很长的谕令答复委员会的抗议,总督也引用了两个关于外国人带妇女到广州的先例:1751年,一位荷兰商人带来一个外国妇女,该妇女被解返澳门监禁;1769年,一位英国商人带来一个外国妇人奴仆,该妇女立即被投入澳门监狱,而行商、通事、买办及政府差役等皆受到严惩与斥革。在得到总督不派兵丁包围商馆和驱逐人员的应许后,运到省城商馆的外国水兵才撤到外国船上。③

但是这个事件没有最后的处理结果,也没有关于盼师带来的外国妇女被驱逐出境的记录,反而总督还向一位行商宣称:"英吉利妇女居住广州,是一件小事",致使外商相信,所有这一切都是某些行商的阴谋造成的,他们怕承担责任,因而故意夸大外国商人的违规行为。皇帝则降下谕旨:外国女人必须离开,且外国商人禁止乘轿。此案还牵涉到外国人在省城坐轿之事。

盼师坐船登岸后违例坐着轿子进入商馆一事开始被官府追查,官府派员立即抓捕和审讯行商鳌官及其叔父、东裕洋行司事五爷即谢治安。④ 官府认为,给盼师一行提供轿子的谢治安故意违背禁令,以图跟外国人做买卖时赚取更多利润。谢治安立即被革去职衔,并按"交结外国买卖、诓骗财物"的罪名,"罚其到边远地方充军。"最后,谢治安被判押往伊犁充当苦差,谢治安所捐买的一切证照立即被查销。后来谢治安死于狱中。⑤

在这一事件中,外国人对广州地方政府的外国人管理政策有三个方面的突破:首先是外国妇女入城;其次是入城后没有像往常一样步行进入商馆,而是坐轿;最后是运兵器进入城内商馆以俟逞凶。而在对广州官府像以往一样的纠纷处理方式,英国人开始以针锋相对的姿态进行反抗,说明广州地方政府对外国人的治安管理策略已经不适应社会形势发展的需要。但是我们并

---

① 《东印度公司对华贸易编年史(1635—1834年)》第四、五卷,第250页。
② 《道光朝外洋通商案》,见《鸦片战争》(一),第86页。
③ 《东印度公司对华贸易编年史(1635—1834年)》第四、五卷,第250—251页。
④ 《清朝柔远记》,第255页。
⑤ 《道光朝外洋通商案》,见《鸦片战争》(一),第92页。《清朝柔远记》,第180页。

没有见到当时的任何广州官员提出什么新的办法,也并没有任何人认识到对外国人的治安管理方式需要改变,他们一味地坚持他们那种"腐败的治理"① 方式,一味地认为外国人性情狡诈,"犬羊之性",② 因而把任何纠纷的原因都归结到外国人的身上。

此案还引起中外双方的进一步争论。

官府将有关"不准僭越品级乘轿"的谕令送达外国商人后,也会在每座商馆门前悬挂汉文通告:"今后各级人等,一律不准乘轿进入公司商馆大门。并令看门人拦阻一切轿子进内;如有任何人等不听劝告,必将轿子及乘轿者强行驱逐。"外国人认为,不准番妇进城和不准坐轿是对外国商人的极大侮辱和歧视。他们还通过行商和通事向总督呈文,认为外国全部的大班和书记都是本国绅士的儿子和兄弟,乘坐轿子并不僭越品级;不准外国人携带妻子进入广州城内商馆,则是不合乎道理和人情的。③ 而官府对英国商人前所未有的、以张贴布告的形式抗议官府的行为则不见有什么反应,只是自言自语似地不断强调"大清成例"。总督卢坤再次饬令南海县于1831年5月12日颁发了约束外商的八项条例,内容与以前旧例并无多大不同。而英国特选委员会则于该年10月28日向总督呈请要求改革这些条例,共有十六条之多,几乎将广州官府管理外商的条例全部改了一遍。自然同样无法得到总督的许可。④

外国妇女仍然被禁止来到省城,至于为什么不准外国妇女来省城居住,广州官府从来没有正面答复,只是不断强调是祖宗定下的"成例",而成例是不能轻易改变的。

2. 对火灾案件的处理

除了有关女性案件外,对于火灾案件的处理,也构成了广州地方政府的重要案件之一。消防是城市治安管理中的一项不可或缺的内容。除了战争期间,广州城因为炮火曾经引起过火灾外,道光时期曾经发生过多起严重的消防事故。每次事故发生后,官府都积极派员参与救火,并做好善后处理,对受灾情况进行摸查,派兵迅速控制火灾现场,追究火灾发生过程中违法者的责任,甚至向皇帝奏请对受灾者给予一定的抚恤。

道光二年九月十八日(1822年11月1日),广州西关失火,"三昼夜始

---

① 《东印度公司对华贸易编年史(1635—1834年)》第四、五卷,第256页。
② 《史料旬刊》,第3册,第21期,第67页。
③ 《东印度公司对华贸易编年史(1635—1834年)》第四、五卷,第248—249页。
④ 《东印度公司对华贸易编年史(1635—1834年)》第四、五卷,第304—310页,第331—333页。

熄，毁民舍万七千六百余间，西至西宁堡，南至佛山渡口鬼驿尾，东至回澜桥，北至第八甫，男女民夷焚死百余。总制阮公为之泣下，焚其衣冠以自责。吾粤自有火灾以来，莫此为甚"。① 阮元向皇帝详细奏报了此次失火延烧店铺洋行及夷人楼馆的情形："第八铺潘仁昕饼店失火延烧店铺二千四百二十三所，夷人寓馆及洋行亦同时焚毁，居民搬避倾跌踩毙二十二人，情殊可悯。除有力富商不愿领受抚恤外，其余无力贫民房屋一百八十七间及疍户小寮一百七十五家小艇五十六支。"道光皇帝因此谕令阮元"分别抚恤，毋令失所。其拿获乘火抢夺匪犯及畏罪潜逃之潘仁昕，着即照例办理。"②

马士也详细记录了火灾的情况：当夜9时半，商馆北面1英里半处的民居起火，按照防火惯例，十三行商馆立即派管事率领商馆所备救火机，前往帮助居民救火，但守着珠江却无法取到水，火势迅速蔓延。不久之后风向又由东北风转为北风，如果不及时将尚未烧着的房子拆除，十三行商馆就必然被波及。商馆里的外国商人立即向总督阮元去函报告，但也许是没有收到，也有可能是信息传递速度过于缓慢，广州官府并没有实施外商提出的救火建议。到第二天早上，火势包围了从小溪到旧中国街边的茂官行的整个外国商馆。英国人和美国人只好发动船上的水手抢救商品。除了被烧的夷馆、民居外，行商沛官和茂官的损失特重，但行商和店铺外，中国人的铺户被火毁灭的有七千多间，只有少量财物被救回。此次火灾证明中国人、官方或非官方机构对付危机的无能。③ 马士明显地对广州地方官员在商馆区消防管理不力、对紧急事态处置不及时等方面表示出不满。

阮元于该年就任两广总督，虽然当时朝野多认为他是比较能干的总督，④ 对此大火却一样无可奈何。英国特选委员会致函阮元指出，这是忽视他们关于设置一个防火区的建议的恶果，同时要求沿猪巷一带不准重建店铺，因为经常会发生危险，而应该在商馆之间指定一块空地，其中没有任何中国人的房屋插入。总督同意了委员会的建议，并下令行商研究这个问题上

---

① （清）黄芝：《粤小记》卷二，见《清代广东笔记五种》广东人民出版社2006年版，第417—418页。（清）陈康祺在《郎潜纪闻初笔二笔三笔》卷九记载："粤东省垣西关火，火作而风，始于第七铺饼肆，夜中蹿打铜街，庚寅晨及十三行，日晡及杉木栏。是日风甚，夜愈甚。翌日辛卯，食时风熄火潜，凡毁家七十余，巷十之，房舍万余间，广一里，纵七之，焚死者数十人，踩而死于达观桥者二十七人。"中华书局1984年版，第198页。只见火烧，不见人救，反映出广州官府消防管理的巨大漏洞。

② 中国第一历史档案馆编：《清宫粤港澳商贸档案全集》，中国书店2002年版，第4169页。

③ 《东印度公司对华贸易编年史（1635—1834年）》第四、五卷，第65页。

④ 《清史列传》卷二十六《阮元传》，第9册，第2820页。

报。委员会还上函要求免征已经损毁的毛织品税捐。①

阮元随即奏请朝廷免除外国人应交税银，其余行商应交税银按受灾程度自道光四年（1824年）起，分三年、五年还清，"以示体恤""以纾商力"。② 道光皇帝上谕同意阮元所奏，称：

> 省城西关被灾情形较重，商夷拮据，所有粤海关本年征收税银除出口饷银及各口征银并船钞银两仍督饬齐解部外，其进口饷银六十六万四千四百两零，若照例于满关后征齐起解，实属力有不逮。著照所请加恩将该夷人应交税银十四万二百四十三两零全行豁免，以示体恤，其该商等应交税银五十二万四千一百五十六两零著于明年先交银二十六万二千七十八两零，所余一半，自道光四年（1824年）起，行馆未烧栈房被灾者五家分为三限，其行馆栈房俱被烧毁者六家分为五限，带征归款，以纾商力。该交内务府的五万五千两仍著照数交纳。③

除了对火灾中受损外国人和行商进行优抚外，阮元还针对火灾发生时无法抢救的不利情况，于道光三年（1823年）奏请朝廷重新拟就防火救火章程，要求商馆区的各铺户分段凿井，多准备水缸水桶，以及水枪、挠钩、蜈蚣梯等救火设备，④ 以备火灾时的急需。这次火灾损失惨重，引起了广州官府对城市消防管理的高度重视。

---

① 《东印度公司对华贸易编年史（1635—1834年）》第四、五卷，第65—66页。
② 《清宣宗实录》卷四十六，"道光二年"。
③ 《清宣宗成皇帝圣训》（二），第806页。
④ 《清宣宗实录》卷五十一，"道光三年"。

第四章　严禁鸦片走私的治安举措

走私是指非法将违禁物品偷运进出一个国家，或者是合法物品在进出口时不依法纳税的行为。鸦片战争前的一段时间，受广州一口通商的限制，清朝的对外贸易规模不是很大，对进出口物品及其数量也有着严格的规定。《粤海关志》卷十七至十九"禁令"列举的违禁物品主要有军器火药、金银制钱、铜铁白铅、米粮、茶叶、大黄、丝巾绸缎、棉花、毛皮、鸦片等。

道光时期分别对金银制钱、白铅及鸦片的进出口或增加条例予以限制，或禁止进出口。① 据1833年东印度公司解散前最后一个贸易季度的中外贸易报表，广州进口的货物主要有毛织品、棉织品、五金、毛皮、棉花、檀香木、锡、胡椒及其他西方产品、鸦片等。出口货物主要有茶叶、生丝、丝织品、南京布、食糖及其他东方产品和白银黄金等。其中鸦片和白银黄金的输入和输出都是非法的，属于走私物品。②

除去白银和鸦片外，各项正常贸易产品的走私行为主要表现为偷税漏税行为。如美国人经常将其经办的羽纱作为丝毛绒报关，每匹羽纱少交税款达十四元。跟英国人做生意的行商昆水官于1821年在澳门通知英国特选委员会，说他手里仍有上季度公司交给他的羽纱六千多匹未售出，因为"美国人经常与广州收税的低级官吏勾结，同意将他们的羽纱作为棉织品计算，每匹只征收税款2元"。③ 对美国人的这种走私行为，因为本来已有官吏勾结，未见广州官府采取相应措施进行惩治。美国人的走私活动在影响粤海关正常税收的同时，既损害了英国和其他国家经营同类商品诸商人的利益，也导致与英国等国家进行同类物品贸易的行商的进口货品大量积压。

至道光时期，中英贸易逆差逐渐拉大，从合法贸易的东印度公司贸易季度报表看，1821年广州进口总计达二千七百多万元，出口总计只有二千三百多万元。而1833年的广州进口贸易总计达二千五百多万元，出口贸易显示外国的进口投资成本却只有二千一百多万元；④ 如果再加上本年度非法的

---

① 《粤海关志》卷十七，"禁令一、二"。
② 《东印度公司对华贸易编年史》第四、五卷，第380—381页。
③ 《东印度公司对华贸易编年史》第四、五卷，第6—7页。
④ 《东印度公司对华贸易编年史》第四、五卷，第22—24页，第380—381页。

鸦片走私贸易，中外贸易逆差会更大。鸦片走私活动如暗流涌动，在整个贸易中所占比例越来越大。鸦片的大量输入直接导致贸易逆差的加大，白银外流自是无法控制的鸦片经济的苦果。

同时，因鸦片走私活动日益猖獗，引发了纷繁复杂的社会问题。道光十七年八月三十日（1837年9月29日）皇帝谕旨中说：

> 广东地方日形疲弊，盗案叠出，会匪居多，有天地会、三合会各名目，联结党羽，种种扰害，一涉词讼，需索多端。该省州县征收粮米，闻有每石折银六七两之多，纵容书差受贿包庇。若巡船之设，原为捕盗堵私，近来各船只收受地面陋规，并未缉获私匪。水陆营汛渐至有名无实，该省盐务宜杜私侵，必须随时体察，设法疏销。至榷税一节，尤宜釐别等等。邓廷桢等即将所指各款逐加确查，如有似此弊端，务须破除情面，认真惩办。①

在丰厚利润的诱惑下，各种非法的社会势力也介入到鸦片走私中来，连官府的巡船、营口汛兵弁也被收买，直接或间接地参与鸦片走私活动。不稳定因素日渐增多，广州社会潜流暗涌。新的治安问题让广州地方政府措手不及。清廷开始注意发生在广州的鸦片走私行为，把打击鸦片走私作为反走私行动的主要内容，以期扭转贸易逆差局面，阻止白银大量外流的趋势。道光十二年八月二十七日（1832年9月21日），道光帝在谕旨中也指出："御史冯赞勋奏，夷船私带烟土来粤，竟敢于附近虎门之大鱼山洋面另设夷船囤积，称为鸦片趸。并有夷目兵船，名曰护获，勾通土棍，暗中包售烟土，呼为大窑口。奸商到店，与夷人议价立券以凭到趸交货，谓之写书。又有包揽走漏之船，名曰快鞋，其船星夜遄行，遇有巡丁追逻，竟敢施放枪炮。每年纹银出洋不下数万，流毒无穷。……朕思鸦片烟来自外洋，实聚于广东，欲清其源必自广东始。"②

一、打击鸦片走私，扼制纹银外流

"粤有三可患，娼妓、赌博和阿片（鸦片）也。三者之中，阿片（鸦

---

① 《道光朝上谕档》，第42册，第319—320页。
② 《嘉庆道光两朝上谕档》，第37册，道光十二年，第447页。

片）为甚。"① 鸦片之所以成为广东突出的社会问题，外商的偷运和广州地方政府长期以来的失于监管是其主要原因之一。

　　大约在1780年，英国人就在停泊于澳门南部云雀湾的两只小艇上设立了一个毒品贮存库。其时的广州当局对私运进来的鸦片船只，似乎没有任何注意，更谈不上重视了。直到1793年，广州政府才开始对停泊在云雀湾的船只有所指责。在政府的直接干预下，鸦片商干脆转载鸦片进入黄埔屯储。外国船舶运鸦片到黄埔这种现象一直持续到1820年。其间，除了1819年对怀疑装有鸦片的船只检查过一次之外，外国船舶并没有受到任何干预。尽管在此期间，清政府制定了大量的制止输入和使用鸦片的特别法令。② 据张馨保统计，1729年到1839年，从皇帝到地方各级官府，共下达了46次禁烟令。③ 至少在道光朝之前，这些法令没有得到广州地方政府的认真执行，经常只是一纸空文。

　　嘉庆元年（1796年），皇帝下诏将鸦片税额完全从关税表中剔除，在国家税收层面宣示禁止鸦片进口。从那以后，鸦片即由合法贸易变成了走私贸易。嘉庆朝采取了一系列措施打击外商的鸦片走私活动，明确规定禁止在国内种植罂粟，任何购买、运输、销售鸦片的行为都是非法行为。嘉庆还颁发谕旨饬令刑部制定了《吸食鸦片烟治罪条例》，把禁烟范围从过去的单纯禁止贩卖扩大到禁止吸食，首开以刑法手段制裁吸毒者的先河。④

　　经过嘉庆的严令禁止，鸦片贸易由公开买卖变为走私交易，但令嘉庆皇帝意想不到的是，鸦片输入的数额却有增无减。据史料统计，嘉庆五年至十六年（1800年—1811年），每年平均4016箱。嘉庆十六年至道光元年（1811年—1821年），每年平均4494箱。⑤ 后来由于宫廷（内务府）需要获取鸦片利润，北京也开始依赖鸦片。嘉庆年间，广州每年应交皇室的关税余额为八十五万五千两，占全国海关征税余额的三分之一还多。粤省海关监督势必要将鸦片的利润补充进靠正常贸易已经不能完征的关税上交给朝廷，造成官府事实上对鸦片走私的默许。加之从清代贸易初期开始，中国东南地区的商人就已经和沿海罪犯紧密勾结在一起，这种勾结随着广州公行贸易制度的日趋稳定曾经有所减弱，鸦片走私贸易出现后，这种勾结又死灰复燃。因

---

① 《粤小记》卷四，见《清代广东笔记五种》，第436页。
② 《中国丛报》，1937年4月第5卷第12期第4篇，见《鸦片战争史料选译》，第130—132页。
③ 《林钦差与鸦片战争》附录A，第213—216页。
④ 齐磊，胡金野：《中国禁毒史》，甘肃人民出版社2003年版，第422页。
⑤ 《中华帝国对外关系史》第一卷，第200页。

此鸦片烟在整个18世纪没有得到有效的禁止。① 1835年至1838年的四年间鸦片进口数量平均额增加到每年至少三万多箱，大批外国船只或由外国人控制的船只，以"客船"的姿态出现。虎门外面有50只30吨到300吨的大型船，内河有三十多艘。从城东面的虎门到城西面的花地，差不多沿河各处都成为鸦片贸易的舞台。在伶仃岛与广州之间从事这种非法贸易的英国船只数量大增，在鸦片交货时常常引起这些船只与政府的缉私艇之间的武装冲突。② 因此，这严重影响了广州的社会稳定。

1. 反走私条例的制定

道光时期，清政府开始重新拟定一系列规章制度，严禁外商的鸦片走私和白银分销行为，并对参与鸦片走私的外商予以严厉打击。

道光元年（1821年），两广总督阮元奏称行商伍敦元"徇隐"外国船只夹带鸦片，不能禁绝，经理不善。道光皇帝立即谕令予以惩治："夷船私贩偷销，例有明禁。该洋商伍敦元，并不随时禀办，与众商通同徇隐，情弊显然。着将伍敦元所得议叙三品顶戴，即行摘去，以示惩儆。仍责令率同众洋商（行商）实力稽查，如果经理得宜，鸦片渐次杜绝，再行奏请赏还顶戴。倘仍前疲玩，或通同舞弊，即分别从重治罪。"③

对行商的这一惩罚源于1821年的鸦片走私案。美国船"急庇仑号"和港脚船"欧亨尼亚号""胡格利号""墨罗佩号"都被行商查出载有鸦片入口，行商即时向官府做了汇报。官府立即派员进行调查并根据各船起货分别给予惩罚，将各船所载其他货物盈利所得的一半罚没入官，所载鸦片则责成浩官及其他行商等，将其从船上取出焚毁；船则驱逐出口，限五日内开行回国。此次事件的处理非常及时，外商也没有什么特别的意见，只是在其内部函件中告诫他们的商人不得从事鸦片走私贸易，但是他们表示不愿意签具保证书，他们断定保证书是行商企图将查出鸦片的责任转嫁到外商头上的伎俩。④ 道光帝进一步要求今后广州官府对鸦片走私严加查处：

> 嗣后夷人来粤贸易，该督（李鸿宾）等剀切晓谕各夷并严饬洋商向各夷开导，勿将烟土夹带货舱、倘经查出，不准该夷开舱卖货，立即

---

① 《剑桥中国晚清史》上卷，第172页。
② 《中华帝国对外关系史》第一卷，第208—209页。
③ 《鸦片战争档案史料》，第Ⅰ册，第32页。
④ 《东印度公司对华编年史》第四、五卷，第45—50页。

逐回。并严谕除货船之外，毋许另设船只，以杜私入之源，仍于省河禁止走私快艇，潮琼各属商船不得拢近零丁洋面。并着直隶、闽、浙等省各督抚严饬海口各地方官，凡出洋贩贸船只逐一给予牌票，查验出入货物，毋许仍前偷贩情弊，该督等务当随时查禁，有犯必惩，不得日久生懈。①

道光十九年（1839年），又颁布了《钦定严禁鸦片烟条例》，将清廷历次发布的有关禁贩、禁吸、禁种的规定以及大臣的奏章等，经军机大臣等合议后编为三十九条，这成为我国历史上第一部综合性的打击鸦片走私的禁烟法典。该部法典对鸦片走私过程中的各种行为进行了认定，并对各种参与走私或与鸦片有关的行为界定量刑标准，可操作性非常强。②

虎门销烟后，道光十九年五月十三日（1839年6月23日）粤海关制定了严防最近到来的夷船走私鸦片的新例草案，主要内容是：

一、夷船一旦停泊口外，必须派员丈量其船吃水，结果必须写明在盖印之执照上。夷船到达黄埔后，宜再派一官员丈量船只，若发现其吃水深浅与执照上进口时吃水不符，其差别应禀报，务必行令科罚。

二、当夷船在黄埔必须再丈量时，宜派一才干出众之官员，监督其事务之进行。

三、当一夷船进口到达黄埔，应受监视，防止走私。

四、派一能干而有品位之官员监督全体，掌握巡捕、兵弁之牌号。

五、根据现时情况，允许在未派其他任务之候补官员、县丞中挑选一人从事监督与警戒。

六、因之，可命主监官员返回省城禀报其任务之完成。

七、今后，当各国商船来粤贸易，彼等到达时间，须即刻禀大宪，而大宪派一县丞或一县衙官员预先下到黄埔，竭尽全力，日夜坚持严密之警戒与监视。

八、若今后来黄埔船只非常多，必须考虑到一个官员监督丈量，而另一个警戒与监视。

九、若该员玩忽职守、受贿，或许其属员、兵弁与夷人合谋，此事一旦被察觉，彼将被剥夺品位和革职。并规定此后甘结必须夷人与行商

---

① 《道光朝上谕档》，第37册，第39页。
② 《鸦片战争》（一），第536—558页。

两者皆签名。①

至此，清廷制定了比较完善的法令条案。

与鸦片走私同时并行的是纹银私买私卖现象的日趋严重，这也是一种性质严重的走私行为，直接破坏清朝的金融体制。对此，清廷也采取了各种措施对白银私买私卖现象予以打击。

道光九年正月二十五日（1829年2月28日），因章沆奏称粤洋通市违例、私易银钱现象严重，请旨饬议章程。皇帝谕旨："嗣后该省通市务当恪遵定例，只准易货，毋许易银，其番银之在内地者行用已久，自难骤加遏绝，至内地官银则分毫不准私出，其违禁货物，尤应随时稽查不准私入。"②道光九年十二月十六日（1830年1月10日）道光帝认为，外夷以洋钱买银，致内地银两日少，洋钱日多，近年银价日昂。鸦片流行内地，吸者日众，鬻者愈多，耗财伤人，日甚一日。③因此，对番银进入内地可以暂时不管，但对白银的流出一定要严加控制。道光九年六月初一日（1829年7月1日），李鸿宾等奏"为遵旨查禁官银出洋及私货入口并会议章程七条折"④对白银的出口进行了详细的规定。为立即推行这项规定，落实道光帝的旨意，严厉打击纹银偷漏和鸦片分销，道光十年（1830年），两广总督李鸿宾等根据他们所掌握的广州非法鸦片贸易和白银分销的实际形势，制定了六条具体的实施章程，类似于今天的"实施条例"，以图整治鸦片走私行为，扼制白银外流。

一、洋商与夷人交易，除以货抵货外，如有尾数找给夷人，只准给付番银，并令各洋商赴粤海关衙门联名出具并无搀和纹银甘结。如洋商敢将纹银找补，并或另将纹银卖给夷人，查出后不论银数多寡，照数倍罚充公，仍将找付纹银之行商及联结各行商，分别治罪。其洋行伙伴图利，将纹银私行换给夷人，洋商虽不知情，亦将雇觅伙伴不慎之洋商查明，照所换银数罚出，并笞责示惩。铺户居民私将纹银卖与夷人者，照例加等治罪。如兵役民人有能拿获送究，即将所获纹银，照从事贸易加倍赏给。

---

① 《中国丛报》，1839年6月第8卷第2期第1篇，见《鸦片战争与林则徐史料选译》，第93—96页。
② 《道光朝上谕档》，第34册，第24—25页。
③ 《道光朝上谕档》，第34册，第471页。
④ 《鸦片战争档案史料》，第Ⅰ册，第50—56页。

二、巡洋舟师梭织外洋，查察最为切近，应责成舟师分段查察。洋船到粤时，严查有无匪艇运销鸦片，回帆时严查有无匪艇运送纹银。无论商渔船只，一经拢近夷船，该舟师即行拿究，并将外海内河分段巡查之员弁姓名，及洋船寄碇起碇日期，有无匪艇偷运私货，随时呈报督抚衙门查核。如舟师员弁不实力巡查，甚或包庇故纵，一经查出，即将该员弁提省，照律严行究治，赃重者以枉法从重论。兵丁分别严惩，该管上司自行查出究办，概予免议，别经发觉，仍行参处。

三、关口委员书役及守口弁兵，地处扼要，如果认真节节严查，一有鸦片入口，纹银出洋，何难破获？乃奸民敢于无所顾忌，偷运分销，难保非委员书役弁兵等纵之使然。嗣后如有内河拿获鸦片，必究明何处进口，外洋拿获纹银，必究何处出口，立提该口委员书役弁兵，同匪犯严行质讯，是否贿纵，抑止失于查察，分别治罪议处。

四、夷商来粤贸易，凡起货上行，置货出品，有无违禁物件，洋商通事买办，必所深悉。应责成洋商通事买办，随时查察。如夷商有夹带鸦片入口，偷买纹银，下载出洋，该洋商通事买办立即呈明查办。倘知而不报，一经查出，斥革究治。

五、夷船装载鸦片来粤，一经查出即不许开舱，驱逐回国。此系旧定章程，已属截其来路之一法。惟该夷等狡谲多端，愈熟愈巧，每于寄泊外洋之先，暗招奸徒偷运。只可严禁内地分销，庶以渐塞来路。查奸民偷运鸦片入口，载赴各处分销，辗转窝藏售卖，断难瞒省城内外文武各衙门书差兵役等耳目，必因得受陋规，知情纵放，方敢肆行运货。嗣后遇有拿获鸦片之案，无论远近，均应提至省城根究何衙门，书差兵役如何包庇得规纵放，有无代奸夷夹带发贩，务得各实情，即将该书差兵役与贩卖之人一体治罪。该管官自行查出究报，概予免议，别经发觉，照例参办。

六、鸦片运赴各省，沿途皆有关卡，应责成关卡搜查。近年每有匪徒冒充巡丁，沿河搜查鸦片，藉以抢夺。其真有鸦片者，匪徒搜出，私自变卖分肥，而被抢之人，不敢指控。无鸦片者，亦受骚扰，且往往被抢银物，致成巨案。叠次饬拿严禁，并缉获重办，此风仍未净尽。应请嗣后托名巡丁搜查私货，而强抢入己者，准被抢之人据实报官，照自首律办理。其抢鸦片入己转卖之人，系强盗，照强盗例办理，系抢夺照抢夺办理。计赃及贩卖鸦片例，从重治罪。其在官人役及各关家丁搜出鸦片，并不呈报，私行入己者，计赃以枉法论。其已过关卡，由别关盘获者，将所过之关卡，一并究明，丁役是否故纵，分别治罪。①

从以上措施可以看出，清廷试图通过进口时的货物交易找零、加强内河外海商渔船只的巡查、外商通事对出口货物的监管、内地各险要关口兵弁实力稽查及打击查稽过程的纵放行为等各个方面堵截鸦片进口、白银分销。这一章程的颁布实施，标志着广州地方政府把打击鸦片走私与纹银走私外流现象紧密结合起来。道光十八年（1838年），黄爵滋在其奏折中认为鸦片走私直接导致纹银的外流：

> 自鸦片入中国，道光三年以前，每岁银数百万两。粤省奸商勾通兵弁，用扒龙、快蟹等船，运银出洋，运烟入口。故自道光三年至十一年，岁漏银一千七八百万。十一年到十四年，岁漏银二千余万。十四年至今，岁漏银三千万之多。福建、浙江、山东、天津各处合之，亦数千万。以中国有用之财，填海外无空之壑。②

从黄爵滋的论述中可见，鸦片走私与白银外流的情形已非常严重。实际上，禁止鸦片走私与白银外流是一种行为的两个方面，必须同时进行，方能一箭双雕，取得效果，李鸿宾的"实施条例"如能全面执行，效果应当是不错的。

接着，道光十八年四月二十五日（1838年5月18日）朝廷又谕令，允许将茶叶、大黄等酌定价值，只准以纹银交易，不准以鸦片及洋货抵交，试图通过将正常贸易重要出口物品的"以货易货"的交易方式，改为纹银交易，以进一步吸引白银入口，最终达到阻止白银大量外流的恶劣现象。

> 有人奏内地人民不尽食鸦片，而茶叶、大黄为外夷尽人必需之物，请酌定价值，只准以纹银交易，不准以鸦片及洋货抵交等语。自鸦片流毒中国，纹银出洋之数逐年加增，以致银贵钱贱，地丁、漕粮、盐课因而交困，若不及早防维，力图筹复，将以中国有用之财填海外无穷之壑，于国计民生大有关系。③

---

① 《道光朝外洋通商案》，见《鸦片战争》（一），第82—84页。并参见《查禁官银出洋及私货入口章程》，《清代外交史料》（道光朝），《鸦片战争》（一），第152页。
② 《筹办夷务始末》卷一，第85—95页。黄爵滋《请严塞漏卮以培国本折》，见《鸦片战争》（一），第468页。雷瑨辑《蓉城闲话》，见《鸦片战争》（一），第293页。
③ 《道光朝上谕档》，第43册，第181页。

2. 扼制鸦片走私和白银外流的争论

就在一系列制度和条例制定的同时，关于如何扼制鸦片走私和白银外流，在朝廷内部却出现了不同的意见。此处将这一争论情况加以叙述，以观照当时广州地方官府在制定打击鸦片走私、扼制白银外流的政策时所受到的来自两种不同意见的影响。

道光十六年（1836年），太常寺少卿许乃济奏称，鸦片贸易致使白银外流，对朝廷很不利。然而朝廷实行严禁鸦片贸易政策以来，鸦片输入的总量反而有所增加，鸦片走私无法禁止，白银继续外流。因此主张允许夷商将鸦片照药材纳税，入关交给商行后，只许以货易货，制止白银外流的趋势。许乃济进一步奏称，允许内地有条件的地方种植鸦片，以抑制外国鸦片的输入。① 两广总督邓廷桢、广东巡抚祁贡及粤海关监督文祥联合上奏，对许乃济的观点表示支持，他们认为，所有旧日禁吸鸦片的法令以及近期禁止鸦片进口的谕旨，都明显地失败了，这个恶习的毒害也因这个极大的失败越发增加了。② 因此他们完全赞成鸦片贸易弛禁，谕令鸦片交税才能进口，并提出了在广州实施许乃济观点的具体章程，这个章程根据当时广州的实际情况提出九条措施，以防止弛禁后可能出现的弊端：

> 一是输入之鸦片全数以货抵易。二是派遣巡船稽查，防止奸商以银偷买鸦片。三是循嘉庆二十三年例，夷船剩银准其带回三成，最多以五万元限。四是鸦片与他种洋货一例交易，不设专局。五是鸦片输入税每担正税银三两，火耗银三钱，分头银八分六厘。六是鸦片价值，听其随时涨落，不必预定。七是各省海船运销鸦片，须由粤海关印给执照；无执照者，船货没收。八是取消民间栽种罂粟之禁令，以资抵制外货。九是官兵士子吸食鸦片者斥革，民间贩吸不禁。③

弛禁派的主要依据是鸦片无法禁止，而且越禁越多，致使白银大量外流，而国家得不到一点税收，其论述一定程度上符合当时的实际情况。他们的基本出发点是通过鸦片走私贸易的合法化以对鸦片进口进行征税，开鸦片走私之"源"，以达到阻止白银外"流"的目的。

---

① 《筹办夷务始末》卷一，第37页。
② 《中华帝国对外关系史》第一卷，第214页。
③ 《筹办夷务始末》卷一，第47页。另见《鸦片战争档案史料》，第Ⅰ册，第206—209页。

然而，鸦片一旦弛禁，其流毒可能不堪设想或无法设想，甚而有伤政体。① 该年10月，首先提出不同意见的是江南道御史袁玉麟，他在奏章中逐条对许乃济及广东官员提出的弛禁理由进行批驳，针锋相对地指出，弛禁鸦片"究非良策"。② 许球《请禁鸦片疏》的影响力最大，其后，不再有人持弛禁之说，许球在奏疏中提出的一系列禁烟办法也成为林则徐赴任广东后，以打击鸦片走私为中心的社会整治策略的源头。③

这段时间，道光皇帝并没有就是否弛禁鸦片做出明确的决定，却连续颁布谕旨，要求广东地方官员清理停留在伶仃洋海面的趸船，以断绝白银的出口、鸦片的入口、洋货偷漏税之所在。同时，谕令大臣们筹议拿办窑口走私章程，采取各种措施禁绝趸船在洋面存在的一切可能。此事由给事中黎攀镠的奏折引起，他认为趸船是一切鸦片罪恶的渊薮。④ 其对鸦片弛禁的态度不言自明。这也是许球之后不再有人敢提出弛禁鸦片进口的原因。

其实鸦片弛禁两派的最终目的都是为了扼制白银的外流：要么彻底弛禁，要么严禁到底。多年来，形禁实疏的局面正是白银大量外流的最大原因。许乃济也是以此前打击走私不力造成鸦片泛滥、白银外流作为弛禁的根据。广东官员对弛禁的支持来自于他们在打击鸦片走私行动中遇到的极大困难。问题是想让道光皇帝否定乾隆、嘉庆两朝一直以来坚持的严禁鸦片进口的政策，这当然是不可能的，加之鸦片对国家、社会、个人的毒害人人皆知，其弛禁之说自然不得人心。因此道光皇帝决定彻底严禁鸦片走私行为。

道光十八年闰四月（1838年6月），鸿胪寺卿黄爵滋上奏《严塞漏卮以培国本疏》，从纹银流失、财政紧张议起，首先也说明此前的禁烟措施不够严峻，从四个方面分析其不能"塞漏卮"的原因，主张采取更加严厉的措施，在道光时期首次提出对吸食者予以严惩，处以死罪，方可震慑，最终禁绝鸦片。⑤ 道光帝谕令全国各督抚道员对"黄疏"发表意见。全国各地官员积极响应，《筹办夷务始末》卷二至卷五载有29人的奏折，其中虽然有二十多人不同意对吸食鸦片者处以死刑，但都主张按照前朝旧例严禁鸦片兴贩和开设烟馆。⑥

时任湖广总督的林则徐也大力支持黄爵滋的观点，他于道光十八年五月

---

① 《清朝柔远记》，第183页。
② 《筹办夷务始末》卷一，第59页。
③ 许球原疏已失，英文本见《中国丛报》1837年1月，第398—404页。
④ 《筹办夷务始末》卷一，第85—95页。
⑤ 《筹办夷务始末》卷二，第103页。
⑥ 姚薇元：《鸦片战争史实考——魏源〈道光洋艘征抚记〉考订》，第3页。

初（1838年6月底）立即上奏《筹议严禁鸦片章程折》呼应黄爵滋的主张："论死之说，私相拟议者未尝乏人，而毅然上陈者独有此奏（指黄爵滋奏）。然流毒至于已甚，断非常法之所能防。力挽颓势，非严莫济。"① 显然，林则徐支持黄爵滋对吸食者予以严惩的观点。

在这场关于鸦片走私"大辩论"的29本各路官员的奏折中，反对弛禁政策的官员在发表实施禁烟政策的意见时，都根据各自的从政经验提出了很多打击鸦片走私、阻止白银外流的奇招，提出了很多禁烟的办法和措施。但不外乎三类：一是杜绝来源，严查夷舶；二是阻断兴贩，管制奸民；三是严禁吸食，约束官吏军民。②

直到此时，道光皇帝才于该年九月（1838年10月）做出决定：

鸦片烟流毒内地，官民煽惑，传染日深。前年太常寺少卿许乃济奏请弛禁，朕即以为不得政体。本年鸿胪寺卿黄爵滋奏请严禁，当降旨饬令直省将军督抚各议章程。昨复令大学士等会议，朕于此事深加痛恨。必欲净绝根株，毋贻远患。③

并将许乃济降职为六品。道光朝廷关于鸦片的争论至此得到统一，那就是务必"净绝根株"。只有这样才能彻底打击鸦片走私行为，扼制白银外流。假如一种违禁物品的走私行为猖獗到了无法控制的地步，就把这种物品变成合法贸易物品，完全不考虑鸦片贸易合法化后对整个中华民族带来的后果，这显然是不恰当的，当然也是"不得政体"的，许乃济只能是咎由自取。

3. 严厉查处究办外商的走私活动

在鸦片贸易前沿阵地的两广总督邓廷桢此时不得不改变他对鸦片弛与禁的摇摆态度，他会同广东巡抚怡良等广州官员和营兵立即站稳立场，采取行动，开始严厉打击外商走私鸦片和分销白银的行动。打击的重点主要集中在伶仃洋附近洋面及各河口，在这些地方增派兵弁封堵，"查各国货船抵粤，皆循例报验入口，开仓起货交易，其日久寄碇零丁洋外者，即属营私夷船，外间以趸船目之，盖零丁与老万山以外，夷洋毗连，是以逐去复来，难期绝迹。……此鸦片之所由滋蔓也，臣反复筹度，谨拟派员驻洋守堵之法，如该夷船现泊何洋，即于该洋沙线必经之路，将师船联帮堵截"。同时，筹议虎

---

① 《筹办夷务始末》卷二，第136—146页。
② 徐继畬：《退密斋文集》卷二，《禁鸦片论》，见《鸦片战争》（一），第489页。
③ 《筹办夷务始末》卷五，第319页。

门海口防范措施，添置炮位，建设炮台，以武力来威慑走私船只进入海口，"凡扼要处所，炮台星罗棋布，武备整肃精严。……横档海面较狭，必须创造排链二道，中隔九十道，分两层安设，实得扼吭之势，并应于威远炮台迤西，添建六十丈平面大炮台一座，安放大炮六十位，以壮声威。"对贸易活动已经结束却仍然滞留于广东的外国商人进行清理，务必使其离开省城，"鸦片烟贩自外夷，趸船必清其源，然后其流可绝。……翻译檄文，刊成谕帖，散给各国夷人，晓以利害、祸福，饬将趸船尽数遣还。"①

1838年12月5日，行商传达总督和巡抚谕令，说缉私官带同巡役与兵丁查明，十三夷馆河面有茶艇一只，夹带鸦片，已捕获刘亚英、陈亚喜二犯及鸦片12箱共计203斤。二犯供认是义和行（小溪馆即查顿－马地臣行）所雇夫役。道光十八年十月十五日（1838年12月1日），同文街某经纪店商人黄亚先，携款至外商因义士处购买鸦片，因义士遂写书一封，嘱该犯前往黄埔，寻塔尔博特之印度船"架厘因号"取回鸦片。该"架厘因号"船由仁和行行商潘海官申报，担保其并无夹带鸦片。总督认为，行商潘海官似未先行查验而轻为担保，与旧例大为相悖，于是命令将"架厘因"号船即行封舱，并限三日内将该船及因义士、塔尔博特二人驱逐出口。后经行商、各国商人公所主席胡夏米及当事人塔尔博特的多次商讨和分辩，总督撤回对"架厘因号"的指控。经重新确查，因义士贩卖的鸦片是由大三板夷船"架厘发号"自香港偷运至省城的，与"架厘因号"无关，于是允许其启封卸货，保商潘海官即行开释，已去澳门的因义士即行驱逐回国。该案结束后不久，道光十八年十一月初十（1838年12月26日）总督谕令，要求地方官员协同营兵将内河上的所有三板船驱逐出海口，永不再来。②

道光十八年十二月（1839年1月），又将涉嫌走私鸦片的英国人查顿驱逐出省城广州，命令他从澳门回国，查顿的党羽颠地等也一并驱逐。③ 同时还先后驱逐了勾结串连"记厘佛号"外国商船以及购买鸦片烟土来省城被查获的英国人因义士、说合代买烟土人犯莫亚三等的港脚外国人噫之皮、查顿之党央顿、央孖地臣、三孖地臣和孖地信，等等。并让他们出具甘结，保证永远不再来广州。④ 在官府确认这些人离开广州前，暂停与英国一切贸易活动。在此期间，他们逮捕了很多人，囚禁了其中一些人，没收了另一些人

---

① 《筹办夷务始末》卷五，第335—357页。卷六，第359—374页。
② 《中国丛报》，1838年12月第7卷第8期第6篇，见《鸦片战争与林则徐史料选译》，第55—80页。
③ 《鸦片战争》（二），第147页。
④ 《鸦片战争》（二），第283—286页。

的财产，发配一部分人到边疆去服役，并且判处一些所谓罪大恶极的人极刑。①

广州政府越来越严厉地打击鸦片走私的行动刺激了外国人，使他们开始对中国人产生激愤情绪，冲突事件就不免经常发生。1838年12月12日，一位中国官员来到商馆地区，带着一些属员在外国商馆瑞典行前面靠近美国馆前旗杆的一个地方，安置绞架和其他刑具，以便执行一个被判处绞刑、名叫何老金的鸦片贩子。美国领事降旗表示抗议，在场的外国人都出面强行阻止这一残忍的行为，最后这个官员只好带着罪犯退走商馆区，在潮音街选了个地方将那个犯人绞决了。但是因为有几个蛮横的外国人用棍棒向在场围观的近万名中国人打去，引起中国群众的愤怒，群众很快占据广场，情绪激昂，并抛掷石块投打商馆的窗户，拆毁了商馆外面的栏杆。直到南海县知县带了20名兵勇到场，逮捕了其中闹事的三四个人，并用藤条乱抽，群众才从公行逃散。

事后，外国人继续抗议，官府的答复是：商馆仍是天朝国土，今后还将在此行刑，目的是促使人们互相警戒，使邪恶的人有所儆惧，而自知其罪。英国政府没有支持那些抗议广州官府在商馆前行刑的外国商人。② 1839年2月26日，官府坚持在商馆前面执行了一次绞刑，以期借此使外国人加深印象而心惊胆战。这次行刑没有引起骚乱，各国只以降旗表示抗议。③ 此次被执行绞刑的是中国人冯亚根，黄埔骚乱（指在商馆前行刑引起的动乱）的团伙头目之一，总督邓廷桢以此来显示他执行最新布告（《关于打击利用小三板船在内河进行鸦片走私》）的决心。④ 不过据《中国丛报》记载，被绞死的却是一名被控买卖鸦片的中国人。关于此次处决行为，义律认为，制造这一侮辱性事件的目的，不仅是威吓，而且是在全中国人民心目中贬黜、仇视全部外国人。⑤

同时，义律还向巴麦尊去函报告商馆骚乱事件的情况：

> 现在，我有责任报告刚刚发生的一个事件，它对全体外国人士的生

---

① 《中华帝国对外关系史》第一卷，第225页。
② 《中华帝国对外关系史》第一卷，第225—227页。
③ 《中华帝国对外关系史》第一卷，第228页。
④ 《中国丛报》，1839年2月第7卷第10期第7篇，见《鸦片战争与林则徐史料选译》，第81页。
⑤ 《中国丛报》，1842年7月第11卷第7期第1篇，见《鸦片战争与林则徐史料选译》，第340页。

命财产有急迫的危险。昨天上午大约十一时，由于中国方面突然准备在紧邻商馆前面的广场内绞死一名罪犯，使外国人感到吃惊。他们立即决定抵制这个前所未有的和不能容忍的暴行，并要求主管当地一小队警察的官员立即采取措施，把这项决定通知那些高级官员，同时，他们自己挪走中国方面已经准备好的帐篷和其他设备。这位官员似乎表现出明显的克制态度，对这些行动没有进行任何抵抗；已经聚集起来的相当多的群众也没有显示对外国人抱有任何不友好的倾向，但是，从同时发生的一般事情看来，情况倒是相反。不过，在下午一两点之间，人群变得特别密集，但仍然完全没有攻击别人，他们聚集起来纯粹出于好奇的动机，这时一些鲁莽的外国人强行挤入他们中间，并用手杖殴打他们，从而激起了他们的愤怒。他们用一阵阵石块和其他暴力手段回击这种蛮横的攻击，在几分钟内他们把外国人逐入各自所住商馆的大门内，那些大门便立即关上了。但是，据我所得到的可靠消息，这时人群至少有六千人，感到十分激怒，的确，在几个小时内，局势被描述得令人十分焦虑不安。大约在两点钟，有人把情报送到黄埔，我大约于下午四时收到该项情报，于是立即前往广州。在我启程之前，我给停泊在该锚地的英国军舰舰长和指挥官们发了一个通知，指示他们说，如果有必要派遣一支部队前往广州，他们应把自己置于"信任"号军舰舰长马奎斯的指导之下；我要求那位先生听候我关于那方面的进一步指示。在我本人赴广州途中，我接到更为严重的报道；因此，我认为必须对马奎斯舰长发出指示，要他尽快派一些小舰。我在下午六时左右抵达广州后，发现士兵们已经驱散了人群，而且那名囚犯已经在通常被制定该目的之用的一个地方遭到处决。这个不幸的人似乎因为有出卖鸦片的违法行为而被处死刑。我没有任何怀疑，他们打算或更确切地说他们表示打算在这个广场上绞死他，目的是要使外国人士普遍牢记，总督关于我在12月8日信中所报告的最近那件事情所作决定的严肃性。

我到达广州后，立即派人叫那些行商，希望他们向总督宣布此事，并表示我诚挚地倾向于使我在广州对维护和平及完全恢复事件的平静进程有所帮助。他们迄今还没有给我送来总督的答复。①

从各方面资料来看，义律的报告基本上没有歪曲事件的真相。

义律到达广州后，面对广州地方政府打击鸦片走私的坚决行动，还主持

---

① 《英国档案有关鸦片战争资料选译》（上册），第339—340页。

召开了全体外侨大会，并向英国臣民发布了一个公告："命令所有从事不法的鸦片贸易船只立刻驶出虎门以外；警告所有有关的人，凡从事走私的英国臣民倘若杀害任何一个中国人，这个英国人将受死刑的处分；走私船只如被抓获，即取消对他的保护；强行抗拒（广州地方）查缉的船只是违法行为。"义律逼迫黄埔的走私船只（三板船）离开了内河。1839年的1月1日，贸易得到解禁。① 鸦片走私引起的冲突最终通过协议得到了暂时的缓解。

然而，钦差大臣林则徐来到广东后，打击走私鸦片的外商行动更为坚决彻底。他来到广州后立即通过清缴外国人私运来广东的鸦片，以打击外商鸦片走私行动，扼制鸦片泛滥。道光十九年正月二十五日（1839年3月10日）林则徐刚刚行抵广东省城天字码头，就马不停蹄地检查广东的各项禁烟措施。在他给道光皇帝的奏章中，虽然首先肯定了广东总督、巡抚等官员所做的大量工作，但是却认为，只将趸船赶出伶仃洋面，并不能达到彻底清除鸦片源头的目的，因为：

> 钦差到省，料知必将该夷趸船发令驱逐，特先行开动离却向来所泊之零丁洋，以明其不敢违抗。其实每船内贮存鸦片，闻俱不下千箱。因上年以来，各海口处处严防，难于发卖，而其奸谋诡计，仍思乘间觅售，非特不肯抛弃大洋，亦必不肯带回本国，即使逐出老万山以外，不过暂避一时，而不久复来，终非了局。且内海匪船，亦难保不潜赴外洋，勾结售卖，必须将其趸船鸦片销除尽净，乃为杜绝病源，但洪涛巨浪之中，未能确有把握，因思趸船之存贮虽在大洋，而贩卖之奸夷多在省馆"②。

为防他们偷偷地潜到外洋与外国奸商勾结交易，"谕洋商责令外商呈缴烟土"谕各国商人呈缴烟土③，由此把打击目标确定在省城商馆和外洋趸船所存储的鸦片烟土上。

在林则徐看来，"此间夷馆所住大都皆是奸商，其言多不可信也"。④ 提醒广东官员非法走私鸦片的源头就在省城内部的外国商馆内。因此，林则徐

---

① 《中华帝国对外关系史》第一卷，第227页。
② 《筹办夷务始末》卷六，第375—379页。
③ 《林则徐全集》，第五册"文录卷"，第106—117页。
④ 《林则徐全集信札卷》，第七册"信札卷"，第163页"致怡良"。

又于二月初四日（1839年3月18日）与邓廷桢、怡良共同坐堂，传讯行商，把官府责令夷商限期将停泊在外洋（伶仃洋）趸船上的所有烟土全部缴交的谕帖发给他们，要求他们和外商说明，并敦促外商迅速缴交鸦片。同时，派兵加强防守内河外海各处隘口，以防止鸦片烟土偷运入城。3月19日，粤海关谕令在彻查夷商与内地民人是否偷运鸦片的结果确定前，禁止一切外国人离开广州前往澳门。①

为逼迫外商尽快交出走私鸦片，林则徐派兵围困外国商馆，撤退通事、买办、引水等一应供外国商人使役的人员，使省城的外国商馆与黄埔、澳门码头及伶仃洋面的鸦片趸船互不通信息，掐断鸦片走私的运输通道。这一强制性的措施很快引起驻广州商馆外国商人的恐慌。至二月十三日（3月27日），从澳门赶到省城的义律，被迫向官府表示全部上缴贩运来广东的鸦片，并向官府呈文明确停泊在伶仃洋附近的22艘趸船上共有鸦片20 283箱，同时表示在鸦片交缴后，"取具名夷人永不夹带切结存案，以断根株"。林则徐本想将这些鸦片解京验明，但因路途遥远，耗资巨大而罢，道光帝谕令林则徐就地销毁缴获的鸦片烟土。②

林则徐要求每一个来中国从事贸易的外商和商船都得签订保证即甘结，并确定甘结文本：

> 具甘结夷人＿＿＿，乃＿＿＿船之船主，今到天朝大宪台前具结：远商之船，带＿＿＿货物来广东贸易，远商同船上之伙长及水手，俱凛遵天朝新例，远商等并不敢夹带鸦片，若察验出有一小点鸦片在远商船上，远商即甘愿交出夹带之犯，必依天朝正法治死，连远商之船及货物亦皆充公。但若查验无鸦片在远商之船，即求大宪恩准远商之船进黄埔，如常贸易。如此良歹分明，远商甘愿诚服大宪。此结是实。
>
> 天朝道光　年　月　日
> 船主＿＿＿，船名＿＿＿，伙长＿＿＿，水手＿＿＿。③

接着林则徐采取一系列措施，制定各种围绕鸦片走私的处罚条例，进一步加大收缴省城内外各地走私鸦片烟土的力度。二月二十日（4月3日）再

---

① 《中华帝国对外关系史》第一卷，第246页。
② 《筹办夷务始末》卷六，第383—397页。
③ 《中国丛报》，1839年10月第8卷第6期第6篇，见《鸦片战争与林则徐史料选译》，第126页。

次要求虎门外洋面的鸦片趸船呈缴烟土；二十一日（4月4日），谕令省城广州的绅士在大佛寺增设收缴烟土烟枪总局，并张贴官府授予的收缴烟土烟枪告示；二十六日（4月9日），颁给行商谕帖，派遣委员赶赴外国商馆，谕令外国商人出具永不夹带鸦片的甘结；二十八日（4月11日），又赶赴虎门与邓廷桢等到现场收缴烟土。

四月初九（5月21日），收缴完伶仃洋附近大屿山及老万山岛附近趸船上的鸦片后，商馆里外国商人得到离开广州的许可，而且允许恢复贸易。此后，林则徐立即商同邓廷桢、怡良、关天培等一起展开对用趸船贩卖鸦片的英商查顿及其在怡和行的亲戚、党羽的清剿和驱逐；同时，加大力度对粤东南澳岛附近鸦片船的清理，肃清东路鸦片的贩运。

义律以外国商务监督和英商都住在澳门为借口，提出在澳门装卸货物，不愿意将货船开进黄埔开舱。未获批准后，他也采取广州官府经常采取的措施，于6月5日禁止英商进行贸易，命令英国新来的三十多艘满载货物的货船停泊在尖沙咀洋面，拒绝进关开展正常贸易，妄图以此挟制，伺机私售鸦片，抗击官府对走私鸦片的打击行动。但是美国人却继续开展正常的贸易，还帮助英国人运货，义律的命令也被他的同胞违反了。6月23日，林则徐乘机又颁布新的贸易章程，加强对所有外商船舶的极为缜密的管控，但是此章程从来没有被应用到任何国家的贸易上去。①

接下来发生的林维喜事件，让林则徐对外商的打击更加疾风骤雨。道光十九年五月二十七日（1839年7月7日），一群英国水手窜到尖沙咀村，酗酒作乐，向村民索酒未遂，将村民林维喜殴打致死。七月间，林则徐即颁发了《禁烟交凶简明条约告示》，晓谕众外商遵守新的禁烟治罪条例。要求船内并无鸦片者，报明进口，听候验明开舱，不得再迟；船内误带鸦片者，要从速自首，全部呈缴，才能免除罪责，缴清后方可进口开舱贸易；各船自己揣度不敢进口贸易者，即允许其自行扬帆回国，亦免穷追；打死林维喜的凶犯必须从速送给广州官府审理，免得招致其他洋人受累，如果仍然包庇藏匿凶犯，将与凶犯同罪。② 义律却拒绝交出凶犯由中国审理。林则徐即令断绝向英人供应柴米食物，并限英人于七月十九日（8月27日）全部离开澳门。③

义律也立即表示不再具结承诺"永不夹带鸦片，如有夹带，人即正法，货物没官"等。同时，拒绝交出杀死林维喜的凶手，并多次向清军开炮，

---

① 《中华帝国对外关系史》第一卷，第265页。
② 录自《鸦片战争前中英交涉文书》，见《林则徐全集》，第五册"文录卷"，第242页。
③ 《筹办夷务始末》卷八，第510—515页。

共与清军交仗6次,皆被林则徐部署的边防部队击溃,尖沙咀一带的外国船只也全部逐出外洋。清政府随即宣布自道光十九年十一月初一日(1839年12月6日)起,与英国断绝所有的贸易关系,将英国所有船只驱逐出口,并不准他国外商替英商交易货物。①

1840年1月5日,又宣布将关闭广州港,永远断绝英船、英货和英国属地的货物进口。②对清政府来说,鸦片非法贸易已经到了不能不终止的时候。但是对英国政府来说,鸦片走私已经形成了一种惯例,是难以改变的,因为英国政府和商人都依赖这种贸易获取利益:"鸦片贸易之特殊意义,已在1830年众议院特别委员会的报告中,及1832年再次报告中,清楚地承认。委员会的意见是:鸦片贸易是收入的重要来源,放弃东印度公司对孟加拉的鸦片垄断,似非得计。我们想,英国人民从事此种贸易,是得到他们政府公开或非公开许可的;并且同时,对英属印度财政收入,近年获得一百万到一百五十万英镑的利益"。③

根据御史骆秉章奏请"整治洋务,以绝弊端"的奏折,林则徐等提出从五个方面整顿广州对外贸易秩序的意见,以彻底打击外商的鸦片走私行为,阻止白银外流:

一是慎选洋商(行商),以专责成。对还有朋充负欠、不能诚笃殷实的洋商,一经查出,轻则革退,重即治罪。二是严禁挦毡,以防勾串。所谓挦毡,就是买卖人,他们自出资本和夷商交易,所组织的出口货物往往找一家合法的洋行代为输税,有的还在洋行下私设字号。如安昌行司事罗老本及其子罗坤就在安昌行里另设祥记字号,私下与夷商勾通交易。因此,必须加强对各洋行所雇工人的管理,采取逐层担保的方式严加管束,对犯法者一定严惩不贷。三是严禁夷人久住省城夷馆。操纵趸船鸦片私售的英商查顿、颠地等就在省城夷馆居住了多年,把持洋务,日久百弊丛生。今后仍然遵照成例,不准夷商久住,即使因为账目原因留下来的夷商,也不准其与民人私相交接,并在夷馆周围地段,安设栅栏,防止夷人出入。凡是进出省城的各国夷人,都要令委员逐日按名点验,造册缴查,不准他们任意逗留。四是禁止夷船停泊于省河内,并禁止运货三板船进入省河。于道光十八年由邓廷桢设立的编号顺字三

---

① 《筹办夷务始末》卷八,第560—576页。
② 《中华帝国对外关系史》第一卷,第290页。
③ 《中国丛报》,1839年5月第8卷第1期第3篇,见《鸦片战争史料选译》,第160页。

板船也一起裁撤,改为由粤海关发给米利坚等国护照二张,凡各国夷人进入省城,及寄信往来,只能雇民艇,持照赴各炮台隘口验明后才可驶入省河,以断绝走私弊端。五是严禁内地洋银和纹银出洋。即使是夷人带进来的洋银,也要查清数目,使他们用所带的洋银购买相当价值的货物,不让夷商有带回剩余银两的借口,从而完全堵塞银两出境的漏卮。①

此外,断绝与英国贸易后,为防止英国商人请别国商人带运货物或鸦片进口,林则徐、邓廷桢、豫坤等严饬行商会同各国商人,将先后进口船只,属于何国何名,货物是否原装,有何辨认之处,逐层结报,必须要有确切的证据,再认真进行盘查核验。对出口货船,则按照船的梁头丈尺,不准逾额多载。如有弊混,即将货船没官。② 如此严密的防范,使英国鸦片走私者无计可施。

二、严厉惩治参与走私、涉及鸦片和私易纹银的腐败、渎职官员

鸦片走私问题俨然成为广州社会治安的首要问题,对外国商人打击的同时,广州官府也从自身进行整治。

《中国丛报》在总结鸦片危机的原因时从中英两方面的情况进行分析:我们不能不归咎于西方国家对东方国家在商业关系中的不道德上面。当东印度公司失去对华贸易的控制时,鸦片的生产和贸易更如脱缰之马。鸦片贸易的起源及其迅速发展,都出自这个原因。此外,在这场危机中,中国官吏的行为也应负有一部分责任,由于广州地方官员的懦弱、贪污,以及外国人的教唆而使朝廷颁布的各种告示、法律变得失效。在即将来临的危机上面安睡的中国官员,与其说他们喜欢宁静,害怕洋人的震怒干涉,倒不如说他们希望得到贿赂。③ 西方人的不道德导致了他们对鸦片贸易的听之任之,中国官员的利益追求也导致他们对朝廷鸦片禁令经常性的视而不见。政府对社会的管理出现了危机,那么国家的危机也就不远了。这篇评论较为客观地分析了鸦片危机的深层次原因。

---

① 《筹办夷务始末》卷九,第618—628页。
② 《筹办夷务始末》卷九,第630页。
③ 《中国丛报》,1839年5月第8卷第1期第1篇,见《鸦片战争史料选译》,第138—141页。

而下面所列举的外国人在其论述中，不约而同地把造成鸦片泛滥、白银外流的鸦片危机的原因完全归咎于广州地方政府的各级官员。

在马士看来，广州地方官员对鸦片走私的放纵是造成鸦片泛滥、白银外流的主要原因，事实是所有的走私鸦片都是在完全处于官方监视下的地方供给中国买主的。官员的这种不作为行为是与他们的利益密切相关的，朝廷的禁烟行动改变了以往鸦片贸易进行的现状，也使各方利益的分配失衡。于是，尽管皇帝会查禁这种贸易，并也会一再严旨重申禁令；尽管总督也会遵守上谕发布告示，总督和粤海关也会传谕行商凛遵法令；但是总督、粤海关监督、巡抚、提督、知县以及再往下到那些与衙门略有瓜葛的小人物们，只要他们觉得可以从中取利，对朝廷法令的不断破坏也就熟视无睹了。①

英人宾汉在《英军在华作战记》中有一段关于中国缉毒官员兵弁的描写，时间追溯到1840年4月：阮元下令禁烟。他的属吏也加强干涉。趸船遂由黄埔移停伶仃岛外，……中国水师提督有时也率领战船前来巡逻，并向鸦片船放炮，鸦片商也放一两炮，告诉他们应到停泊的时间了。随后他就率领官吏登船，并说"奉大皇帝的命令，将所有船只，都加驱逐。船长君，请你走罢！请赶快离开！我好向总督报告，所有船只都已离去了"。趸船便移到岛的另一面，若不移动时，水师提督便回去报告说"只有几只遭难的船正在修理中"。这些家伙们经常性地受贿，每箱要收五元到十元不等，他们请船长替他们保留，不愿经过中国走私商的手。他们觉着英国人比自己的人讲信用，他们每月到船上来一次，按箱索贿取款。

该书作者明确指出邓廷桢、祁贡及文祥三人都或多或少与鸦片贸易有牵连。邓廷桢竭力禁止"扒龙船"及其他各本地快艇进行鸦片走私，他自己有4只水师船，专为运输鸦片走私之用。用这种方法，邓廷桢垄断了大部分鸦片贸易，许多英国人所有的双桅轻艇和无棚小艇，都被他雇用转运鸦片。他们得到每箱100元的运费，这都是由中国购买者付出。作者根据这样的叙述认为：中国官吏一方面撰写道德高尚的命令奏议，严禁鸦片；另一方面，他们又受贿收费，私准鸦片入口。不但如此，他们自己也秘密地吸食鸦片，而且一经吸食，就不容易去瘾。宾汉还摘录了当时广泛传播于省城广州的一首讽刺邓廷桢的诗："禹域虽广地却贫，邓公仗钺东海滨。终日纵吏勤网捕，不分良莠皆成擒。名为圣主除秕政，实行聚敛肥私门。行看罂粟禁绝

---

① 《中华帝国对外关系史》第一卷，第209页。

日，天网恢恢早及君。"① 而他是这样评价林则徐的：若说林公虽然不为皇帝所喜，但是他却很受他新近管治的人民的爱戴，这对林来说只是公道而已。他的最大的死敌也不得不承认他的手从来没有被贿赂玷污过。这在中国的政治家中是闻所未闻的。②

威廉·C.亨特这样记载：中国人贩卖洋烟土，要受到斩首的刑罚，但是存在完备的贿赂制度，以致鸦片贸易通行无阻，而且经常地进行着。在广州从来找不到一家卖鸦片的中国店铺，或者一个人可借以判断在何处买鸦片或吸食鸦片的迹象，尽管鸦片并无其他用途。广州的官员甚少过问"伶仃洋"转运趸站的事情，有时被迫敷衍一下，发出一份通告，命令"碇泊口外"的船只驶入港口，或驶回本国，否则"龙船"将对违反这项特别禁令者开炮轰击。③

美国人进一步认为1840年鸦片战争的爆发，是因为中国政府对鸦片贸易管理的失当造成的。因此，美国商人在与广州官府签订不从事鸦片贸易的"甘结"后，请求国会派专员缔结条约，以禁止美国人从事鸦片贸易。他们在请求书中还谈到中国官员的腐败：鸦片贸易虽是用走私的方法进行，但是中国官吏，上下无不受贿，大量的烟土从伶仃洋的趸船上由插着高级官吏旗帜的船只，运到岸上。其中包括粤海关监督与两广总督在内。中国政府有很大的权力可以制止这项贸易，但是它不这样做，现在却先执行一种自相矛盾的不公道方法：即他先惩办外侨而不惩办自己的臣民，这是中国办事方法的一种特点。④ 在他们看来，中国官员的利益追求是鸦片泛滥的主要原因。

他们记载的官员参与走私的现象非常严重。实际情况也确实如此。道光朝的官员们不但对朝廷明令禁止的鸦片走私行为不闻不问，甚至大批官员不顾朝廷禁令，知法犯法，带头吸食，并参与走私，出卖国家利益。从道光十六年（1836年）到二十五年（1845年）的十年间，有大批官员吸食、贩卖鸦片，"不幸"被朝廷发现而为《宣宗实录》（见卷二六九至四一八）所记载。其中有姓名可查者为39人，未列姓名者80余人，姓名及人数未详者若

---

① ［英］撷·义律·宾汉著，《英军在华作战记》，寿纪瑜，齐思和译，见《鸦片战争》（五），第8—14页。对当时传播的歌谣，邓廷桢曾上奏为自己辩护："臣自缉查鸦片，三载于兹。豪猾之徒，本厚利丰，一经访拿，已获者刑僇及身，未获者逋逃亡命，身家既失，怨讟逐兴。始而风影伪传，既而歌谣远播，以查拿为希旨，以掩捕为贪功，以侦察为诡谋，以推鞫为酷刑。甚至诬以纳贿，目为营私，讥廷议为急于理财，訾新例为轻于改律。种种狂悖，无非为烟匪泄忿。"道光皇帝对邓奏的辩护表示支持，向其表达了信任。事见《清史列传》卷三十八《邓廷桢传》，第2975页。

② 《英军在华作战记》，见《鸦片战争》（五），第146页。

③ 《广州"番鬼"录》，第48页。

④ ［美］丹涅特：《美国对华的鸦片贸易》，齐思和译，见《鸦片战争》（一），第281页。

干人，而未被揭发或未记载的实际情况要严重得多。① 可见，清朝官员的腐败直接导致道光皇帝各项禁烟政策的流产，各种关于鸦片的管理措施、规章制度没有得到很好的贯彻落实，都成为一纸空文。这无疑给社会治安管理造成了巨大的隐患。

清政府也早已认识到官员的腐败和放纵是鸦片走私的帮凶。据史料称，"鸦片烟流行内地，大为风俗人心之害。民间私贩私食久干例禁，切经降旨严饬稽查，而此风未尽革除，总由海口守边员弁，卖放偷漏，以致蔓延滋甚。"②

黄爵滋因此痛切奏称，对吸食鸦片官员要严刑峻法："现任文武大小各官，如有逾期吸食者，是以奉法之人，甘为犯法之事，应照常人加等，除本犯官治罪外，其子孙不准考试，……其他地方官署内官亲幕友家丁，仍有吸食被获者，除本犯治罪外，该本管官严加议处。各省满汉官兵，每伍取结，照地方保甲办理。其管辖失察之人，照地方官衙门办理。"③

早在道光二年（1822年），清廷就开始对参与走私、吸食鸦片等官员进行查处。山东清平县知县王衢吸食鸦片被劾查，碣石右营千总黄成凤、同署守备曹振高因查获鸦片企图分肥事被革职。④ 道光三年（1823年），道光谕令发布《失察鸦片条例》，追究在鸦片走私治理事务上渎职的官员："嗣后如有洋船夹带鸦片烟进口，并奸民私种罂粟，煎熬烟膏，开设烟馆，文职地方官及巡查委员，如能自行拏获究办，免其议处。其有得规故纵者，仍照旧例革职。若止系失于觉察，按其烟斤多寡，一百斤以上者，该管大员罚俸一年；一千斤以上者，降一级留任；五千斤以上者，降一级调用。武职失察处分，亦照文职画一办理。其文武官拏获烟斤议叙，均著照旧例行。"⑤

然而，官员照例视条例为空文，继续以身试法。道光六年（1826年），两广总督李鸿宾设置巡船查拿鸦片，但不久"巡船每月受（走私者）规银三万六千两放私入口"。水师副将韩肇庆专以放私鸦片渔利，他与洋船相约，每放私一万箱，则由该船送给水师数百箱作为缉获品报功，"于是韩肇庆反以获烟功保擢总兵，赏戴孔雀翎，水师兵人人充橐，而鸦片烟遂至四五万箱矣。"⑥ 道光十八年十二月二十七日（1839年2月10日）邓廷桢等奏：

---

① 谢世诚：《晚清道光、咸丰、同治朝吏治研究》，南京师范大学出版社1999年版，第106—108页。
② 《宣宗实录》卷四十六。
③ 《筹办夷务始末》卷二，第113页。
④ 《宣宗实录》卷二十八、卷三十六。
⑤ 《宣宗实录》卷五十六。
⑥ 魏源：《道光洋艘征抚记上》，见《魏源集》，中华书局1976年版，第169页。

于本月二十一日（2月4日）夜破获代匪出洋买运鸦片巡役案，该巡役胡德、李新坐驾巡船为烟贩出洋贩运，大属藐法。凭线在于白潭河西截获鸦片烟土六十包，约重二千八百八十两，当在巡船拿获该巡役即李新一名，又于二十二日（2月5日）早侦获持单取银之梁亚洪一名。据李新供：新安县人，伊新充海关试串巡船上巡丁，同案另有全兴洋货店的胡德，在巡船内充当头役。①

林则徐主政广东后，在收缴趸船鸦片、堵塞来源的同时，采取了一些相关的内部管制措施。他总结了湖广查禁鸦片的经验，刊刻了《禁烟章程十条》和各种断瘾药方，颁发广东全省各地遵照实行。该章程成为广东禁烟运动的纲领性文件。这十条对吸食、贩售、贪污循隐、栽赃、撄窃之人均定有罪名，切中时弊。为了使章程能够付之实行，林则徐以告示的形式敦促从前误食鸦片者，速即断瘾，痛改前非。随后，林则徐又颁发《查禁营兵吸食鸦片条规》《编查保甲告示条例》《省城设局收缴鸦片章程》等，作为禁烟章程的具体补充规定。在禁烟过程中，地方官员及烟民经常作弊，如收缴烟土、烟膏、烟枪、枪斗，容易以假作真。针对这种情况，林则徐便对新成立的缴烟局作如下规定：

  应于验收膏土时，即眼同呈缴之人，称明斤两，每土一个、每膏一罐，均须用纸数层封固，里外俱令局员画押编号，写明斤两及收缴日期。其枪斗实系用熟渍油者，缴到时即先敲裂，乃封固编号画押，写明收缴日期。各种烟具亦皆照办，仍将每日所收汇登簿册，用片单通报查核，一面送交粮道点验贮库。……如验出假土新枪，显有抵情弊，即须分别根究。若画押分明，封皮完固，则惟验收之员是问。封皮已损，画押无存，则惟藏贮之员是问。②

林则徐决定在广州设立官办收缴总局及由士绅办理收缴总局，邀请爱国士绅邓士宪、陈其锟、蔡锦泉、张维屏、姚华佐到行辕商议，并得到他们的赞同。③

在林则徐的主导下，广州开展了一场轰轰烈烈的禁烟运动。在这种背景

---

① 《鸦片战争档案史料》，第Ⅰ册，第473页。
② 中山大学历史系中国近代现代史教研组编：《林则徐集·公牍》，中华书局1963年版，第62页。
③ 杨国桢：《林则徐传》（增订本），第242页。

下，林则徐对卖放烟犯的官员更是从重处罚。广东准升水师提标蒋大彪、顺德协右营守备伦朝光及其下属在拿获贩烟运银各犯时，有侵匿贿纵情弊，被严厉惩处。① 道光十九年七月十九日（1839年8月27日），经林则徐奏呈，将失察家丁贿纵烟犯之广西梧州知府刘锡方革职。② 九月十九日（10月25日），因南雄知州陈道坦失察，使烟犯马姓广州府人夹带鸦片过岭，其同伙彭万益被江西省拿获。奏请摘去顶戴，并勒限两个月令其严拿彭与荣及马姓广州府人，并移解江西归案审办。③

而对打击鸦片走私的有功人员则予以提拔奖励。道光十九年六月二十四日（1839年8月3日），林则徐奏称水师副将惠昌耀认真防督金星门一带防务有功，堪胜水师总兵。④ 道光二十年二月初十（1840年3月13日），因起用之废员马凤池、马辰，马凤池得以发回原湖北省以知县遇缺即补，马辰准其以都司补用，归部即选。⑤ 二月初十（3月13日）上谕，广东南雄知州余保纯查办洋务出力，林则徐奏请从优议叙，不论何项知府缺出，即行奏补。⑥ 三月二十六日（4月27日），林则徐还奏请将起获烟犯后没收的财产用来即时充赏查烟有功之人。⑦ 奖罚分明的政策极大地鼓舞了官员，促进了打击鸦片走私行动的迅速开展。

三、对各类"汉奸"的处置

所谓"汉奸"，泛指中华民族中投靠外族或外国侵略者，甘心受其驱使，出卖祖国利益的民族败类。清代对"汉奸"一词的界定比较混乱，每个时期都有不同的"汉奸"。嘉庆皇帝称呼那些充当暹罗人贡使的中国商人为"汉奸"。⑧ 甚至仅同洋人在商业或外交上有来往的人，也会受到"甘当'汉奸'"的谴责。最大的叛逆是给蛮夷教中文或给他们写文件来出卖"中国文化"的人。1759年，替违反一口通商谕令，仍到宁波贸易的商人洪任辉翻译禀文的人，就被作为一名汉奸处死，当时的两广总督李侍尧在奏折中

---

① 林则徐：《蒋大彪等卖放烟犯审明定拟折》，见《林则徐全集》，第三册"奏折卷"，第272页。另见《鸦片战争档案史料》第Ⅰ册，第649—650页。
② 《鸦片战争档案史料》，第Ⅰ册，第662页。
③ 《鸦片战争档案史料》，第Ⅰ册，第710—711页。
④ 《鸦片战争档案史料》，第Ⅰ册，第653—654页。
⑤ 《鸦片战争档案史料》，第Ⅱ册，第35页。
⑥ 《鸦片战争档案史料》，第Ⅱ册，第36页。
⑦ 《鸦片战争档案史料》，第Ⅱ册，第74页。
⑧ 张德昌：《清代鸦片战争前之中西沿海通商》，载《清华学报》1935年第10卷第1期。

称:"奸民刘亚匾,始则教授夷人读书,图骗财物,继则主谋唆讼,代作控词……兹蒙圣明洞烛,将刘亚匾即行正法,洪任辉于澳门圈禁三年,满日逐回本国。"①

后来,梁发向等待参加乡试的士子散发宗教小册子,当局即指责他为英国人写布告,是汉奸。为此,他被"警察"从广州追至澳门,之后逃往新加坡。就是在正常的情况下,懂得中文的外国人必须也要小心谨慎,在路上不要停下来细读一张中文招贴,否则,他的买办就会被怀疑教给他中文而受到惩罚。②

今天看来,同英国人做生意,卖给他们食物,甚至为他们工作,这些都是可以理解的。但是,战争期间中国向导帮助英国船通过很难走的珠江水道,就实为"汉奸"行为了,公众也就自然加入了对"汉奸"行为进行谴责的行列。官府一方,钦差大臣把罪名加在无处不在的"汉奸"头上,说他们破坏了水上防线,以转移对他本人的指责;民众一方,广州人民开始了一场疯狂的围捕。忽然间,乡勇们像忙于杀英国人一样,也忙于杀"汉奸"。仅在三元里一地,就有1200余名不幸的人成为牺牲品。参与抢掠的八旗兵胡乱指责农民叛国,并以此作为恣意抢掠的借口。③ 可见,"汉奸"有时也被利用,作为杀人、抢劫的借口。

当然,鸦片战争期间,随着禁烟斗争的展开和英国侵华战争的扩大,汉奸的活动日益猖獗,其危害日趋严重也是实际情况。

大致说来,鸦片战争期间的"汉奸"可以归纳为五类,一是勾结鸦片贩子私售鸦片,破坏打击鸦片走私活动。此类主要存在于广州的买卖人即"孖毡"中,"凡土人晓夷语,夷人买卖从中为之说合者,名曰'孖毡'。……此中良莠不一,遂有串合夷人,违禁售私等弊。更有卑鄙棍徒,名为孖毡,实为汉奸,朝夕出入夷楼,所有售卖鸦片及过付银两,皆其勾串。"④ 二是为外国不法商船及兵船接济食物者。林则徐在一奏折中说:"粤洋渔船蛋艇之多,几不可以数计,其贪利亡命,无不远赴外洋,而奸夷加以招徕,啖以倍蓰之利,即一蔬一薪,亦皆厚给其值,并以鸦片与之兑换,使其两获

---

① 《史料旬刊》,第9期,第307页。
② W. H. Medhurst(麦都思):《中国:现状和未来,着重于福音的传播》,伦敦1838年,转引自[美]魏斐德:《大门口的陌生人》,第50页。
③ 《筹办夷务始末》卷二十九,见《鸦片战争》(四),第28页。
④ 骆秉章:《条陈整访洋务以绝弊端折》,见《筹办夷务始末》(道光朝)(一),中华书局1964年版,第190页。

其利。"① 三是制造谣言，刺探军事情报，为英军服务。广东开展打击鸦片走私行动不久，义律就"密嘱汉奸，播散谣言"②。奕山在其折中称："而夷匪专用小恩小信收拾人心……省城大小衙门俱有汉奸探听信息，传送夷人，每纸卖银二十圆。甚至凭空捏造，以惑探听，诡计多端。"③ 琦善在其奏折中也说到同类的事："奉旨饬调兵将，该夷亦早得消息"。道光帝认为此属汉奸所为也，事实正是如此。④ 四是接引和参与英军在中国的侵略战争。英军进攻大角炮台时"拨夷兵、汉奸数百名，由大角山后缘山而上"；进攻沙角炮台时，英军"另拨黑夷一千余名，汉奸数百名，由穿鼻湾登岸"；⑤ 进攻虎门时，"以汉奸导引"⑥。1841年5月间，英军再犯广州，"汉奸至处窃伏，乘机放火""分攻西炮台、天字码头、东炮台等处"⑦。五是在英军军事占领地区充当帮凶。英军占领香港后，便大量招集汉奸为其效力。奕山奏称："探得逆夷兵船，在香港招集汉奸六百余名，每名给安家银三十元，每月给工银十元。"⑧ 汉奸在香港修草棚铺房，交通买卖，维护英国对香港的军事占领。

　　林则徐把一切偷卖鸦片者都叫作汉奸。凡是"私出外洋，向夷船购买鸦片，分运售销；或者私充夷船买办，听其指使；或于严断接济之时，运给夷船食物，各各牟利营私，以致夷人恣意贩烟，流传内地的奸徒"都属于汉奸，必须先行拿办。所缴获的匪船也一律焚毁。⑨ 1839年12月，林则徐宣布禁止同英国通商后，经常斥责那些继续从事贸易的商人，把他们叫作奸商。⑩ 事实上，他在1840年的奏折里就表明，最坏的敌人不是英国人，而是那些无数次同英国人往来的商人、水手、苦力、等等。因此，他一到广州，第一件事就是处死了一两名公行成员以儆戒整个公行。⑪

　　林则徐在广东的主要任务是打击鸦片走私，所以他的注意力主要集中在第一、二两类汉奸的抓捕。

---

① 《筹办夷务始末》（道光朝）（一），中华书局1964年版，第278页。
② 同上，第405页。
③ 《筹办夷务始末》，卷二十七，第2121—2122页。
④ 《筹办夷务始末》（道光朝）（二），第866页。
⑤ 《筹办夷务始末》（道光朝）（二），第709页。
⑥ 《筹办夷务始末》（道光朝）（二），第715页。
⑦ 《筹办夷务始末》（道光朝）（二），第1034页。
⑧ 《筹办夷务始末》（道光朝）（三），第1631页。
⑨ 《林则徐全集》第三册"奏折卷"，第249页，《拿获出洋潜买鸦片并接济英船各犯定拟折》。
⑩ 《大门口的陌生人》，第51页。
⑪ 《大门口的陌生人》，第50页。

林则徐认为打击鸦片走私活动，首要的策略在于严拿汉奸，因为外国商人走私进来的鸦片之所以能得以私售，都是由内地奸民多方勾结串连，以致"蔓延日广，流毒日深。"他于道光十九年正月十一日（1839年2月24日）在赶赴广州的路上就将自己掌握的参与鸦片走私的汉奸名单，写信命令广东布政、按察两藩臬司秘密派遣几名能干的人员，即日起改装易服，分头查探，出其不意，带领衙役兵丁拘拿，并将其所藏的赃具、簿据，一起搜寻缴获，不可"稍任窜匿"。①

1839年8月31日，林则徐和两广总督邓廷桢发布告示说："有一外国兵船已抵粤洋。内河航道迂回，水深不一，彼不熟习，在此航行，不敢单独轻率驶进，但贪图厚利之汉奸引水、渔民疍户，密为引导彼潜进内河。似此汉奸，至为可恶。"他们曾饬令澳丞"严令所有引水，不得引进夷船，所有渔民、疍户，须遵严禁，已出示码头、港口，谅已周知。任何人等若以接受夷船酬报为词，密为引水，水陆官弁应从各方密访暗查究为何人，将其立行正法，悬首码头示众。无论何人，售卖食物与夷船者，将严予惩办，决不宽贷。其渔疍各户应慎保生命，各宜凛遵。"②

这项告示很快得到施行。道光十九年七八月间（1839年8—9月），在尖沙咀洋面先后抓获了私做夷船买办，积惯接济，并代外国人经手销售烟土的汉奸黄添化及黄亚胜、彭亚开、欧亚猪、邓三娣、邓亚胜、邓亚娣、屈权复、梁邓氏等，除梁亚保服毒身死外，根据新例"沿海奸徒勾通外夷，潜买鸦片烟土入口，囤积发卖图利，一经审实，首犯拟斩立决，恭请王命，先行正法，仍付首海口地方悬竿示众。知情受雇之船户拟绞监候，房屋船只一律入官"和"兴贩鸦片烟土仅止一二次，并为数不及五百两，为首发新疆给官兵为奴。知情受雇之船户，半年以内，杖一百徒三年，船只房屋一律入官"的规定，分别判处以上各罪犯主犯斩立决并斩首悬竿示众，从犯被判绞监候、发新疆给官兵为奴及杖刑等。③ 在道光十九年十二月初四（1840年1月8日）的奏折中，林则徐向朝廷详细汇报了对另外23名私接外国人的汉奸的审讯、处罚的情况，都是按照新的条例来量刑处罚的。④

对第三、四两类在战争期间出现的汉奸则采取严拿、严惩和严防的措

---

① 《林则徐全集》，第五册"文录卷"，第101页。林则徐《信及录》"密拿汉奸札稿"，见《鸦片战争》（二），第231页。
② 《中国丛报》，1839年9月第8卷第5期第6篇，见《鸦片战争与林则徐史料选译》，第109页。
③ 《林则徐全集》第三册"奏折卷"，第223页，《勾结英人售卖鸦片人犯审明汇案惩办折》。
④ 《林则徐全集》第三册"奏折卷"，第249页，《拿获出洋潜买鸦片并接济英船各犯定拟折》。

施，主要由奕山、祁贡等广州官员来实施，这一情况我们留到中编关于"奕山主政时的社会治安失控"部分再加以叙述。

四、综合治理以求根绝之效

打击鸦片走私，阻止白银外流的最后一步就是截断鸦片的销路，那就要对国内涉及鸦片走私、消费、种植、经营的各类行为和相关人员进行地毯式的搜查和惩治。

许球在其奏折中主张必须对涉烟民众先行治理，方能最终达到肃清内地的鸦片走私行为："自古制夷之法，详内而略外，先治己而后治人，必先严定治罪条例，将贩卖之奸民，说合之行商，包买之窑口，护送之蟹艇，贿纵之兵役，严密查拿，尽法惩治，而后内地庶可肃清。"① 林则徐则提出了六条禁烟章程，其中四条皆是针对涉烟民众的措施：

一、烟具先宜收缴净尽，以绝馋根；二、各省应出告示，劝令自新，仍将一年之期，划分四限，递加罪名，以免因循观望。三、开馆兴贩以及制造烟具各罪名，均应一体加重，并分别勒限缴具自首，以截其流也。四、失察处分，宜先严于所近也。五、地保牌头甲长，本有稽查奸究之责，凡有烟土烟膏烟具，均应着令查起。庇匿者罪同正犯。六、讲究审断之法，以断流弊。②

同时，林则徐还于道光十九年六月（1839年7月）颁发了《禁烟治罪新例告示》，共有十七条，对各种吸食鸦片烟、勾结夷人贩卖鸦片、私开烟馆、开窑口、种植鸦片、兵弁受贿故纵等行为的处罚做了详细的规定。③

邓廷桢会同广东巡抚怡良也就打击民众的各种鸦片走私行为提出建议：必须严拿囤贩鸦片的窑口及揽载鸦片的快蟹各艇，杜绝鸦片出入口，清理鸦片贩运的源头；大力缉捕私运纹银匪犯；对吸食鸦片者、种植罂粟者除例刑外再加刺面之刑，并逐次加重刑罚；对私设窑口及鸦片烟馆者、兴贩鸦片百斤以上者、多次到外洋贩运者处以绞监候、绞决等刑。④

---

① 许球：《请禁鸦片疏》，节录自《中西纪事》卷四，见《鸦片战争》（一），第453页。
② 《清史列传》卷三十八，第10册，第2964页。
③ 参见《鸦片战争》（二），第109—110页。
④ 《筹办夷务始末》卷五，第303—315页。

1. 重编保甲以治民

为达到治理涉烟民众的目的，传统的保甲联防制度被广州官府重新起用，各级官府开始重新推行保甲政策，以达到发现、预防、管制直至惩处涉烟民众，最终彻底消灭鸦片走私活动的目的。早在林则徐来广东之前的道光十一年（1831年），卢坤就上奏"编查保甲查禁鸦片折"，认为"编查保甲，按册稽查，俾奸匪邪教无处容身，最为除莠安良之要"①。

林则徐来到广州后，大力整顿保甲，饬令广东布政使、按察使核议新会县酌定的《保甲章程》二十条，核定后刊印成册，颁发各州县一体遵办，并以广州为重点整顿地区，札令广州知府迅速督率南海、番禺知县，确查劝诫吸食、收缴烟土烟枪、编查保甲等的落实情况。② 为达到禁烟之目的，林则徐颁布了《编查保甲告示条例》作为配套措施，他在解释这样做的原因时说：

> 所以塞其源而截其流者，莫如保甲为最善；而保甲章程，则自嘉庆十九年颁行以后，每岁无不查催，条款非不周备。无如各省牧令视为具文，按年勒令地保造呈烟户细册，地方官发房存案，全未寓目。书差责取陋规，地保借图分润。究之经编查是否确实，有无舛错遗漏，所举甲长牌头果否公正，无由稽核。是官长未收保甲之益，而民间反受保甲之扰矣。为此，现在明定章程，悉由地方官敦请邑中公正绅士为之总理，再由绅士公举各乡公正袷耆分理本张事宜。如有隐匿遗漏，惟分理是问。至牌册纸张及书吏饭食，官为捐办，不许丝毫骚扰，不经吏胥之手。③

可见，林则徐特别强调"不经吏胥之手"，防止贪腐吏胥的干扰，以致保甲制度有名无实，也表明林则徐对士绅等社会群体在反走私行动中的作用非常重视。

道光十九年四月（1839年5月）林则徐的《札广州府查催缴烟保甲事宜》对广州的实际情况进行了详细分析，要求广州各级官府通过认真编查保甲以达到"查催缴烟"之目的：广东省会"城郭重闉，仕宦星稠，客商云集，闲民流寓，尤极众多，与外府州县，情形迥别"，所以只有推行保甲制度，才能将乱民、流民、闲民理顺。他谆谆告诫"该府立即督率南、番

---

① 《史料旬刊》，第1册，第6期，第435页。
② 杨国桢：《林则徐传》（增订本），第243页。
③ 《林则徐全集》，第五册"文录卷"，第113页。

二县，确查官绅各局收缴烟土、烟膏、烟具，是否净尽？平日贩卖开馆各奸匪，是否革面洗心？吸食之人，是否悔过戒除？所属官员书差，并各衙门公馆中之幕友官亲长随，以及地方之举贡生监捐职，是否一律肃清？境内有无卖烟送烟之匪徒？

林则徐在阐述保甲制度时，基本上是根据以往编审保甲的做法，借保甲制度中的"连坐"原则以达到根治鸦片走私的目的。"以本年三月底为限，谕令缴销烟土、烟膏、烟具，并吸食之人戒革烟瘾，一经届限，即须编排保甲，逐户挨查在案"。他解释道：

> 其编查保甲，自应由城及乡，由近及远，先就新城、老城各门附郭实力编查，次及各镇四乡。务须按户按名，责成邻佑牌长互相联保，毋许隐匿遗漏，亦不准推诿抗违。至候补官员公馆，不能责成牌长邻佑保结者，即责成同街同巷之公馆，互相保结。流寓之幕友长随，或归牌长邻佑，或归素识之官员出名具结。如均不愿保，即行严究踪迹。查有卖烟吸烟实据者，执法严办。即查无实据，而众人皆知为积惯卖烟吸烟者，亦须尽行逐驱出境，切勿因循姑息。①

林则徐还在其另一篇给道光皇帝的密奏中深刻分析了广东禁烟形势的严峻和查禁鸦片的难处，进一步论断编查保甲是从根本上清剿鸦片毒瘤的有效方法。

> 鸦片久已盛行，广东尤甚，所谓遍地皆是。……即使此后外夷断绝来源，正恐内地囤积之多，数年用之不能尽。臣与督抚臣等尽力督拿，无日不有获犯起赃。然察看向来陷溺之深，与到处窝藏之密，地方辽阔，民俗凶顽，岛澳既不可胜穷，胥役又大都难恃，是即设法拿获，亦只千百中之十一，如必扫数拿尽，窃恐遥无期。因思保甲之行，本系诘奸良法，每乡总有公正绅士，良善齐民，五家十家之间，耳目最为切近，兴贩吸食断难瞒其邻人，故保甲有五家连坐之条。在官者因即藉以儆众。如一家有犯，责四家以告发，否则与之同罪。而为邻佑者，既知其有犯，恐必连累及身，又念比屋相亲，不忍遽寘于法则，必多方劝戒悚惕而禁止之，并取其烟枪膏土汇缴于官，官即验明即收，并不诘其姓名来历，盖明以留其廉耻，而实则杜其避趋。故第收之于例应举发之族

---

① 《林则徐全集》，第五册"文录卷"，第196页。

邻，而不收之于律许减轻之罪犯。犹恐不实不尽，一面购线查拿，有犯即惩。其于何人曾缴，何人未缴，拿者本不过问，犯者无可藉词，此所以不相妨而适相济也。①

从林则徐编审保甲制度的内容上看，其目的非常明确，即通过编审保甲，让邻里相互监督、告发，禁绝兴贩吸食鸦片，从销售方面切断滋生鸦片的土壤。

2. 重惩吸食鸦片之民众

黄爵滋认为必须严禁民众吸食鸦片，才能扼制鸦片走私、白银外流，要求通过保甲发动民众及时发现吸食者，使吸食者无藏身之地。同时，要给吸食者一个期限，过了这个期限仍旧吸食者要立即处死。要求：

> 各省督抚要严切晓谕，广传戒烟良方，毋得逾期吸食，并一面严饬各府州县清查保甲，预告晓谕居民，定于一年后，取具五家邻右互结，仍有犯者准令举发，给予优奖。倘有容隐，一经查出，本犯照新例处死外，互结之人，照例治罪。至于通都大邑，五方杂处，往来客商，去留无定，邻右难于查察，责成铺店，如有容留食烟之人，照窝藏匪类治罪。②

道光十一年（1831年），刑部诸官上奏，要酌加买食鸦片者罪，又颁布禁吸条例，规定"食烟人犯不将卖烟之人供出，仍照枷杖本律定拟，未免轻纵，不足示惩。应请嗣后地方官，拿获食烟人犯，除指出贩卖之人，照例查拿治罪外，其供称买自不知姓名之手，应照赌博例，将贩卖为从罪名，即坐食烟之人，如系职官及在官人役，仍加等治罪"③。吸食鸦片者被抓之后，不能供出贩卖鸦片之人的，罪加一等，把抓捕吸食民众与打击鸦片走私结合在一起，实行综合打击。

道光十八年八月（1838年9月）间，林则徐奏呈《钱票无甚关碍宜重禁吃烟以杜弊源片》，也提出对吸食鸦片者予以重惩，其中有"当鸦片未盛行之时，吸食者不过害及其身，故杖徒已足蔽辜，迨流毒于天下，则为害甚巨，法当从严。若犹泄泄视之，是使数十年后，中原几无可以御敌之兵，且

---

① 《史料旬刊》，第4册，第35期，"清道光朝密奏专号第一"，第346—347页。
② 《筹办夷务始末》卷二，第113页。
③ 《史料旬刊》，第1册，第3期，第180—181页。

无可以充饷之银"等语,① 指出民众吸食鸦片不但危害社会,将来必将导致国家的灭亡。为根治民众吸食鸦片的恶习,他还在省城分设官局,派员验收民间呈缴的旧存烟土烟枪。② 考虑到官府力量的有限,除设立官局外,道光十九年二月(1839年3、4月间),又谕令在省城内增设绅士公局收缴走私鸦片,此前他在禁烟规条中说过,"城乡辽阔,地方官耳目难周,何如敦请绅士,为之综理,再由绅士选举各乡公正绅耆,分段编查,切实保结,务使各知警戒,痛改前非。省会为各属之倡,当嘱各绅士集议举行。现在众绅士在老城内大佛寺添设公局,综理收缴,并配制断瘾药料,量为施给。凡在城厢内外,远近各乡,藏有烟土、烟膏以及枪斗各具,不敢迳缴官局者,即由综理绅士,分举各乡公正绅耆,按图劝导,设法查收,汇缴公局,归官毁化。"③

从其在道光十九年三月十八日(1839年5月1日)《致莲友》的信札中可以看出,他把治理民众吸食鸦片作为打击鸦片走私之要害来抓的:"此地为夷船麇集,其所带来禁物,久与员弁、兵役一气呵成,而汉奸之以此为业者,更不可以数计。若非捣其要害,势难杜绝来源。……现在分举绅耆,广为劝戒,并设局数处,施药缴枪,悔过者宥其前愆,怙恶者治以重法,劝惩并用,以期咸与维新。"④

虽然时任两广总督邓廷桢反对用死刑来对待吸食鸦片者,⑤ 但在控制鸦片上,他们是一致的。早在林则徐到来之前,他就采取了积极行动,开始收缴民间的器具烟土,"省城内外,闾阎云连,屋后大半濒临河濠,每有抛弃烟土烟膏及枪灯器具等物"⑥。对这些被吸食民众扔进濠涌的烟具烟土他也不予放过,派员打捞,"烟泥自数十两至千余两不等,烟膏自数两至百余两不等,竟能日有所获"⑦。

道光十八年八月二十一日(1838年10月9日),邓廷桢上奏《审拟烟犯何老近等案情折》附续获纹银鸦片起数,及人犯、烟斤、枪具数目:共获141起,人犯345名,纹银936两零,洋银20元,烟泥171 629两,烟膏44两8钱,核实烟泥烟膏,共重10 729斤9两8钱,烟枪603枝,烟锅44口,大小铁烟匣17个,大小铁烟盘2个,玻璃烟镫2盏。皇上朱批:查缉

---

① 《林则徐政书·湖广奏稿》(清光绪十年刊本)卷五,第9—15页。
② 《鸦片战争》(二),第97页。《林则徐全集》,第五册"文录卷",第146页。
③ 《信及集》之《谕收缴鸦片增设绅士公局示稿》,见《鸦片战争》(二),第260页。
④ 《林则徐全集》,第七册"信札卷",第165—166页。
⑤ 《筹办夷务始末》卷五,第303—304页。
⑥ 《筹办夷务始末》卷五,第336—344页。
⑦ 《筹办夷务始末》卷五,第335—357页,《筹办夷务始末》卷六,第359—374页。

认真可嘉。① 道光十八年十二月初八（1839年1月22日），邓廷桢等又奏报《粤东续获鸦片起数折》，报其自上年春间起，至本年十月下旬止，饬据各属文武并委员等陆续拿获171起，人犯489名，内纹银9590两，番银3411两零，烟泥233 101两，烟膏44两8钱，烟枪603枝，烟锅44口，并烟具等件。又民间戒食首缴烟枪11 058枝，节经恭折在案。兹自道光十八年十一月初一起至月底止，续据报获98起，人犯217名，内烟泥13 568两1钱，烟膏295两6钱，烟枪640枝，烟锅20口。又捞获、拾获民间悔惧自新弃掷烟枪48起，内烟泥5670两9钱，烟膏321两5钱6分，烟枪135枝，并据首缴烟枪4953枝，烟泥544两，烟膏637两1钱7分。核实所获所缴烟泥、烟膏，共重1314斤13两3钱3分，烟枪5728枝。②

接着邓廷桢又在道光十八年十二月（1839年1月）和十九年正月（1839年2月）的奏折中认真总结了他们在禁烟中所取得的成绩。③

但是，邓廷桢等禁烟举措并不是一帆风顺的，在地方上受到了不少阻碍。有些涉烟民众深藏于一些难以被官府觉察或官府不便经常查的地方，特别是城内满汉八旗驻军所在地。为此，道光十九年六月初七谕令：

  广州省城西门一带皆满洲汉军驻防所居。兴贩鸦片之徒赁居旗人房屋藉以藏身。该兵丁等得规包庇，地方官难以查核等语。八旗聚处地方，理应严肃。倘竟容留贩烟匪徒开馆售卖，始则藉此分肥，久则沾染恶习，不可不防其渐著。德克金布等留心体访，如有此项弊端，即将赁居者拿获治罪，包庇者从严惩究，断不准稍为容隐，致令狼狈为奸，且驻防兵丁例系将军等专管。④

民众对邓廷桢等的严厉查禁行动有点接受不了，特别是一些涉烟民众，包括一些外国人和"汉奸"都开始制造谣言来攻击两广总督邓廷桢、广东巡抚怡良，认为他们在广州禁烟别有用心。"两广总督邓廷桢、广东巡抚怡良（之所以）多次上奏折汇报广东禁烟的措施和情况，也许是害怕他们执行朝廷法令的情况成为调查对象，他们想把38年（清朝政府自1800年起开始禁止鸦片进口）来的玩忽职守在6个月内借其对野蛮而残酷的法律的雷

---

① 《鸦片战争档案史料》，第Ⅰ册，第366—378页。
② 《鸦片战争档案史料》，第Ⅰ册，第449页。
③ 《筹办夷务始末》卷五，第336—344页。
④ 《嘉庆道光两朝上谕档》，第44册，道光十九年，第248页；《鸦片战争档案史料》第Ⅰ册，第633页。

厉风行来挽救他们的过失于万一。"①

面对这些"造谣和中伤",邓廷桢于道光十九年八月二十日(1839年9月27日),向皇帝奏陈这些情况,并加以辩白,"有人造谣诋毁,其止谤无方,横遭诬蔑,无以自白于怨嫌之口,亦不敢隐讳于君父之前"。幸运的是,道光帝非常信任他,认为是其禁烟遭了别人的怨恨,勉励他"仍当坚持定力,永矢初心。"②

通过以上所列的清单,邓廷桢和他的同僚们确实在治理涉烟民众方面做了大量的努力。当然他们的努力还不止在严禁民众吸食鸦片或其他的某一个方面,至少在林则徐到达广东之前,"已将窑口、烟馆、兴贩、吸食各犯拿获数百起,分别惩办。又派令各师船轮流守堵,水陆交严,并将东路夷船及住省奸夷,先后驱逐"。③

为了防止打击鸦片走私的一系列行动功亏一篑,清廷对私种鸦片的民众也予以严厉打击。道光十一年(1831年),朝廷又公布了禁种鸦片条例。④ 六月二十九日(8月6日),总督李鸿宾又和巡抚朱桂桢联名上奏表示严格执行朝廷颁布的禁种鸦片条例,他们与布政、按察藩臬两司商量制定执行的政策是:"嗣后,如有奸民于山田原野偷种罂粟花,以为制造鸦片之用,责令该处保甲人等据实首报,地方官即往勘明,将所种罂粟花立行拔除,其地入官,并拘提种植人,照贩卖鸦片烟治罪。如地保乡约及族长人等匿不举报,经地方官查出,即将徇隐之人枷责惩治。"⑤ 保甲制度确保了禁止民众种植鸦片行动的成功,在清廷禁烟期间,未见有大面积种植鸦片烟的案例出现。

3. 对特殊涉烟民众群体的治理

首先是对特殊地域涉烟民众的治理。道光十七年(1837年)上谕:"湖南衡、永、郴、桂等处,与粤壤地紧接,鸦片烟最易偷越入境,(根据广州官员奏称,广州)府县会营,先后缉获广东烟贩九起,人犯二十余名,鸦片烟三千余两。鸦片烟流毒最甚,全在地方文武随时严密查拿,庶不至蔓延各省。邓廷桢等严饬出粤入楚所在地方文武员弁,一体实力截拿,有犯即惩,毋稍疏纵。"⑥

---

① 《中华帝国对外关系史》第一卷,第234页。
② 《鸦片战争档案史料》,第Ⅰ册,第691—692页。
③ 《筹办夷务始末》卷六,第380页。关于邓廷桢在打击鸦片走私、阻止白银外流行动中所做的贡献,可参阅吴义雄:《邓廷桢与广东禁烟问题》,载《近代史研究》2008年第5期。
④ 《清实录》之《宣宗成皇帝实录》,(注:即道光实录)卷一八二。
⑤ 《史料旬刊》,第1册,第3期,第189页。
⑥ 《鸦片战争档案史料》,第Ⅰ册,第231页。

其次是对具有特殊身份的涉烟民众的查处。道光十九年二月（1839年3、4月），先后发布"札各学教官严查生员有无吸烟造册互保""晓谕粤省士商军民等速戒鸦片告示""查禁营兵吸食鸦片规条"等，①严令这些阶层戒烟，并向官府呈缴烟土。

4. 严查民众私设窑口烟馆，打击民众走私

道光十七年七月十八日（1837年8月18日），皇帝根据官员的奏折，谕令邓廷桢等严查窑口，查拿开办窑口之人犯赤沙广、王振高、苏魁大、关清（即信良）、梁忠等。②经邓廷桢迅速查明：徐文即赤沙广、王振高、梁忠（即梁恩升），均系派委缉捕之驱遣，效用得力，获案甚多，请免置议，饬令仍回各该处缉捕。③这些可能是邓廷桢派进窑口的卧底，也被不知情的官员告到皇帝那里去，也表明皇帝对私设窑口者耿耿于怀。

不久，邓廷桢就给皇帝带来了好消息：道光十八年十二月十六日（1839年1月30日）奏其于本年七月间，访闻番禺属黄埔乡有冯姓开设窑口，囤贩鸦片情事，即密委因公在省之顺德县知县威昌，督同派委缉捕之沙村司巡检越浚前往擒拿。该匪鸣锣聚众拒捕，致毙巡丁县役，并饬委员丁役。经奋力兜搜，先后拿获匪徒冯得圃（即冯亚渴）等共24名。其后，广州协又获冯亚奀等13名归案审办。此案经过官府详审后，除在狱中瘐死者外皆被判刑。④

道光十九年五月二十六日（1839年7月6日），林则徐收到并立即颁布了道光皇帝的上谕。该上谕钦定新的禁烟条例，对开办窑口、囤积鸦片以及私设烟馆者予以重刑："开窑口者，为首的犯人处以斩枭（砍头），从犯及寻常兴贩鸦片的首犯判处绞监候，开鸦片烟馆者判处绞刑。"六月初九（1839年7月19日），林则徐又接到刑部咨文，颁布对外国商人携带、私卖鸦片的处罚新例，规定：（携带、私卖鸦片的外商）首犯按照开设窑口例，判斩决（砍头），从犯绞决（绞刑）。可见，清廷打击私设窑口烟馆行为的决心。

同时，对民众的走私行为也予以严厉打击。道光十四年三月十三日（1834年4月21日），香山协（营）带领兵丁在伶仃洋面拿获快蟹艇一只，抓获人犯李亚祖、袁亚保和胡亚尧三人，起获烟土378斤及其与夷人书信一

---

① 参见《林则徐全集》，第五册"文录卷"，第106—117页。
② 《道光朝上谕档》，第42册，第267—268页。
③ 《道光朝上谕档》，第43册，第8页。
④ 《鸦片战争档案史料》，第Ⅰ册，第456—461页。

纸。经审讯，该快蟹船是受在逃犯姚九、欧宽雇用偷越出洋私买烟土以运回潮州一带售卖的。广州知府立即查抄姚九、欧宽在省城居住的房屋和经营的店铺，抄出家产，并通缉姚九、欧宽，一俟抓获，即行严惩不贷。①

邓廷桢还创立新的方法以克服打击民众走私鸦片行动中遇到的困难。因为兵力不够，不能派很多兵丁到广州城内的洋货街挨门逐户搜查，因此想出一个不动声色，派人设法诱买、伺机捉拿的办法来查缉鸦片走私行为，这有点类似今天的"钓鱼"执法。他谕令他的属员们可以自行使用各种有效的方法，只要发现有携带私买私卖鸦片者立即拿获并押解到省城加以追究。虽然道光皇帝在邓廷桢的密奏中批示："诱买一法虽善，然亦是可暂不可久之事，仍当另筹良策。"但邓廷桢等却在密折中力挺这一办法，说这种办法取得了非常好的对鸦片走私进行打击的效果。②《中国丛报》记录了当时严查涉烟民众时发生的耐人寻味的情景："1839年1月，广州地方长官颁发布告，训诫全部吸鸦片者立即抛弃恶习。当地人的房子被搜查毒品及吸毒器具。这种措施的结果，使平民在街道筑起闸门，以便对警察先行搜查后，才准许他们开始搜查。"③这恐怕也是邓廷桢遇到的困难之一，平民的这种行为很有可能造成搜查的延误，会使违法者有足够的时间规避检查，而采用邓廷桢的"钓鱼"方法则可能真的有用。

5. 禁止民众与外商接触、亲近、勾结

为敦促外商尽快呈缴鸦片，办理具结手续，广州官府还禁止城内居民与外商接触，过于亲近外商或者勾结外商以图营利者，视同汉奸予以惩处。道光十九年四月初三（1839年5月15日），广州府及南海、番禺县布告，为晓谕当地民众，不可与外国人过于亲近，进行非法勾结禁例事。

> 呈缴鸦片，即将竣事，为将来治安，必须严申禁例。邻近夷馆之住宅、商店、通衢、小道，是内奸聚会之所，当前尤重检查，严密管理，随处执法，以杜奸究非法勾结，令到即行。该知府知县应会同钟协、广协，连同行商浩官与茂官及其他行商，到该地逐一检查。所有夷馆后门一律封闭，不准夷人照旧出入。夷馆前面广场，围以栏杆，留一入

---

① 《道光朝外洋通商案》，见《鸦片战争》（一），第129页。
② 《清道光朝密奏专号第一》"邓廷桢密奏片三"，见《史料旬刊》，第4册，第35期，第333—334页。
③ 《中国丛报》，1842年7月第11卷第7期第1篇，见《鸦片战争与林则徐史料选译》，第333页。

口。通向夷馆各街道一律关闭，不得再开。围墙应加高加厚，以策万全。应指定一条通衢，设立大门上，派兵驻守。一切着由该员商议妥办具报，以验命令是否遵行。至于平民开店营生，为例所许。但隆兴及靖远街之商店，与夷人如此亲近，竟致招牌只用洋文书写，悖谬违法，非良民经营可比，必须严予取缔，以绝败行，以纯民风。

该府县应先明白晓谕，然后发出强制命令，限期迁移商店，不准在原地开设。若店主、地主胆敢违抗，或沿恶习，集会各庙，妄诋时政，行同顽氓，该府县应即会同钟协、广协，带同军警，严查捉拿煽乱之主犯，并捣毁庙宇。各街应设警探队，以区分良莠，认明内奸。该府县应全力以赴，审慎妥办，扫除败行，永绝奸宄各等因。奉此，本府县遵即会同钟协、广协，率领所有行商，转饬遵行。现新荳栏街进口处，同文街及隆兴街，已经筑起围墙。靖远街道口处，作为通衢大门开放，门口筑起短墙，使与外夷的联结，完全隔绝。同文街及靖远街东西两边的商店，便于非法勾结，应一律关闭，不准与外夷居民贸易。高级官员应以身作则。所有民人应即遵令迁移，关锁住宅，割断罪恶交往。本府县剀切晓谕该两街居民，限令到十日内迁移两街存货，以正体制。切勿重蹈故辙，违法秘藏货品，续犯罪行；若违限抗法，必将住户驱出商店、住宅，交将货物家具查封。隆兴街北，东边店铺，与夷馆墙垣相接，经常通过夷馆窗门，与内地奸民进行非法交往。此街亦应包括在内，限期十日，所有住户，必须迁移，住宅关锁。街之西南边店铺，距离夷人住宅稍远，进行合法贸易，可准照旧营业。该商行应即前往查明有无屯积货品，阴谋买卖；有无与夷人朝廷秘密勾结，据实呈复，以凭依法惩办。

再，在新荳栏街内，有许多民人，制作衣帽售予外夷。此为经常必需品，如果行商愿意具结，保证此等小行商行为端正，则准继续经营，否则，应加驱逐。其接近夷人住宅之居民，与同文街及靖远街之居民，限十日内迁移。至于洋字招牌，早经禁止，但日久玩生，愈来愈藐法。现应属遵旧例，此种败行，亟应制止。从此，不论通衢小巷，如有胆敢重蹈故辙，则法网难逃，必予严厉惩治，断无宽贷。凛遵毋忽。特谕。①

通过建造围墙对城内街道予以改造，部分邻近外国商馆区的居民和商铺也要迁移以规避外商，不愿迁移者必须签具甘结保证不与外商接触甚至买卖

---

① 《中国丛报》，1839年5月第8卷第1期第3篇。见《鸦片战争史料选译》，第153—154页。

等措施,以断绝广州城居民与外商的接触。

五、配合打击鸦片走私行为的其他社会治安整治

为配合打击鸦片走私、白银买卖行动,广州官府非常重视对其他各种社会犯罪的打击。"且现当查办鸦片吃紧之时,若兴贩烟土船只与匪徒合而为之,尤应实力严缉"①,林则徐认为查办鸦片必须与惩治其他类社会犯罪同时进行,方可取得打击鸦片走私行动的决定性胜利。他要求广州各地官府要严厉打击抢劫、盗窃各犯,整治社会秩序,以期达到稳定大局、全力对敌的局面。

据林则徐奏折称,自道光十九年七月至十二月底(1839年8月至1840年2月初)止,仅南海县营即获犯邓亚超等140名,番禺县营获何亚锡等79名。这些罪犯或系劫抢叠窃,据赎诱拐;或系发家打单,造卖赌具;或系结拜弟兄,赌博吓诈,并军流涉脱逃之犯。②

道光二十年(1840年)春夏两季,全省又获盗1388名,皆为内洋、内河及陆路劫抢、掳赎、发家、拐带各重犯,力度不可谓不大。而且在广东省缉捕盗贼比其他地方更为艰巨,体现在:良盗难分、互劫难防、原赃难起、伙党难究、花红难继。为克服这些困难,林则徐认为:"保甲为弭盗之源,而奉行非循故事;巡警为诘奸之要,而委用务在得人。"他要求,凡水路上的巡逻船,陆路上的更夫、团练,沿着村边建筑的望楼、保寨,都不能出现有名无实的现象。③

曾在广东南韶连道任职的太仆寺少卿杨殿邦则提出,为应对广东打击走私的形势,必须对民间的非法组织予以坚决的打击,特别是对匪徒结党拜会者,应该"严拿究治"。

> 粤省无籍匪徒,每人身带短刀一对,称为大货手,其纠人入伙,谓之放台子,每台八人,饮酒拜盟,不序年齿,为首者称为大哥。旬日间,每人各放一台,辗转纠约,动辄千百人。又复结拜三点会,有称为某脑者,称为房长者,称为柳枝者,称为铁板者,其为从匪徒皆称为老

---

① 林则徐:《查办广东三点会会众情形折》,见《林则徐全集》,第三册"奏折卷",第256页。
② 林则徐:《广东各属续获抢窃等犯折》,见《林则徐全集》,第三册"奏折卷",第299—300页。
③ 林则徐:《议复叶绍本条陈捕盗事宜折》《广东各府州属续获陆亚裕等犯折》,见《林则徐全集》,第三册"奏折卷",第430页、第437页。

晚，结党成群，一呼即应。凡抢掳勒赎及杀人放火各巨案，皆系此类所为，大为闾阎之害。近年又间有与私贩烟匪互相勾结，明目张胆，四路召呼，持械护送，迹与盐枭无异。①

林则徐对活跃在广东省具有黑社会性质的秘密会党组织"三点会"也进行了全面侦察，并予以毁灭性的打击。

进入道光年间后，天地会在广东的发展一直在延续，特别是道光中后期，由于广东社会的急速转型，天地会活动更加频繁，以致对于天地会，"粤东土民，莫不周知。此等会匪不独无赖棍徒悉为羽翼，即各州县胥役兵丁，大半相与交结，表里为奸，虽素不谋面，而猝然相遇，见手口之号，无不呼为兄弟"②。林则徐在道光十九年（1839年）检查了广东省所办的结拜（即会党）之案，自道光十六年（1836年）至当时，广州官府共计破获15案，拿获人犯达145名。

经过林则徐的严密查拿，广东境内的三点会活动基本上被清除净尽，三点会党失去了生存空间，不得不转入地下，或迁移到其他地方活动。③

广州地方政府全方位的、严厉的打击鸦片走私、白银外流的行动给广州社会带来很大的影响。

其间中英贸易被迫中止，广州港也被封闭，其他国家在广州贸易活动间或也被禁决。民众的正常贸易经营活动也受到很大影响，一些依靠正常贸易的小商小贩遭到了破产的命运，很多借助鸦片走私活动谋生的小民也面临着困境，广州城的萧条景象很快出现。"今年（1839年）广州三年一度的乡试已经无声无息地收了场，应试者比往年少了约三千名。这是新的禁烟措施造成的结果。"④

同时，大规模的鸦片走私行为已经很难进行，1839—1840年由印度孟加拉省和马尔瓦省输出的鸦片（运至中国的未作区分）从上年的40 200箱减至20 619箱。⑤ 但鸦片走私行为并没有彻底消失，"如今当地的小船都是

---

① 《筹办夷务始末》第5卷，第328—334页。
② 参见《近代广东会党——关于其在近代广东社会变迁中的作用》，暨南大学出版社2004年版，第67—68页。
③ 《林则徐》：《查办广东三点会会众情形折》，见《林则徐全集》，第三册"奏折卷"，第255页。
④ 《中国丛报》，1839年10月第8卷第6期第6篇，见《鸦片战争与林则徐史料选译》，第128页。
⑤ 《中华帝国对外关系史》第一卷，第263页。

小包小包地从外国人的船上取货,这种买卖通常都是在夜间进行。看来这桩买卖还是跟以往一样地兴隆,还是非常安全和大赚其钱。代理商的地位已发生变化,但经营的规模几乎不受影响,或仅仅略有减缩而已"①。

林则徐过于急切的严厉治安策略,也使英国商人感到莫大的刺激。他们在呈给巴麦尊的请愿书中表示他们受到四点伤害:(1)在该港停止全部合法贸易当中,即便是满装货物的船只,等候的仅仅是离港证,也毫无理由地被禁止出港。(2)用武力围禁一切外侨于广州,包括女王陛下的总监督,以迫勒臆造中的鸦片持有者,缴纳他们所属的财产,以及欧洲人、印度人所属的财产,价值达200万~300万英镑。(3)公开而毫无忌惮地威胁外侨缴纳鸦片及将来有任何违反海关律例时,都要以他们的生命来负责。(4)强迫外侨具结,不但在华的外侨,而且在来华途中的外国人,如不遵从钦差大臣所颁布的命令,签具切结,亦将同受其罪。他们希望英国政府出面干涉,以变革英国与大清帝国的关系。②。

英国的巴麦尊1840年针对清廷打击鸦片走私、白银外流行动给中国皇帝来了一封函,为即将到来的战争阐述了以下理由:

> 去年有某些根据中国皇帝授权行事的官员,对英国旅居广州的侨民横施暴行,……那些官吏忘记了具有英国君主代表身份的英国商务监督所应得到的尊敬,也蛮横无理地对待该监督。……过去许多年来,鸦片输入得到广州的中国官员们的纵容和许可;……用官船从停泊在伶仃洋的外国船只上将鸦片带至广州。……中国政府所奉行的方针始终相反,因为他们让那些最应受到谴责的本国官员逍遥法外,并且对外国人使用暴力,……他不拿获违禁的鸦片,而决定逮捕爱好和平的英国商民;……和平地居住在广州的一大批英国商人,突然被监禁在他们的住宅中,得不到他们的中国仆人的帮助,被截断所有的食物供应,并且遭到饿死的威胁。"③

在这封函的最后附了一份要求中国签订的条约草案,成为两年后《南京条约》的蓝本。

---

① 《中国丛报》,1840年1月第8卷第9期第1篇,见《鸦片战争与林则徐史料选译》,第131页。

② 《中国丛报》,1839年5月第8卷第1期第3篇,见《鸦片战争史料选译》,第160—163页。

③ 《英国档案有关鸦片战争资料选译》(下册),第540—549页。

中编

鸦片战争期间广州社会治安的无序状态

道光十八年七月（1838年8月），传言省城靖海门内西街有一家"找钱铺"，其柜围前面的地上忽然流血如箭，飙起3尺多高，顷刻乃止。据传统五行的迷信说法，这一现象预示着两年内一定有流血事件发生。道光二十年十一月（1840年12月），英国人蠢蠢欲动，相传督宪（总督）五营公馆的某千总请仙人扶乩，仙人乩云：正月平平，二月罹兵，三月又平，又三月不宁，四月虚惊，五月鬼去，六月康宁，第二年（1841年）英兵进入内河正应验了这一说法。[1] 这些传言虽然没有科学依据，但表明广州城的居民开始感到战争的迫近，人心开始震动，一场巨大的社会危机即将来临。

---

[1] 《英夷入粤纪略》，见《鸦片战争》（三），第4页。

第五章 广州城内外的军事布防

战时的社会治安防控经常是与军事措施结合在一起实施的。鸦片战争期间,广州地方政府为了保卫广州城的安全,从炮台设置、部队调拨等方面对内河外海进行全面的布控,并不断打击各类犯罪分子,基本上保证了战争时期广州城的社会秩序,不至于形成极大的社会混乱局面。因此,战时的社会治安防控与军事措施的结合是广州官府较为有效的"治乱"策略。

一、林则徐的军事布防

作为办理专项事务的钦差大臣,林则徐南下广东后的主要任务就是禁止在广州甚嚣尘上的非法鸦片走私贸易。他把全面实施朝廷各种禁烟政策作为广州城社会治安管理的核心策略去抓,尤其重视对鸦片走私活动的严厉打击,以期达到整顿广州混乱的对外贸易秩序、社会经济秩序和社会治安秩序的目的。然而打击鸦片走私、阻止白银外流的行动必然要使英国的既得利益受到冲击,从而引起英国人在军事上的挑衅行为。林则徐很清楚地认识到这一点,所以他在禁烟的同时,一方面督促各级官员强化管理手段,维护广州城的社会稳定,另一方面采取各种军事防范措施应对可能的外族入侵。

道光十九年十二月(1840年1月)林则徐正式调任两广总督。① 他深知自己对外国的情况陌生,要处理华夷纠纷案件就必须了解外国情况,便决定尽最大的可能到处收集关于外国人的资料,以了解洋人的政治、经济、军事、地理情况。"……他自己先预备几个最善翻译之本地人,他就指点奸细打听事件、法子,这些奸细、洋商、通事、引水,二三十位,官府在四方各处打听,皆是有些才能之人,将打听出来之事,写在日记上,按日期呈递登于簿上……"②,他搜集了当时外国人在广州、澳门办的诸如《广州周报》《广州纪事报》等新闻报纸,以及英文书籍,包括商业情报和传教小册子,物色聘用翻译人才,设立译馆,选择重要情报译出,向朝廷呈报。③ 他还亲

---

① 《筹办夷务始末》卷九,第581页。
② 《澳门新闻纸》,见《林则徐全集》,第十册"译编卷",第213—214页。
③ 杨国桢:《林则徐传》(增订本)。

自找人帮助他翻译当时外国人办的《中国丛报》等新闻报纸，通过这样的途径，林则徐了解了不少关于外国及外国人的信息，这也为他在应对广州各种社会问题方面提供了不少便利，特别是在处理与外国人的事务时，知己知彼，做出了一些较为客观的判断。仅此一点，足以使林则徐独立于仍旧沉醉于天朝上国美梦中的士林之外。

除设立译馆，掌握外国特别是英国的基本情况外，林则徐把加强省城的军事防卫、防止外强侵略作为广州地方当局的当然举措。

他非常重视防御工事和军队建设。刚到广州，就马不停蹄地带领广州地方官员巡视了省河内外各个炮台的实际情况。① 道光二十年三月二十六日（1840年4月27日），林则徐奏请于尖沙咀、官涌添建炮台，分别需工料银17 951两零、14 046两零，应按大炮50余门，② 这些请求均得到道光皇帝的支持。

在林则徐的整治下，有些上缴完鸦片的英国空趸船并没有全部撤走，而是在伶仃洋面附近任意逗留。林则徐谕令地方官协同驻地军队认真布置虎门一带的炮台，设置重型大炮，以防堵外国船只进入。③ 同时，在虎门各水陆险要之处添设炮位，设置从外国买回来的各种先进大炮。严密军事布防使陆续赶来的英国兵船不敢进入虎门海口，只好散泊在伶仃外洋，④ 大大提高了珠江口特别是虎门一带的军事防御的威慑力量。

为弥补军力的不足，林则徐大胆招募民间水勇，至道光二十年（1840年），或由民间自行组织团练，以保村庄，或由府县雇觅壮丁，以资捍卫，即如广东省中路一带，所雇练勇，用以协防炮台隘口，并配入拖风、红单等船者，达到1 500余名。林则徐也认识到这些团勇"流弊亦多，须妥筹经理，加以管束"，才能发挥团练保境安民的积极作用。⑤ 因此，林则徐经常亲临水勇操练现场督操，⑥ 以训练技能，鼓励士气。对禁止英国贸易后仍在外洋游弋不走的英国商船，因为广东水师战舰的弱势，不能出洋加以驱赶，林则徐饬令各级官员和提标营兵大力捕捉汉奸，严防他们与英船相互勾结，以图断绝这些英国商船与内陆各类违法犯罪分子及民众的联系；他还经常组

---

① 《林则徐日记》，"己亥年日记"，见《鸦片战争》（二）。
② 《鸦片战争档案史料》，第Ⅱ册，第69—70页。
③ 《筹办夷务始末》卷六，第405—430页。
④ 《筹办夷务始末》卷十一，第758—762页。
⑤ 《复议团练水勇情形折》，见《鸦片战争》（二），第227页。
⑥ 《林则徐日记》，"己亥年日记"，见《鸦片战争》（二）。

织一些由水勇操控的火船在夜间驶向夷船附近，寻找机会纵火焚烧英国商船，① 以达到将英国所有商船驱逐出中国的目的。

林则徐还发动普通民众加入到打击外敌入侵的斗争中去。道光十九年七月（1839年8月），他发布《谕沿海民人团练自卫告示》，要求所有沿海乡村绅耆、商人及居民等各类民众自觉武装起来，攻击外敌，堵截外商："效忠邦国，群相集议，购买器械，聚合丁壮，以便自卫。如见夷人上岸滋事，一切民人皆准开枪阻击，勒令退回，或将其捕获。夷人上岸觅井汲水，应加拦阻，不准其饮用"②。

林则徐采取的一系列严密、看起来有效的防范措施，使英国入侵者不敢靠近粤省海口，转而沿海向北进发。胸怀天下安危的林则徐则通过朝廷加强与沿海各地区的信息沟通，随时将其发现的敌情及时向朝廷通报，以便提醒福建、浙江等沿海地方做好抗敌准备。③

然而，迫于英军入侵后逼近天津海口，威胁京师的压力，道光皇帝于1840年10月谕令内阁，认为林则徐、邓廷桢办理海口事务不善，"内而奸民犯法，不能净尽；外而兴贩来源，并未断绝"，误国病民，反而引起纷争，故将林、邓二人交部严加议处，由琦善署理两广总督，全权处理与英国人的鸦片贸易问题。林则徐在广东的活动到此被迫终止，其防卫措施、治粤政策、筹办洋务的策略都无法得到全面落实。④

当时的"有识之士"深为惋惜，户科给事中万启心甚至在琦善到粤就任后（道光二十年十一月初六即1840年12月29日到任），还上奏皇上，认为是英人使用的反间计使林则徐、邓廷桢二人被革，"粤人及士大夫有识者，皆谓两人在粤熟悉夷情，加以屡次防守夷船，颇殚智虑，幸免疏虞，深为该夷所指畏。其恭顺各夷，亦能驱遣效命。林则徐任事实心，两年以来，须发尽白，粤人闻其去任，或至恸哭"，因而奏请皇帝重新起用林、邓二人。⑤ 清人徐珂认为"琦善受欺于英"，向皇帝奏报说林则徐、邓廷桢挑起事端，导致林、邓被罢免，时江苏巡抚裕谦闻之，叹息琦善误国。

林则徐以其强硬的治事作风，采取严厉措施，对鸦片走私行为予以严厉打击，同时招募训练乡勇以充军力之不足，在广州城进行了有效的防范，使混乱的广州城迅速稳定下来，民风为之一振。当时的老百姓对林则徐实施的

---

① 《筹办夷务始末》卷十一，第758—762页。
② 《林则徐全集》，第五册"文录卷"，第243页。
③ 参见《筹办夷务始末》卷十、十一所载林则徐、怡良等的一系列奏章。
④ 《筹办夷务始末》卷十五，第1078页。
⑤ 《筹办夷务始末》卷十八，第1405页。

各项策略非常欢迎,对林则徐的个人魅力也高度肯定,广东省城内外士绅送了很多颂牌给林则徐,对其大加赞许,如"神以制物,静以安民""恩流五岭,化被重洋"等。①

"在中国人中,几乎没有人比原钦差大臣、现任总督(林则徐)更忠实于排外政策了。假如这种政策不久会垮台,或受到任何程度的阻碍的话,那么其原因只能是这种政策本身的弊端,而不是他的执行者缺乏意志和忠诚。总督大人为解除人民的苦难所表现的诚挚和处事魄力实堪赞赏。我们认为,尽管在办事方式上还常常欠妥,其诚挚和魄力,是远非他人所能及的。从他的主要措施中,我们有理由相信,他执行的是京城中得势的那一派人的主张——以禁绝鸦片和打击外国人为目的的主张。"②"林现在虽然遭到他的尊贵的皇帝的斥责,但在新近受他领导的人们心目中,这位前总督仍是一位可敬的人。而且,甚至连他最大的敌人,也承认他的手上没有半点受贿的污迹。就在他把大印移交给巡抚的前夕,他还前往黄埔视察船舶。在此之前,他曾到过其邻近地区监督销烟。"③外国人虽然对林则徐打击鸦片走私的严厉措施非常气愤,但对其个人的评价相当中肯。

林则徐被革职后,广州地方军事布防及治安管理开始松懈。英军虽然没有在广州扩大战局,很难说是完全对林则徐的防范措施知难而退,"广州江面既然已经完成封锁,英军要做的第一件事似乎是破坏江面防御工事,但是来自英国的训令,却指定要在北方作战"④。当义律的舰队沿海攻至天津大沽炮台时,道光皇帝害怕了,他必须要向洋人有个交代,他的真正意图是保住大清国,避免遭到英国人的全面攻击。于是,只好牺牲林则徐,这才以"构衅"的名义将林则徐及其治粤政策否定,而代之以琦善的和议政策。

二、琦善主政广州时的社会治安

琦善主政广东后,一切夷务均由他专办,改变了林则徐所实行的措施。⑤ 道光二十年八月十八(1840年9月13日)琦善针对义律要求赔偿林

---

① 林则徐"辛丑日记",见《林则徐全集》,第九册"日记卷",第428—429页。
② 《中国丛报》,1840年5月第9卷第1期第1篇,见《鸦片战争与林则徐史料选译》第184页。
③ 《中国丛报》,1840年10月第9卷第6期第11篇,见《鸦片战争与林则徐史料选译》第221页。
④ 《中华帝国对外关系史》第一卷,第298页。
⑤ 《筹办夷务始末》(道光朝),第22卷,第3册,第1664页。

则徐给他们造成的贸易上的损失,给义律发了个照会:"惟天朝与各国通商,本系大皇帝格外施恩。凡外藩之来贸易者,销有冤抑,无不查明惩办。上年钦差大臣,未能仰体大皇帝上意,以致办理不善,现已恩准定当重治其罪,冤抑无难立伸。烟土本系违禁之物,业经烧毁数年,无赔偿之理。"①照会否定了林则徐在广州严厉打击鸦片走私行动的意义,用皇帝将要"重治其罪"之事来安慰外国人的挑衅。同时,他按照皇帝的意思,拒绝赔偿英国人被焚烧的鸦片损失。

在琦善看来,林则徐所实施的一切治兵、治城、治商措施都是没有必要的"老调重弹",诸如断绝贸易、驱逐洋人出城、招募乡勇等,只不过比历届两广总督在处理中外纠纷时更加严厉粗暴而已,这种"严厉"正是"构衅"的主要原因。因此,林则徐的行动很快遭到琦善的全面否定。

为向英国表达议和诚意,琦善一入广东即撤去虎门海口的防务,遣散林则徐招募的大量兵勇。这些乡勇大部分都是"海滨渔蛋斗狠亡命之徒",对海边的水道形势非常熟悉,他们被裁后,没了生计,无所事事,或被外国军队招揽为向导,或者又成为流民,游荡于社会,扰乱社会秩序,由此增加了广州的不稳定因素。实际上,林则徐构筑的一系列军事防御和战时城区治安维护策略一瞬间土崩瓦解。道光二十年十二月十七日(1841年1月9日),执掌广东监察御史的高人鉴就反对琦善的这一做法,指出这样的做法只会让水勇们重新变成流民,造成社会的混乱,因此向皇帝奏请"仰求皇上敕下各督抚将军,先事筹议,召集团练,俾濒海游民皆归行伍,不至流而为匪,以资寇兵。一俟海宇廓清,仍使各安故业,实为海疆无穷之福"②,希望将解散的水勇仍旧召回,然而琦善依然一意孤行。

道光二十一年正月初九(1841年1月31日),已经代替林则徐职务的琦善去拜访林则徐。在谈话中,琦善非常感慨外国人的大炮和枪械之凶猛,制造技艺之精湛,同时,极度诋毁广州水师部队的软弱无用。③琦善已经被英人先进的大炮吓破了胆,彻底失去了抵抗入侵的勇气。后来,他一直奉行妥协的应对策略,并采取私会义律等一系列行动来向英国人示好。

然而,英国人并没有因为琦善的妥协而放弃挑衅。英军攻取沙角、大角两炮台后,被琦善命令专管地方事务的广东巡抚怡良开始认识到护卫省城的紧迫性,他将广州的防务重点放在省会城厢一带、水陆要隘以及军火局库等

---

① 佐佐木正哉编:《鸦片战争の研究》(资料篇),第20—21页。台湾文海出版社1983年版。
② 《鸦片战争档案史料》,第Ⅱ册,第730页。
③ 林则徐:《辛丑日记》,见《林则徐全集》,第九册"日记卷",第437页。

地方，积极添加兵勇，加大治安巡防实力，让城内驻军全面介入城市的治安管理。①

英军以军事作为后盾，坚持赔款，琦善终于同意割地赔款。闽浙总督颜伯焘认为琦善"弛备撤防，开门揖盗，虎门一失，大势已去。今又与之香港，且以数百万元拱手奉之，是喂虎狼以肉，而欲止其搏噬也"②。琦善一味地和议与妥协行为显然不得道光皇帝的赏识，很快也被撤换严加议处，并谕令广州地方派员押解进京听审。③ 祁贡被任命为两广总督，奕山为靖逆将军，杨芳、隆文为参赞大臣，急令赴粤剿灭英夷，正式向英国宣战。

为此，广州知府余保纯为维护战时广州城内的治安秩序，向广州市民发布了《为安民情而利商务》的告示，试图维持广州城内的正常社会秩序：

> 查近日来粤军队，陆续到达，我军法纪夙极严明，士兵未经许可，不得外出生事。第恐大军云集，在粤经商之各国商民闻而悚惧，不知事态何所底止。或者张皇失措，弃货物而潜行，或者惊恐满怀，感安危之莫卜。要知天朝对待恭顺外商，原与本国子民，视同一体，殊无二致。钦差大臣、靖逆将军、参赞大臣暨总督部堂、巡抚部院审慎理事，决不致使善良人等，遭受牵连。凡尔恭顺商民，自应予以保护，无使受害；尔等所携货物，亦应加以保全。为此，合行晓谕各国来粤商人民周知：凡尔等素日恭顺，久经商业者，天朝官长仰体皇上招徕远人之旨，将竭全力加以保护。地方盗匪擅敢妄加伤害，决将处以极刑。货物如被掠劫，亦决予追回，毋使稍有损折。该外商等亦应各安本分，照常营业，勿致惊疑。切勿参预乱事，免致后悔。特示。④

但是，形势越来越严峻。英军攻取大角和沙角炮台后，继续向内河进发，势如破竹。遭到琦善主政时期妥协政策破坏的军事布防已经失去了对英军入侵的抵抗能力，我们从英军进入内河的时间表可以看到这一点。道光二十一年二月初九（1841年3月1日），英军长驱直入至内河的猎德炮台，"……省中危急已甚，居民铺户逃散过半。初十，英夷义律差人请广州府当面讲话，说有要事。十一，琦善暨各宪再令广州府一往，亦颇有成议。英夷

---

① 《筹办夷务始末》卷二十二，第1664—1665页。
② 《清史列传》卷四十，第10册，第3152页
③ 《筹办夷务始末》卷二十八，第2184页。
④ ［英］撷·义律·宾汉：《英军在华作战记》附录八，寿纪瑜，齐思和译，原登于《中国丛报》，见《鸦片战争》（五），第330页。

兵船暂退数里，此时各宪束手无策，大家未能主张。……二十六日，夷船六只，复攻凤凰窖，一路放炮如入无人之境，连破海珠、永兴及东西各炮台，……夷人已上十三洋行居住，复差人请广州府求通商，不要地，亦不要银，各宪即命广州府往议。二十八日，议成通商，出示晓谕。二十九日，夷人献还近处各炮台，兵船退出。"① 关于广州攻城战的情况，我们可以从一位当时在一线作战的林福祥简单的记载中看到清军城防惨败的景象，不能说与琦善对林则徐军事布防的破坏无关。

道光二十一年正月，英夷之入寇也，予于辛丑正月诣广州太守陈战守方略，弗纳。予遂奉老母避乱于花山矣。二月，林少穆制府所设以虎门之水勇被撤，于是虎门沙角等六台相继失守。……夷兵遂入省河。三月，祁竹轩宫保来督粤，时黄香石师、余君竹岩皆在幕中，以书招予。予于闰三月赴省垣，祁宫保乃委予以招募之任，得善于泅水而有胆气者五百七十二人，分配战船十六号，驻于城西之离明观海口。四月初一日晚二更，侦得夷兵正攻西炮台，予即自将前队，由泥城抵白鹅潭，绕出夷火轮船后，燃放子母炮，击中其火船尾棚，并打得夷兵一名落水。……时夷兵正与西炮台对仗，未及旁顾，比及天明，夷兵遂舍西炮台而向予矣。于是，予后队巡船被夷炮击碎一号，予仍由泥城退保离明观。初三日辰刻，逆夷又以小华艇六只入泥城，予督率头目关鹏飞、杨汝正等，出离明观以御之，击沉其华艇二只，击毙夷兵四名，夷兵下水者十余名。初四日辰刻，予赴督署请领大炮守离明观右旁之小山，失守则按军律，宫保许之，饬予带水勇赴局领炮。申刻刚出北门，远见守泥城之客兵纷纷逃窜，询之则夷兵已由泥城上岸矣。予不得已，即带水勇扎于三元里西之石井桥，而夷兵又即于是晚上四方炮台矣。初五，予在石井，辰刻又带水勇夺四方台，时城门已闭，所有城外守险之兵尽调入城，在城外者独予水勇一队。予谓水勇一到，城内以兵接应，里外夹攻，台必可复。不料自辰及午，杀毙夷兵六名。予水勇亦被杀五名，彼此受伤者各数十人，而城门紧闭如故。未刻予即收兵，仍扎石井。初六七等日，予与城内消息不通，而谣言四起，有谓议和已定者，有谓大宪殉节者。……予连日与杨汝正劝谕数十乡，激以忠义，怵以利害，于是乡民怦怦欲战。②

---

① 《广东事略》，见《鸦片战争》（三），第314—316页。
② 林福祥：《三元里打仗日记》，见《平海心筹》卷下，广州古籍复印本1960年版。

英军的第一次攻击只用了 15 天就直抵广州城外的外国商馆,可见广州城的军事布防在英军的攻击面前不堪一击。

尽管如此,通过余保纯的及时努力,英军暂时放弃了攻打广州内城的计划。二月十一日(3 月 3 日)下午,就有通事来到英舰,带来了此时仍在广州的美国代理领事多利那给义律的信。多利那领事的信中说:"广州知府余保纯要求我转达:他有意在明天派一名或数名官吏拜访阁下。他们准备在明天上午 10 点持白旗从广州出发,因此恳请贵军在他们到达之前停止作战行动。"据说此信送到后过了一小时,余保纯也赶到了。据义律的报告说,余保纯是代表琦善来舰的,其目的在于以琦善已被剥夺一切权力,不能调解纷争为由,要求义律停战。……义律在余保纯恳请休战后,同意停战,会谈直到二月十三日(3 月 5 日)上午 11 点。但这时义律所提出的条件十分苛刻,他将《约议戢兵条款》交给余保纯,告知:"如果琦善阁下在上述期限之前不与义律会见,订此条款,英军将再次开始进攻"。[1]

余保纯是不能也不敢代表清廷答应义律的苛刻条件的,而此时的琦善已经被剥夺了"专办夷务"的权力,不可能再来会见义律。因此,短暂的停战期一过,二月十四日(3 月 6 日)英军就恢复了进攻。二沙尾炮台陷落。不久,义律与广州知府举行了第二次会谈。在这次会谈中,义律对余保纯说:"我很清楚,钦差大臣已被剥夺了……权力。但是,我必须要求通过他排除进行贸易的障碍。如不恢复通商,我们就只得封锁广州,禁止其(他国)通商,并在外国商馆前派驻大量军队。"对此,余保纯表示赞同并答称:"公使阁下看到了中国民众的状况,因此一定会充分了解省城当局也盼望马上恢复通商。但这不得到皇帝批准是不可能的。"[2] 余保纯也认识到长期的禁止通商,不但英国人不同意,而且会严重影响广州民众的生活状况,从而对内城的社会稳定也会有极大的影响。

道光二十一年闰三月二十一日(1841 年 5 月 11 日),义律照会余保纯:"现据西炮台于本年二月内(1841 年 3 月),已经被本军兵所得,业于二月二十八日(3 月 30 日),与贵府面约。而贵府不复设炮等语,现在既有设炮,今依赖大宪等执信。本公使大臣请贵府迅速将现设之炮撤消,并请出示,谕知内地众民,不必惊慌,又在城内扎营之兵,亦请渐渐撤消也。"[3]

---

[1] 佐佐木正哉:《鸦片战争の研究》(资料篇),见《国外中国近代史研究》,第 12 辑,中国社会科学出版社 1989 年版,第 211—212、219 页。

[2] 佐佐木正哉:《鸦片战争の研究》(资料篇),见《国外中国近代史研究》,第 12 辑,第 224—225 页。

[3] 佐佐木正哉编:《鸦片战争の研究》(资料篇),见《国外中国近代史研究》,第 12 辑,第 105 页。

同一天，义律再一次照会余保纯："本公使大臣于本月二十二日辰刻（3月14日7点至9点），自省启程回澳门。但若照所言，撤炮销兵，出示安民三款，请贵府早即来回复。抑系来复不及，烦到澳门亦可。倘不实允，窒碍难行。务必请三位钦差大人将来覆之文，会衔用印为托，或延缓时日来澳，则事亦难处矣。"① 义律给余保纯的两件照会不亚于最后通牒，照会直接要求广州官府撤去所有针对外敌入侵的军事布防，并立即恢复通商。余保纯自然不可能做到，事实上广州地方官员们恐怕没有一个人敢拍板。

在这种情况下，四月初一（5月21日），广州官兵开始攻击英船。初二，英军只驾一只火轮船，驶至省城西泥城一路开炮，防守兵勇望风而逃，船只60余条被烧毁。初三、初四、初五等日，英人驾船十余只，开炮攻打上岸，防兵四散逃走，被烧民房甚多，占去四方炮台。经广州府知府余保纯向英人面议息兵。初十，乡民数万人围困义律等人（即三元里人民抗英）。因余保纯得义律私信，出城弹压，乡人始渐散去，英人将大角、沙角、横档等炮台砖石移往香港，起造马头房屋。②

四月初六（5月26日），余保纯与义律再三说和，义律一直坚持他所提出的条件，并送给余保纯一面白旗，说如果答应议和条件就在城墙上插上白旗，否则他们就向城内开炮。当天英军的炮弹就打中了城内的贡院，奕山等不得已，将白旗扯起，城外英军立即停止攻打。奕山等决定议和，并承诺于十二、十四等日，将外省兵丁逐次撤往花县、从化驻扎，并叫余保纯告知英军省内所驻各省军队的撤兵日期。③

而奕山在其四月初七给广州知府的饬令中却说："现在英国公使情愿罢兵议和，所有一切安善章程，该府妥为办理，毋得推诿。"④ 广州知府余保纯奉命出城与英军议和，与义律商定偿还英军600万两损失的问题，开始英军要600万两，后来减作600万元，计432万（两）。限7日交清，如迟一日，则多添100万两。另连赔还烧错吕宋国夷船一只，又赔偿初二日所抢公司美夷船货价，此二款不在总数之内。又要大将军撤出大兵，退数十里，俟银两交清后，该夷即将各炮台归还中国，否则午刻又要攻城。"三大帅与文武各官，同在抚署商议，以事既如此紧急，不能不委曲从事，以便保全满城生灵。三大帅暨督、抚、将军，已于巳刻会衔盖印，该夷收执。"⑤ 余保纯

---

① 佐佐木正哉编：《鸦片战争の研究》（资料篇），见《国外中国近代史研究》，第12辑，第106页。
② 《清宣宗实录》卷三五三，道光二十一年六月乙未。
③ 《清道光朝留中密奏》，见《鸦片战争》（三），第537页。
④ 《鸦片战争の研究》（资料篇），见《国外中国近代史研究》，第12辑，第108页。
⑤ 《鸦片战争新史料》，见《鸦片战争》（三），第434页。

即日发布告示:"前与英夷打仗,禁绝接济。现在息兵讲和,所有食物均准卖给,合行示谕。为此示仰买办人等知悉,如有英夷应需食物,照常卖给,其余人等挑卖食物,亦准照常挑担卖给。"①《平夷录》记载是因为老百姓向官府呈递求和申请后,余保纯才决定与洋人议和,虽然义律在议和谈判中已提及割让香港给英国,但广州政府并未答言。②

尽管如此,广州民众中的绝大部分人都认为是余保纯主动向英军投降的。八月初二(9月16日)学宪署内开考各属文童试,南海县是头场。这天,余保纯照例坐轿来到学宪署,参加考试的文童一片哗然,皆云:"我辈读圣贤书,皆知节义廉耻,不考余汉奸试!"原因当如下:

> 盖以余行贿求和,并禁三元里诸乡义勇不得围杀占据四方炮台之逆夷也。余初犹委属员教官禁止劝谕,然愈禁愈喧。时南海、番禺两知县亦在场,皆以军功赏六品顶戴蓝翎,诸文童指其顶而詈之曰:"有如此清贵之金顶子不戴,而戴此污糟白石奚为?"又手玩弄其翎曰:"何羞而得此,既重欺皇上,不宜拖在后,宜拖在前,庶足少遮羞颜也。"两县谢曰:"本县蒙赏,非以军功,以筹办军务也。"哗犹不已。余保纯考虑到众怒难犯,即上轿回衙。各文童以瓦块掷击,轿为之破。巡抚怡良也知余之所以得罪于百姓,而诸文童一时负义之故,于是即勒令余保纯辞职,调雷州府易公长华代理广州府事,再示试期,初七开考,头场仍在南海县,诸童帖然。夫四月之役,余本纳贿求和,称言代还商欠,其欺甚矣!既和之后,大将军保举将官水勇既多,赏赐白石顶子花蓝翎不一而足。时人有"有顶皆白石,无帽不蓝翎"之语,省城里巷孩童嬉戏,据此编出嘲笑口令传诵一时,又有:"鬼子来,走得快,有白顶,蓝翎戴"之谣。③

可见,琦善、余保纯的和议行为遭到民众的普遍非议,不久,道光即谕令将琦善锁拿进京问罪。④ 1841年3月12日,琦善被逮,由副都统都隆押解,离开广东进京受审。5月3日,一直奉旨留驻广州协办事务的林则徐也黯然离开广东。⑤

---

① 《夷匪犯境闻录》,见《三元里人民抗英史料》,第68页。
② 怡云轩主人辑:《平夷录》,见《鸦片战争》(三),第391—392页。
③ 《英夷入粤纪略》,见《鸦片战争》(三),第15—16页。
④ 《夷氛闻记》卷二,第49—62页。
⑤ 林则徐《辛丑日记》,见《林则徐全集》,第九册"日记卷",第441,447页。

三、杨芳、奕山的军事防控

1. 迷信而笨拙的防卫

琦善被革职后,由杨芳接替。1841年3月5日,参赞大臣杨芳匆匆赶到了广州。当地的官绅士民就像盼到了救星一样。

杨芳,贵州松桃人,行伍出身,因平定西南少数民族起义、打击山贼匪患、消灭宗教活动和镇压张格尔叛乱等军功起家。① 15岁从军至此已经戎马55载,身经百战。他是冷兵器时代充满迷信的将军,他平生最显赫的业绩是在道光初年平定张格尔之役,他以参赞大臣的身份,率兵穷追,擒获张格尔,押送北京。道光帝亲自受俘,对杨芳大加封赏。他来广东前,官位湖南提督,正准备进京请训,行至江西丰城,于2月12日接到任命圣旨,立即折道南下。正因为杨芳之前在军事方面具有骄人的历史,省城人民"望之如岁,所到欢呼不绝,官亦群依为长城。"②

杨芳比奕山先到达省城广州,一进城就发表他的御敌主张,在他看来,"夷炮恒中我,而我不能中夷,我在实地,而夷在风波摇荡中,主客异形,安能操券如此。必有邪教善术者伏其内",立即传令保甲"遍收所近妇女溺器为压身具,载以木筏,出御乌涌,使一副将领之"③。

为等待奕山大军的到来,杨芳在省城内河也进行了一系列的军事防御措施,这些布防措施却非常笨拙而徒劳。比如在河中安置铁链,用石块、木头等堵塞河道,而且木头还要从广西运来。虽然与英人在乌涌一带有所交火,英船也退出省河以外,没有攻城,但杨芳的防守军队并没有因为有妇女的溺器和堵塞河道等措施而占多大优势,仍然被英军打得狼狈不堪,全体官兵都跑进广州城内。

英军退出省河后,杨芳、怡良根据行商代英国商人呈请通商的字约,上奏请求朝廷允许给英人通商,以便拖延时间等待奕山大军的到来。道光皇帝剿灭英国入侵军队的决心却非常坚定,也非常急迫,他在答复杨芳和怡良的奏章中批谕:"若贸易了事,又何必将帅兵卒,如此征调?又何必逮问琦善?所见甚差。"于是杨芳、怡良也被先行交部严加议处,④ 留任戴罪立功。

---

① 参见《清史列传》卷三十九,第十册,第3049—3056页。
② 《夷氛闻记》卷二,第58—59页。
③ 《夷氛闻记》卷二,第59页。
④ 《筹办夷务始末》卷二十六,第2039—2045页。

继续留任的杨芳、怡良等在严饬沿海各州县营汛实力防堵英军入侵的同时，也发布安民告示，晓谕城内居民照常生产生活，以维护战时城内的社会秩序。

2. 奕山、祁贡的防控

奕山、隆文于道光二十一年三月二十三日（1841年4月14日）抵达省城，二十六日（4月17日），奕山奏称他一到广州即"周历城区内外，察看形势，其城背北面依山而立，左右并无平旷之地，东西南三面皆水，港汊处处可通，名为省河，实为支海，每日潮至深七八尺，面宽三四里五六里不等"，认为"惟凤凰港河面较窄，陆兵抬炮尚能攻及，其余非船载大炮未能得力，若专恃陆兵，又难夹击。前经杨芳移咨广西抚臣，购造大料木排，尚未放到，所调各路炮位，亦未能到齐。惟见有开舱贸易之说，乘此羁縻。奴才等与杨芳协力同心，督饬文武各官，赶造攻具，一俟布置就绪，即便乘机进剿"[1]。根据对广州城的地理形势分析，奕山提出了防御入侵之敌的城防措施和办法。

接着，奕山等又在奏折中对广东省城居民的情况进行分析，以寻找对民众进行防控的策略，在他看来：

> 密查粤省情形，患不在外而在内，各商因夷以致富，细民藉夷以滋生，近海商民多能熟悉夷语，其中狡者布为奸细，凡在省各衙门，一举一动暗为通知，捷于影响。且水师一营，自兵丁以至千把总，前此无不藉包庇鸦片以为生理。用兵以来，于逆夷惟恐不胜，于烟禁惟恐不弛。……省城大小衙门，俱有汉奸探听信息，传送夷人，每纸卖银二十元，甚至凭空捏造以惑众听，诡计多端，机宜不得不密。奴才等于密访严拿外，凡一切奏稿以及重要公文，督饬随带司员，随时亲自检束。即如制造火器，现今既许各国开舱贸易，而赶造攻具，即不可令其闻知。奴才等现于贡院设局，择其秘密处所，易于关防，委张必禄等督率工匠，昼夜赶造大小火箭、蒺藜、火球、毒火炸炮、毒火球等件，凡匠役人等准入不准出。即奴才等亲身试验并不随带一人。是防民甚于防寇，此奴才等所谓患不在外而在内者此也。[2]

---

[1] 《筹办夷务始末》（道光朝）卷二十七，第2册，第994页。
[2] 《筹办夷务始末》（道光朝）卷二十七，第2册，第994—995页。

奕山认为粤省民众多与外商有很大的利益关系，因此奸细很多，必须采取一切措施保证军事秘密不至于泄漏，甚至提出"防民甚于防寇"的防民主张。

同时，奕山、隆文等还向皇帝奏报，将从各地征调渐次到达广州的部队官兵予以详细分派，到广州的各个军事要隘进行驻扎防守。

……逆夷进攻，必由东南、西南两路而入，东南一带，水面较窄，中流亦浅，西南由白鹅潭直接大黄滘，水面宽阔，中流水深三四丈不等，此路最当贼冲，而近岸民居鳞次，河面距城仅止数丈，不能安营。先自迤西水关起，由城南之太平门、五仙门至迤东之水清门止，除广州协兵外，派拨江西、湖南、广西兵一千一百名，在城上分段协防，派四川兵六百名，在城外南面之油栏、竹栏、靖海等门外街市冲要处，分段设伏保护。码头东西二炮台，安设新铸八千斤铁炮二位，以备冲突。又于东校场东西得胜炮台等处，安设四川、江西各省兵四千名，以为犄角，城东北西北两处，分扎贵州、湖北等省兵四千一百余名，以为前三面官兵应援。正北保厘炮台，分扎湖南等省兵一千两百名，联络旧城背面守城兵，以壮声威。佛山密迩花地，系粮台重地，截留广西兵一千五百名，藉资捍卫，并接应外运木排炮位，防夷截劫。经此一番布置，民心安定。……

道光皇帝对奕山寄予了很大希望，他要求奕山"必须计出万全，谋勇兼施，扬国威而丧逆胆"[①]。

四月十八日（1841年6月7日），奕山等在《乘夜焚剿省河英船折》将省城四面以及省河水面的兵员防守情况向皇帝禀报，并向朝廷保证省城必将万无一失。

奕山、祁㙛等还大量招募水勇游民来充实军队的力量。战争必然影响众多水勇游民的生计，况且战时吃紧之时，官府和军队的精力必然全部投入反击英人的侵略，保卫城池不被攻破，因此，官府和军队在和平时期所担负的社会治安责任自然有所松懈。平时受到官府和军队严密监控的船户水勇，以及社会游民、流民，在战争爆发以后，很可能失控，造成对社会的极大危害，导致社会治安秩序的极度混乱。因此，战争时期广州地方政府非常重视对乡勇、水勇和游民、流民的招募，甚至连监狱里关押的罪犯有时也会被投

[①] 《筹办夷务始末》（道光朝）卷二十八，第 2 册，第 1003—1005 页。

入到战场中去。

道光二十一年二月二十九日（1841年3月21日）道光帝曾经发出谕令："逆夷在粤大肆猖獗，现已调集各兵，令奕山等迅加进剿，想该将军到后自可一鼓成擒，歼兹丑类，惟所调各路官兵长于陆战，至出洋浇击攻剿，或不如水勇之得力，着奕山等即行设法招募，务令悉为我用，以散奸党而消贼焰"。①

接到皇帝的谕令后，三月份来到广州的祁𡎚，立即叫其幕僚黄香石、余竹岩"以书招林福祥。林福祥于闰三月赴广州，祁𡎚委林福祥以招募之任。林福祥很快召集了572人。②

同时，奕山也大力招募各乡社的乡勇和水勇，七月二十日（1841年9月6日）奏称：

> 南海、番禺两县各乡社逐村查验，已练有三万六千余名，按名点看，俱年力精壮器械整齐，分队操演，沿属勇健。各乡各有章程，如若调用再行发给口粮，当即分赏银牌银两。又恐小民勇于保家，惮于征调，穷乡僻壤呼唤不灵，现拟一面撤兵，一面募能，挑选技艺习熟识水性者，分为水陆二队分给炮火刀矛，雇觅拖风快蟹，派委文武员弁管束认真训练，无事则护修炮台炮位，以壮声威，有事则分以御敌。再将各乡团练丁壮分为三成，一成守村，一成守隘，一成赴援，互为表里，截其归路，断其接济，继以火攻，可期得手。③

道光帝再一次肯定了奕山和祁𡎚的做法，并且希望奕山等借此将入侵之敌赶出广东，为闽、浙各处对外敌的防剿做表率。八月十八日（10月2日）谕旨："前据该将军等奏南海、番禺两县村社，练有义勇三万六千余名，省城所留精锐官兵，亦有五千余名，如果谋勇兼施，兵民齐奋，现在广东夷匪为数无多，乘此挑衅生事之时，声罪致讨，激励士民，同仇敌忾，将留粤夷匪痛加剿洗，收复香港，捣其巢穴，不但粤中海氛可期永靖，且先声所至闽浙各处防剿事宜。"④ 道光二十一年十一月初四（1841年12月16日）祁𡎚奏称："各省沿海一带率多疍户渔人，若能招集使为我用，是海疆多一水

---

① 《鸦片战争档案史料》，第Ⅲ册，第261页。
② 《三元里人民抗英斗争史料》，第25页。
③ 《鸦片战争档案史料》，第Ⅳ册，第41—43页。
④ 《清宣宗实录》卷三五六，第421页。

勇,即逆夷少一汉奸。此辈渔户人等习处海滨,良莠不一,其安分者固可借资御侮,而桀骜者亦恐别滋事端"①,将招募乡勇、水勇参与御敌的意义讲得非常清楚明白,战争与社会治安的防控必须紧密结合在一起。这种措施也得到了道光帝的认可。

经过对广州城周边周密的军队布防、器械准备、民众防控等各种措施,奕山试图构筑起一战即胜的信心。可是这种步林则徐后尘的防御措施,根本不可能抗击英军的进攻。

奕山向道光皇帝奏报的一系列战争情况几乎与其防御奏折同时抵达京城。道光二十一年四月十五日(6月4日),奕山在《英船攻击省城并请权宜准其贸易折》中向皇帝奏报城战的连续失败、不得不与英国议和的经过,在此情况下,请求皇帝准许恢复业已中断的中英贸易:

……该逆探知工次木排将成,自四月初一日开仗以后,该夷即密遣三板船前往探水,经看守弁兵开放枪炮击退。迨初五日,夷船三十八只,全数驶入攻城,另驾货轮船驶至泥城河面开炮。汉奸扮作水手,泅入我草船附左右,纵火将先前装运柴草焚烧过半。其汉奸凫水登岸,自陆路抄赴我兵之后,三面受敌,泥城不能拒守。此时河道梗塞,文报难通,赶办炮位一切,即无从前往督催,亦无从运送来省。至兵糈虽有仓储可资,而民间食米向皆来自乡间,兹已坚守城池,则商贩不前,尤与民食有碍。兼之炮火不绝,新城居民相率移入老城以内,相持日久,即不能无匮乏之虞,民气动摇,不堪设想。省城重地,为全省关系,稍有疏失,则各府州县匪徒,必至乘机蜂起。况大兵聚集,亦复在可虑,使在郊野行兵,尚可层层择险诱敌,而省城万无弃理。城存与存,本是奴才等一身之责,而城亡与亡,实非地方万全之计。……奴才等通盘筹划,虎门藩篱即失,内洋无所凭依,与其以全城百万生灵,与之争不可必得之数,似不若俯顺舆情,以保危城,以苏民困。……是以公同商酌,派署广州府知府余保纯妥为查办,姑如商民所请,暂准其与各国一体贸易,先苏民困。②

在奕山看来,战败的原因是我方工事还未成,敌方就开始攻击,此其一;汉奸协助英国破坏了我方的军事防线,此其二。至于为何急于议和,自

---

① 《鸦片战争档案史料》,第Ⅳ册,第425页。
② 《筹办夷务始末》(道光朝)卷二十九,第2册,第1042—1044页。

然是为保全城百万生灵免于涂炭。奕山在分析军事失利的缘由时，不免有推卸责任之嫌。

战败后的奕山在四月二十四（6月13日）还在其《英船退出省河防堵并布防情形折》说："又奴才等前遣义勇绅士等，于南岸擒斩头目一名，据其密报系属伯麦，夷人愿出洋银万元购求其尸，该绅士等密藏深室。是否属实，容查明再行具奏。……奴才奕山、隆文带兵二千名，分驻石门、金山一带，会同参赞大臣齐慎筹办一切，并查验后路木排船只，以备放下堵塞河口。"① 虽然不确定，但毕竟有了一个斩杀夷首的好消息，而且战事已停，他们却仍然毫不松懈对省城的防卫。

我们再看看英国人宾汉是如何记录这次城防之战的经过的。

义律大佐于（1841年4月）5日回商馆，在商馆住了十二天，其间广州知府陪侍，商议各种与商业有关的详则。知府末一次谒见时，送来了杨芳的一件会照，在会照中表示他的同事奕山、隆文是抱着友善态度的。

……在5月初，事态就明显了，我方势非再攻一次省城不可。……现在趁战争还没有真正发生以前，赶速通商。我方又获悉了中国人在临珠江的许多房子后面正在秘筑炮台，把在佛山所铸的大口径大炮运了过来，架立在炮台上。

……（5月21日夜半）我军可以看出远在上流有一队沙船和快船。后来我们知道内有三千五百大兵，有意在混乱的时候下来攻船。……"摩底士底"号上三人受伤，两根护桅索被切掉，还有其他零碎损失。岸方的损失一定很重大。当涨潮的时候，火筏从河南岸作第二次尝试，但是同样没有功效。在炮台向"摩底士底"号开火的同时，中国人在商馆的广场上架起一门大炮，轰击"路易沙"号和"曙光"号。由于风向和潮水的不利，二船不能转动，损失很大。

……由于英军行动很快，他们把原定的起事日期催前了一夜就是了。……有些人说，以放荡著称的隆文，曾因酒醉，违背了同事的劝告，催促进攻。他的同事认为反复政策可以取得时间，以便实行原定计划。于是他们就把失败归根于他。②

---

① 《筹办夷务始末》（道光朝）卷二十九，第2册，第1056—1057页。
② ［英］宾汉：《英军在华作战记》，见《三元里人民抗英斗争史料》，第347—352页。

从英人的记录并不见伯麦被杀之事,可见奕山奏称的斩杀夷首事实可能纯属子虚乌有。此外,奕山在他的奏折里说是工事还没有完,英军就开始进攻,而这里记载的是因为英军攻速很快,导致隆文因为醉酒而产生的虚幻豪情,迫不及待地应战,招致失败。奕山却并没有在奏折上提到此事,我们视其为官官相护当不为过。

这场战争的彻底失败,并没有让奕山认识到自己的失误和无所作为,反而让他感到广州市民非常可怕而且可恨,在他眼中似乎省城民众个个都是奸细、刁民,这些奸细也是造成他守城失败的主要原因,于是他在与英军打仗的同时,开始对所谓的汉奸大开杀戒。

第六章 广州社会秩序的混乱

鸦片战争期间,广州社会境况惨淡,民众生活及其生命财产都受到了极大的影响和损害。"道光二十一年二月二十三日(1841年3月15日)探得粤东危境,逆夷肆横掳掠,新会香山二县居民避难逃散,广州素称殷富,悉为饿殍,本是通衢,变为鬼国。"① 让人想不到的是,广州民众的灾难来自于战争,同时,也来自于涌进广州城的外省军队。广州地方政府的无能,根本没有任何办法应对驻兵的袭扰,导致社会治安管理秩序一度失控。

一、驻兵的袭扰引发社会动荡

杨芳在对省城进行军事布防的同时,也注意采取一定的措施维护广州城内的社会秩序。只是他所采取的措施非常简单,实际上就是用军事管制来强制维持城内的社会治安,而因其对军队的管理不善,反而给民众带来了前所未有的恐慌和不安。

他的治安管理政策似乎与林则徐刚来广州时搜捕汉奸的行为相同,将目标专门指向所谓的汉奸,甚至有过之而无不及。他不分青红皂白地认为粤民都是汉奸,因此他的城防部队里不准使用广东水勇,而是另从福建招募水勇。

在这种政策导向下,在城内,加大力度大肆捕捉汉奸,并严刑峻法,"有不问是非而杀之者",② 闹得人人自危。道光二十一年二月二十日(1841年3月12日),杨芳自省城内大佛寺军需总局骑马刚出小街,因街道非常狭窄,人也非常多,杨芳差一点被一名市民拉下马,该人被当作汉奸当场被擒拿。经过简单的现场讯问,虽然嫌犯自称认错了人,但还是被立即枭首示众。其随从甚至"刀挑其头,出至河干""民环城聚观,骇甚"。③

因为当时的邮传条件限制,也许杨芳、怡良等没有及时收到道光皇帝要求他们与英国入侵军队战斗到底的谕令,他们于1841年3月20日,公布向洋人开放广州贸易,之后,英国和其他的外国商人相继回到广州来修缮他们

---

① (清)佚名编纂:《夷匪犯境闻见录》卷四,全国图书馆文献缩微复制中心1995年版,第221页。
② 光绪《广州府志》卷八十一"前事略"。
③ 《筹办夷务始末》卷二十七,第2086页。《夷氛闻记》卷三,第73页。

的旧居，长期滞留在虎门口外、澳门水道及其附近的船舶也纷纷开进黄埔。从城内迁出的本地商贾也陆陆续续回到城内，他们的仓库与商栈正在复业。新的总督也颁布告示，要求本城人民镇静，晓谕已迁离者迅即回城，并命令他们踊跃从事原来所从事的职业。① 在战争的间歇，杨芳等通过一些鼓励措施给广州城内带来了短暂的平静。

但是，这种平静只持续了不到一个月，三月二十二日（4月13日）广州城内百姓得到消息，"鬼子从初六日打破虎门，提督关天培自刎，夷人直入内河，以致合城震恐，铺户居民杂乱如麻，纷纷搬运，市井一空，幸而民心尚靖，并无乘乱掠夺之事"②。

而这段时间祸害最烈的是湖南兵对民众正常生活的严重骚扰。由杨芳带来的湖南军队屯兵于东较场，东较场距离当时的麻风院不过二三里，一些麻风病妇女进入广州城购买生活用品时，必须经过东较场。湖南兵经常恃强群诱这些麻风妇女，甚至挟持她们，肆行淫辱，又抢夺她们的首饰衣服。麻风妇女既被淫污，又被劫夺衣服，对湘兵无不恨入骨髓。

当时有一种传言说，"凡疯疾传染，重则一月，轻则二三月，如百日即发，未几而传染疾发"。当肇事的湖南兵听说这样的传言后，心里非常紧张，感到羞愤不已。

他们又听当地的广州人传言说：儿童的肉可以医治麻风病。于是患病或怀疑自己已经感染麻风病的湖南兵，在通往省城的大路上拦截孩童，杀死并残忍地煮食儿童。如果孩童有父母兄弟相伴，在争夺中也将其父母兄弟一并杀死，骇人听闻。某日，怀疑自己染有麻风病的湖南兵听说城中双门底有一名带着儿童的妇女，湖南兵立即将这位妇女杀死，将其儿子煮吃了。

因为是外省兵，他们有恃无恐，当他们遇到广东的买卖人和当地召募的义勇时，他们也企图攻击杀死这些人。当时广东省城内招募的乡勇也有几千人，对湖南兵的残酷行为同仇共愤，群起而攻之，有时将湖南士兵杀死。后来在珠江内河与英军的战斗中，湖南兵又与广东乡勇发生过自相残杀的惨剧，当时有人认为，广东省城的义勇和居民，死于英国军队的只有十之一二，而死于湖南兵者却达到十之八九。③

据史料记载，这种血腥的斗殴行为也在广州城内发生。曾有南海义勇在城内被湖南兵所杀，导致南海义勇数百人拥入贡院，搜捕湖南兵进行报复，

---

① 《中国丛报》，1841年4月第10卷第4期第6篇，见《鸦片战争史料选译》第265页。
② 《夷匪犯境闻见录》卷四，第222页。
③ 关于湖南兵扰城的几段文字均请参阅《英夷入粤纪略》，见《鸦片战争》（三），第6—7页。

湖南兵抱头鼠窜，到处奔走。广东巡抚亲自出面弹压，并摘掉带兵将军、参赞的翎顶，才将混乱的局面控制住。① 但在这次混乱中，参与斗殴的湖南兵和南海乡勇们却乘势四出，在城内外放火杀人，东较场一带尸积如山。逃难进入城内的民人却又被城内驻军认为是汉奸，所携带的财物都被士兵们抢走。② 广州城的民众几乎被逼得走投无路。

湖南兵的这些恶行，导致当时的广州居民不只排斥洋人，同时也排斥外省人，他们对从外省调来的湖南兵非常憎恶，他们认为是湖南兵把混乱带到了广州城。早在1841年春，湖南兵刚进入广州城时，广州一些对湖南兵的恶行有所耳闻的士绅们就劝说当局不要让这些士兵离开城市，因为听说湖南人中有不少人患有梅毒，湖南兵若离开城市会将梅毒扩散到城郊。

当这些湖南士兵趁夜晚溜出城后，城内外到处传说他们与广东妇女睡觉，梅毒传播的恐慌情绪开始扩散。于是，南海、番禺的乡勇决定袭击那些寻欢作乐的人。这些湖南人被抓住后，就立即被杀死，逃跑了的在城门口又被追了回来，乡勇们则大骂这些被抓回来的湖南兵才是汉奸。③

道光二十一年四月十六日（1841年6月5日），"广东省各绅士与各乡民致两江总督裕谦信"中记述了杨芳及其军队在广州的各种违法行为，其中说"祁宫保模棱两端，怕事至极"④，不能有效控制军队在地方上的胡作非为。杨芳和他带领的湖南军队，给广州人民带来了前所未有的灾难，当初民众对他的热切期望迅速化为泡影，广州地方政府面对湖南兵对民众的骚扰没有任何办法，清廷军队和官员的形象在民众的心目中遭到彻底的破坏。

二、奕山主政期间社会治安失控

奕山是康熙帝第十四子允禵的四世孙，道光继位后，奕山颇得宠信，先后任二等侍卫、头等侍卫、御前侍卫、伊犁领队大臣、伊犁参赞大臣、伊犁将军。1841年1月30日，道光帝授奕山为靖逆将军，调集湘、赣、鄂、滇、黔、蜀等七省大军，南下征战。他是继林则徐、琦善之后，第三位由京赴粤的大臣。

奕山从京城抵粤后，在其与隆文、祁贡的联合奏章中分析了战时广东省

---

① 《清史稿·邦交志二》卷一六〇，转引自《三元里人民抗英斗争史料》，第20页。
② 《夷氛闻记》卷三，第72—73页。
③ 《清代通史》卷二，第948页。
④ 《三元里人民抗英斗争史料》，第72页。

城混乱局面的内在原因（前文已引）。① 奕山认为刁滑的广东民众是广州城内混乱的根本原因，必须"防民甚于防寇"。所以在战争期间，他在严厉打击汉奸的同时，连很多民众也被冤为汉奸而处死。与杨芳对汉奸的处置一样，奕山也经常不做查究即杀人。他绝对不允许普通民众表达对时局的意见，1841年5月8日，就有一人因为胆敢议论对外事务，在广州大街被当众痛打。这件事表明了清王朝和广东地方政府对民众的态度和目的，② 普通民众是不允许议论政事或国家大事的。

1841年5月21日夜间，奕山不听杨芳等人的劝告，率领部队分三路对进入内河、停泊在商馆外面的英军舰队进行攻击，懦弱的八旗子弟很快就被英军击败。③ 在接下来几天的全面交战中，奕山的战舰有71艘被毁灭，装有六十几门大炮的岸上各炮台被攻陷并且被拆除。④ 其战前的"精心"城防准备几乎在一瞬间就被英军破解。

5月22日，奕山派出2000多名士兵，去十三行商馆区的外国商馆搜查外国人藏匿的枪炮。这些士兵冲进小溪（西濠）馆（义和行）、荷兰馆（集义行）和英国馆（保和行），把里面的东西通通破坏或搬走，连一道门、一扇窗、一把锁、一条铰链都不放过。军官们带着马驮的劫掠物——毛织品、货物等，一拐一拐地（因为沉重）走回城里去（却没有搜查到英国人的枪炮）。有的士兵抢得太多了，不好意思回到兵营，怕受到指责，就一起约定逃跑，在逃跑的路上沿路消散所抢财物，并向沿途官府索要兵饷，骚扰百姓。接着城内、城外的市井无赖们也加入了士兵们争夺赃物的队伍。直至傍晚时分，广州知府和南海知县才带领他们的衙役到来，将暴民驱散。接着他们把被士兵和市井无赖们共同洗劫后的外国商馆委托给行商监督下的武装苦力们去看守。⑤

对外国人实施打击后，他把仇恨的目标转而对准了广州城的居民。因为在他看来，战争之所以最后失败，主要是广州居民"通夷"所致。他在其一系列奏章中把造成战争失败的责任推得一干二净，却把这种失败情绪转化

---

① 参见《筹办夷务始末》卷二十七，第2121—2122页。
② 《中国丛报》，1842年11月第11卷第11期第1篇，见《鸦片战争与林则徐史料选译》，第409页。
③ 《三元里人民抗英斗争史料》，第1页。
④ 《中华帝国对外关系史》第一卷，第318页。
⑤ 《中国丛报》"英舰炮轰广州的消息"（1841年），引自《三元里人民抗英斗争史料》第389—390页。马士《中华帝国对外关系史》第一卷认为是5月23日，奕山的士兵和乱民进入商馆抢劫，见该书第318页。另见《夷氛闻记》卷三，第73页。

成对"通夷"的省城居民的仇恨。当他被英军炮火击退，仓皇地从水边小艇中爬出来，带领军队登岸入城时，一群在大佛寺前街头摊子吃饭的苦力挡住了奕山的去路，这些人实际上只是想寻问钦差大臣下一步该怎么办，奕山却对这些老百姓的冒犯行为恼羞成怒，立即命令手下抓住了几个讲话的苦力，就地正法。聚集在市场上的人群看到苦力的头颅滚入河中，惊恐地四下逃散。城市陷入了恐怖和混乱的泥潭，许多人随着逃兵跑出了城门，另一些则继续去抢劫商馆。乡勇与八旗军之间也发生了内战。无数人涌到大街上，造成城区的空前混乱，根本无秩序可言。到处是嘈杂、喧闹之声，到处可见抢劫、杀人。①

城里的许多市民前往官邸哀求政府官员们谋求和平，维持广州城的太平。梁廷枏写道："军帅伏处一隅，半筹（而非一筹，笔者注）莫展。百姓汹汹，谓兵不足恃，城必破，夷入必遭焚掠也。则扶老携幼，哭诣怡良，请权宜为目前计。"② 地方老百姓的行为足以表明他们对杨芳、奕山的军队已经彻底失望。

此时的广州城外更为混乱，尤其是沿省河南北两岸及东西关一带地方，日常的管理秩序被英军猛烈的炮火打乱了。因为军事上的失利，所有兵力都躲进了城内，而进入城内的兵力及原来的驻军都用来布防城垣，防止英军攻城，原来城内的各处岗哨已经无人值守，军队不再发挥其维护城内社会治安秩序的作用，更不能出城维护外城的社会秩序，直至发生了1841年5月25日的火灾惨剧（英军纵火焚烧省河两岸的民房铺户），无人救火，烧毁了大小民房铺户及庙宇公所仓屋800多间，烧死5人。奕山等也只能在大火熄灭后才委派番禺、南海知县出城勘查火灾情况，根本无法派出军队救火或维持火灾现场的秩序。③

奕山在被英军围困的城内还进一步加大对所谓"汉奸"的搜捕力度和搜捕范围，当然，对抓到的"汉奸"绝不会进行认真的调查和审判，绝大多数时候只经过参与抓捕的员弁兵丁简单的认定即将其处死。

道光二十一年三月十七日（1841年4月8日），皇上谕令两广总督祁𡎴严密查拿汉奸。因为据奕山奏称：

> 在省城各衙门皆有汉奸，一举一动暗为通知等语。汉奸助逆通夷，

---

① 《大门口的陌生人》，第54页。
② 《夷氛闻记》卷三，第74页。
③ 《筹办夷务始末》卷二十九，第2228页。

最为可恨,兵机泄漏,贻误非轻。着该督体察情形,应查拿者严密查拿,从重惩治;应解散者设法解散,期究肃清。内地少一汉奸,即逆夷少一党羽,不日兵炮齐集,剿办较易为力也。①

道光二十一年四月(1841年5月),奕山在《英船攻击省城并请权宜准其贸易折》说:"汉奸扮作水手,泅入我草船附左右,纵火将先前装运柴草焚烧过半。其汉奸凫水登岸,自陆路抄赴我兵之后,三面受敌,泥城不能拒守"②,记录了汉奸在战争中攻击清兵的行为。在《英船退出省河防堵并布防情形折》向皇帝汇报抓捕此类汉奸的情形:"……奴才等查夷船此番闯入内河,俱系汉奸导引,杂以各岛野夷,借端生事掳抢乡村,不可不急为清除。但汉奸行踪诡秘,有衣夷服者,有扮作兵勇者,散漫各处,必须分路兜截,若分兵四出,恐辨别不真,殃及平民,激成事端,不如本地乡民团结义勇易于认识。当即传谕城西北、东北各乡团勇头人梁彩煐等分路搜捕,杀死汉奸及黑白夷匪两百余名,内夷目两名"③,对此类汉奸一经拿获,奕山等人即予从重惩处——砍头。

同时,奕山不断扩大汉奸的捕捉范围,不只是充当汉奸的人要被立即诛杀,帮助英国人转招汉奸的,抓到以后,也要立即予以严惩。道光二十一年十二月(1842年1月),在英船内工作的温东幅被壮勇抓获,据该犯供称,他帮助英国人转招了苏亚馨、郭石秀和宋润秋三人为"汉奸"(实际上是为洋人服务),后三人主动在新会县自首,也被解省审问明白。奕山即将温东幅严刑正法,并枭首示众,而被胁迫入伙的苏、郭、宋三人被充军"极边足四千里",而对拿住汉奸者则予奏请鼓励。这样森严的管制政策,使城内居民感到危在旦夕。④

对另一类汉奸的处置奕山主要采取招抚的手段,以瓦解汉奸和英军的沟通。奕山在向朝廷奏报香港尖沙咀的敌情时,就曾说在敌人修建的炮台附近,"复有汉奸在该处修造草棚铺房,交通买卖"⑤。奕山对香港的汉奸进行招安的目的不只是为了化解在香港活动的汉奸力量,同时,也想将一些汉奸招为官府的内应,以便给占领香港的英国人找点麻烦。他在道光二十二年五月二十四日(1842年7月2日)的奏折中对香港汉奸活动的现状及其对汉

---

① 《鸦片战争档案史料》,第Ⅲ册,第408页。
② 《筹办夷务始末》(道光朝)卷二十九,第2册,第1042—1044页。
③ 《筹办夷务始末》(道光朝)卷二十九,第2册,第1056—1057页。
④ 《筹办夷务始末》卷四十九,第3947—3948页。
⑤ 《筹办夷务始末》卷五十,第4042页。

奸的招安情况进行了分析：

> 至香港汉奸，其著名头目卢亚景即卢景，又有邓亚苏、何亚苏、石玉胜等，为之勾引煽惑，立有联义堂、忠义堂各名目，均在香港，约计十余处。曾经奴才等于上年招回石玉胜、黎进福等一千余人，妥为安置，奏明在案。因卢亚景尤为首恶，设法招致，当即密派眼线，给以翎顶。卢亚景旋亦允许愿为内应，相机举事。此逆夷占据香港，汉奸各立名目情形也。奴才等窃思，助逆之汉奸，既有姓名、堂名，原不难按名缉拿，无如该汉奸盘踞香港，逆夷为之包庇，查拿愈紧，则趋赴香港者愈多，是以出示招致，如有洗心革面，反正来归者，概赦不问，果能杀贼立功，更当格外加赏。倘竟怙恶勿悛，一经拿获，罪在不赦。如此剀切晓谕，既足间其党羽，且可收为我用。现又购线招得朱泗水一名，系逆夷嚫顺之幕客，亦愿悔罪立功，奴才等访闻朱泗水与卢亚景各分党羽，势不两立。现在香港汉奸，渐已陆续聚众互斗，夷人亦不能相安。①

两广总督祁贡也参与到对汉奸的招抚中来。1842年1月2日向道光帝奏报："数月以来，购觅眼线，同赴海滨，剀切晓谕招抚，并宣示皇仁，许以自新，俾得立功自赎。旋将黎进福、梁安、石玉胜等先后招回，经臣等俯加奖励，酌赏顶戴。该渔户汉奸人等闻知免罪，并准立功报效，陆续报回者，统计先后共有三千余名。"②

虽然奕山不断奏称"除奸"工作取得有效进展，但他的"疑民"政策无疑致使清军不断失去民心，从而削弱了清政府的向心力。

三、赎城后的广州城及官府的社会维稳措施

"道光二十一年四月初六日，夷人攻打小东门、小南门，夷人施炮不休，必欲竖白旗方肯歇，不得已扯白旗，炮声方止。余太守出城议和，英人索要巨额银两，'并香港等处归他所有'"。③ 如前所述，奕山和余保纯们终于从实际上还没有占领广州城的英军手里赎回了惊魂不定的古老城市。

在奕山等向道光皇帝谎报他们已将英军舰队"击退"英舰已驶出外海

---

① 《筹办夷务始末》卷五十八，第4724—4725页。
② 《筹办夷务始末》（道光朝），第3册，第1523页。
③ 《广东七日记》，见《三元里人民抗英斗争史料》，中华书局1978年版，第59页。

的情况下，皇帝允许了恢复同英国的通商贸易。而广州官府则答应给英军赔偿 600 万元银元（书面上称其为赎城费，又说是赔偿烟价，还有一种说法是归还商欠，所以还逼迫行商支付了两百多万两白银）。在这样的背景下，英军退出了省河，开始向福建、浙江沿海侵犯，广东省城内外暂时恢复了平静，广州城的老百姓陆续从城外回到城内，开始了正常生活，城内社会秩序又一次得到恢复。

当然，实际情形并非如此，英国人放弃进城的主要原因是怕把 2 000 多英国兵放进一个具有曲折狭窄街道的中国城市里，而当时在广州城内有 20 000 多中国兵（虽然为乌合之众），另外还有近 100 000 被激怒了的城市居民，如果占领了这个城市就得有足够的警备力量来维持城内的秩序，所以进城对英军来说是非常危险的。再者，英国政府认为要从根本上解决中英之间的贸易问题，必须要进入清帝国政府的心脏，对其头部施用外交压力。①看来英国人的意图不在于广州城，而在于更广阔的能够让他们更自由地拓展贸易的空间。

离开广州的英军沿海向北进军，北方的战事渐次频繁起来。此时的奕山则独享赎来的安定。他和广州地方官员们开始实施战争结束后的善后计划，着手整顿广州城内混乱的治安秩序。

在封建社会，迷信有时也能成为维护社会稳定的一种手段，因为相信鬼神的民众非常多，一些鬼神的传说经常会对民众的精神起到暗示作用。为此，奕山还公开搞了一次迷信活动，大张旗鼓地向皇帝报告发生在广州城的一件自然事件。相传在道光二十一年六月初三日（1841 年 7 月 20 日），广州越秀山观音大士显圣，"居民共见，扑灭火箭，雷雨倾盆，冲灭汉奸夷匪多名，夷人无不畏惧"②。奕山专门具折报告并向皇上请匾敬谨悬挂。奕山的目的自然是为了敬神，表明广州城有神明保佑，客观上震慑了城内的汉奸，同时安定了民心，以稳定广州城的社会秩序。

接下来，奕山开始着手遣散战时招募的临时战斗力。为了节省军费开支，必须减少军队的数量，奕山等开始考虑如何疏散战争期间大量招募的乡勇以及从各地征调过来的外省军队，以减少狭小的广州城的人口压力，整顿军民杂处引起的混乱的社会治安状况。

奕山奏称，对于原来所招募的水陆壮勇："前已沙汰万余，若辈多系游手失业之人，一经遣散，诚恐流而为匪，且逆夷往往密遣奸细，不惜重资，

---

① 《中华帝国对外关系史》第一卷，第 321—322 页。
② 《夷匪犯境闻见录》卷四，第 285 页。

雇觅汉奸，出洋助其凶焰……自未便遽行多裁，致滋流弊。所有现裁之五千余人，均经酌给路资，散令归农。并责成地方官严密稽查，妥为安顿"。①征调过来的外省军队比较容易处理，根据从哪里来到哪里去的原则，很快得到遣散。但是大量乡勇的裁撤却要比外省军队的调离难得多，官员们既怕这些乡勇被遣散离开部队，流入社会后，无以为生计，时间一长自然会变为危害社会的盗匪，又怕他们被外国人策反为汉奸，危害国家安全。因此，奕山强调要地方官认真安置这些乡勇，使他们能够安心归农。

在战争期间，广州地方政府为了补充兵员之不足，除了大量招募乡勇壮丁外，还将一些因犯罪而被判刑的犯人招入军队效力，既补充兵力，也给这些罪犯以自新的机会，还能缓解衙门班馆（监狱）人满为患的压力。这些犯人为了能够重新做人，在战场上大都能够奋勇杀敌，以图将来政府能够免除他们的罪行。祁𡎴在这件事情上头脑比较清醒，表现出他是个"守信用"的总督，战争结束后，他专门为此事上奏朝廷，请求将这些人免罪释放。道光二十二年十月二十一日（1842年11月22日）皇帝格外开恩，谕令："官犯及军流徙等各犯在广东军营投效出力，（现祁𡎴）恳恩准予免罪。所有军流徙各犯罗凤祥等235名，及军犯孙培英、梁济川、陈文学、刘延陇等4名，均着加恩准其免罪释回，即将该犯等分别咨送回籍，交地方官严加管束，毋许出外滋事，一面造册送刑部查核。至已革外委梁恩升系听从开设窑口从重发遣新疆之犯，已革拔贡谢邦钧系吸食鸦片烟拟流之犯，情节较重。梁恩升着仍照例发遣，谢邦钧着不准其免罪释回。"②而涉足鸦片的两人却不能被免罪，从这里也可以看出道光帝打击鸦片走私态度的异常坚定。

广州官府对战争期间发生的社会治安事件也进行了相应的处理。鸦片战争期间发生的治安事件，大部分都在发生的同时由军队首领即时予以粗暴的处理，留下的案件并不多，个别案件的发生牵涉到官员，或涉及的人员众多，一时难以结案。因此，对战争遗留案件的处理也就成为广州地方官府战后的一项善后事务。

道光二十二年正月二十七日（1842年3月8日），因为祁𡎴等奏请将疏防火药作坊之同知交部议处，皇帝谕令："广东理事同知觉罗德隆，于该省城火药作坊，系属专管，并不加以随时严防，致令工匠失火，轰毙多命，非寻常疏忽可比。德隆着即行革职。"因为此事涉及满人，当地官府没有人能够对其直接处理。我们知道，清朝一直实行满汉分治政策，各级官府对满人

---

① 《筹办夷务始末》卷四十九，第3952页。
② 《鸦片战争档案史料》，第Ⅵ册，第495页。

引发的治安纠纷事件乃至于刑事案件，处理起来都相当慎重，一般情况下都是上奏朝廷，由皇帝来决定如何处理。省城火药作坊，显系管理不善，引起爆炸失火，当是一项重要的治安事故，自然要追究当事人的责任。觉罗德隆虽是满人，也难辞其咎，而"祁㙂、梁宝常未能督饬认真巡查，均着交部议处"①。类似这样的重大案件，地方官员也是要负连带责任的。

道光二十二年十二月十二日（1843年1月12日），祁㙂等又上奏报告"夷民因事争斗，及夷楼失火被抢"事件。② 该事件发生在道光二十二年十一月初六（1842年12月7日），省城外十三行地面，民夷因事争闹，夷楼被焚被抢。祁㙂等派员查明，夷馆被烧去四间，民夷共伤毙五命，并拿获抢火匪犯。尔后祁㙂等将查明了的事件前因后果后奏报给了朝廷，由朝廷来决定对案件的处理。这是一起涉外案件，皇帝要求刑部对此案进行讨论后再向他报告。③

---

① 《清宣宗实录》卷三六六，第565页。
② 《嘉庆道光两朝上谕档》，第47册，第480页。
③ 《鸦片战争档案史料》，第Ⅶ册，第162—166页。

第七章　广州官绅在战时社会治安管理中的作用

在中国古代社会相当长的时期内，一个地方有士绅势力的存在，就保证了官方价值的稳定，士绅虽然没有被官府赋予行政权力，却被赋予了行政教化的权利和一定的社会管理义务，因为他们体现并传播种种社会信仰，这些信仰如此长久、如此成功地合成了一种文明。在和平时期，士绅对官府实施社会管理的支持是重要的，而在动乱时期，对整个社会秩序的稳定更起着决定性的作用。①

官府对大量的社会治安纠纷案件的处理就更离不开士绅的支持和帮助。在鸦片战争期间，广州的士绅对维护广州社会的稳定充满着激情，对社会管理有强烈的参与意识，他们或散财捐助社会公益事业，或者鼓励组织民间力量帮助官府维护社会治安秩序，或协助官府处理一系列治安纠纷案件，或带头投入到保卫广州城的战斗中去，等等。在道光时期动乱的社会大背景下，几乎到处都能见到广东士绅活跃的身影。

正是考虑到士绅在社会上的巨大影响力，广州地方政府的很多官员都相当重视发挥士绅在社会治安管理中的作用。当祁贡代替琦善进入广州城时，城内居民和士绅因为躲避战争的灾难，绝大部分都迁到了城外或农村，广州城几乎变成了一座空城。此时，祁贡采用了一个非常聪明并且有效的措施，他到处张贴告示，宣布准备在粤华、越秀、羊城各个书院召集童生参加考试，旨在通过童生回城考试，向全社会表明，城内已经安宁，居民可以放心地回到城里来。祁贡自然很快地达到了目的，他非常清楚广大士绅对官府的服从，而逃散在外的老百姓必然以士绅的行为作为自己行动的标杆，结果在童生们（士绅的组成部分）回城参加考试后不久，老百姓即"还居者半"。② 其实，祁贡同很多在广州任职的官员一样，在从政期间，一直比较重视发挥正直、热心的士绅在社会治安管理中的号召力，解决了很多棘手的社会问题。

---

① 《大门口的陌生人》，第26页。
② 《夷氛闻记》卷三，第64页。另见《三元里人民抗英斗争史料》，第30页。

一、士绅倡导并组织备战力量

战争期间，广州城区附近村庄的社学团练非常活跃，这与当时广州地方官府的大力支持以及广州地方士绅的倡导与组织有很大关系。

道光二十一年五月初八（1841年6月26日），时任两广总督祁𡎴就发出告示，奖励升平社学广办团练，并再晓谕各乡加紧团练，"各乡绅士转告远近大小乡民耆老知悉，已团练者，益加勉力，未团练者，务速举行，保身家得以固疆圉、除凶暴得以乐升平，有勇知方，同心致果，勿负厚望"①。明确提出办团练的目的就是保卫国家、维护社会稳定。道光二十一年十一月二十五日（1842年1月6日），祁𡎴又在"番禺东北六社义民禀督署请建东平总社呈文"上作出批示："据呈仿照升平社学章程，在东北路六社，挑选壮丁一万余名，白云山之东，捐资建立东平公社，与升平公所、社学彼此联络，拥护省垣。该绅士出力捐资，洵属急公好义。果能办理得宜，可成犄角之势。候派团练局委员前往查明确核，妥议详复察夺"，②表示对建立东平公社的大力支持。

当英兵进犯福建、浙江以后，广东战事停息，为节省军费，道光皇帝多次下旨要求奕山等将驻防军队大量裁撤。奕山、祁𡎴、梁宝常等于道光二十二年五月初三（1842年6月11日）向道光皇帝奏报了他们裁撤兵力、节省开支的情况。他们在奏折的附报中向皇帝详细汇报了广州附近村庄乡民的社学团练情况：省城西北乡的绅士们联名呈请，于石井社地方，建立长平社学，纠集附近数十个村庄的居民，募捐筹措了10 000多两白银，用来雇请壮丁组成团练以维护地方治安。如果遇到外国人进攻的警报，还可以听从官府调遣。道光皇帝接报后，非常高兴，即颁旨要求奕山等查明首倡这一义举的人，并要求广东省各府州县，都应该照此办理团练自卫，以备战时调遣，"将来如果得力，自当从优奖赏"。③广州地方官府鼓励乡社团练活动的举措得到了道光帝的大力支持。

接到皇帝圣旨后，祁𡎴立即着手调查，查明省城西北乡的升平社学是举人李芳等士绅们联名呈请设立的。后来又据在籍内阁中书何有书等呈报，因既有升平总社，又呈请于江村地方，设立升平公所，作为丁壮聚集之处。所

---

① 《鸦片战争》（三），第318页。
② 《三元里人民抗英斗争史料》，第277—278页。
③ 《筹办夷务始末》卷五十七，第4588、4594页。

有升平学社事宜总归李芳等承办，其升平公所应办之事，即由何有书等董理。两处连为一气，声息相通。据团练局镇道各员查据该绅士等具报，升平学社各乡签捐银20 000余两，已收缴银8 000余两；升平公所各乡签捐银约7 000余两，已收缴银3 000余两。而壮勇人等则均投至升平公所报名者居多，因为石井地方殷富，而户口较少，江村地方贫瘠，且与花县一带相连，户口较多，故其情形如此。各地绅民陆续踊跃捐资，统计连约各乡团练，共有数万人，其中勇健可以调用者不下万人。

广州官府支持乡社团练的目的，主要是"保身家得以固疆圉，除凶暴得以保升平"，同时，因为战火已经北移，战时依以维护社会治安的部队已经基本调离，维护地方治安的力量一时难以替补，团练乡勇的存在正好能够填补这个空白，在维护地方治安秩序中发挥的作用相当可观。特别是大量的流民、游民及其他社会闲杂分子都被尽可能地吸纳进各个社学团练中来，消减了大量的社会不稳定因素，增加了社会治安力量。加之乡社团练的经费完全靠民间绅士来募捐，不用政府支出一分钱，对官府来说，既节省了庞大的军费开支，又达到安靖地方的目的，可谓一箭双雕。道光二十二年七月初六（1842年8月11日）夷楼失火（据祁贡奏报，此次夷楼失火被抢事件，是夷人强买民人食物，致相争闹，是夜，夷楼才失火被抢，经官府弹压救护后平息。①），初七即调该乡壮勇2000人来省以备不虞。该二处壮丁于初八即踊跃齐集。而且自该二处团练以来，西北一带抢劫之案较少。办事的绅士极其认真，也很有才干，堪当大用。②

奕山等在道光二十二年五月二十四日（1842年7月2日）的奏书中还称：近日复有东莞新安等县绅士来省呈请团练义勇，捍卫乡间，听候调遣。③ 乡社团练活动开始向广州地区的其他州县扩散。

道光二十二年十一月（1842年12月），番禺东北六社义民禀督署请建东平总社团练。由东平社学到升平公所再到东平总社，表明团练的发展速度非常之快，团练规模也不断扩大。六社义民在向官府的呈文中汇报他们从去年成立团练以来，在抗击外敌行动中所取得的战绩，并受到政府官员们的犒赏。呈文还针对各地团练乡社比较分散的状况，向政府提出成立东平总社，即东平公社，以便将广州地区的乡社团练联结起来，发挥更大的社会效能。

---

① 《筹办夷务始末》卷六十四，第5265页。
② 《筹办夷务始末》卷六十四，第5257—5258页。
③ 《筹办夷务始末》卷五十八，第4726页。

自去年英逆滋扰城北，职（王韶光）等督东北路六社客民，歼毙夷匪多名，获有夷人军械，禀宪奖赐羊酒、匾额。嗣五月，禀请团练，奉宪委贵札议十二套，往六社各乡劝谕。职韶光复出银两，制造军械，捐资助请教习，邀生员罗葆光等充当六社团练头目。七月中，奉道宪到各社巡演犒赏，谕令听调在案。其技艺各既操演纯熟堪用，旋因本年二月，职与王镇东、王清奉委往新安各县联络绅耆、团练，又复禀请各县潜驻外海办公，爰将六社器械缴局，其各家子弟仍复团练，不敢懈怠。迨八月，闻报议抚，夷氛渐靖，方始发散，尽归农业。近因思患预防，复议团练。现在东北路六社，挑选壮丁，团练得一万余名。其旧经习练娴熟，堪以调用者，实得五千五百名众。以各社散处，人数众多，若仍附入升平社学公所，其远者相距约有七八十里之遥，万一有警，以东路而远听北路调遣，呼应未免睽隔。兹于白云山之东，仿照升平事例，新建总社一所，取名东平公社，其北路既有升平公所、社学两处，东路又有东平公社，彼此相联络。东连鹿步、东圃各乡，北连从化、增城、花县，拥护省垣，倍为周密。……

祁𡎴收到这一呈文后立即表示赞同。① 并于道光二十三年（1843年）准予立碑纪念东平公社的创建情况。碑记中将东平公社所拥有的团勇兵丁数、影响的范围、性质、作用都进行了认真记录："东平公社者何，屯集谷粮，贮备器械，设团练训戎勇总汇之所也。……恒以农为业。其于战阵行伍，均非素讳也。……治兵之道，即治民之道也。"②

朝廷也非常关注各地乡社团练的办理情况，以及乡社团练在社会管理中所取得的成效。道光二十三年四月二十九日（1843年5月28日），道光皇帝因御史田润奏《请团练乡兵以杜后患而节军需》一折，谕令各将军督抚按照该御史所奏，体察情形，详筹妥议。为此，祁𡎴将广州地区的团练总体情况向皇上奏报："前因英人不靖，沿海各乡先后创建升平社学、升平公所、东平社学、东平公所，并石岗书院诸处，皆联合乡民，捐赀练勇，有事听调。粤东民俗虽悍，然谈及忠义，多知奋发。诚得官长倡率于上，绅士劝谕于下，移私斗于公义，进有勇以知方，则连乡寓指臂之形，野人即心腹之选，……民心坚定，则国势自张。前三元里民合歼夷目一事，即其信而有

---

① 《鸦片战争》（四），第18—19页。
② 道光二十三年《创建东平公社碑记》，见《广州碑刻集》，第931—932页。

征"。得到皇帝朱批"祁贡等奏陈团练乡兵实于粤省情形相宜"。①

道光二十三年七月十三日（1843年8月8日），祁贡等又奏《团练乡兵于粤省情形相宜折》：……据附省西北各乡绅何有书、李芳等，先后创建升平社学公所，联合各乡居民捐资练勇。嗣于二十二年十一月，复据省城东路各绅士，请设东平社学公所，并于石冈书院等处，一律举行团练。②

祁贡还替为升平学社出力的绅士请求嘉奖，列出参与团练建设的绅士清单奏报皇帝：举人李芳，詹事府主簿陈民鉴，监生梁源昌，监生林孔光，监生陈朝选，皆归部选用。升平公所出力绅士清单：进士何有书，举人周日襄，附贡生欧阳芝，举人兼六品军功何玉成，六品军功伍长清等。③

朝廷和官府的鼓励和支持，使广州的乡社团练活动蓬勃发展。当时在广州地区还出现了很多社学，据史料统计包括佛岭社学（怀清社学）、石井社学、成风社学、同风社学、莲湖社学、和风社学、淳风社学、同文社学、昭（联）升社学、钟墉社学、同升社学、兴仁社学、西湖社学以及双洲书院和石冈书院，等等。④这些社学和书院都是当地有名望的绅士领头成立的，社学一般都倡导民不失业、士不失学的文明教化之风。"夫以乡之人有善，或不能无恶也，为恶而丽于法者，官司得而治之；为恶而不丽于法者，官司不得而治之。且为恶即丽于法，而强有力者，官司亦不得而遽治之。所赖是非在乡间，褒贬在吾党。为恶即幸逃明法，而有觍面目，不为公论之所容，或有以遏其欲而不敢肆。社学之设所以存公论也"。这就是广州各学社存在的必要性。于是"公推一人为社长，以兴义止诉，遏恶扬善，所谓以其乡之人治其乡之事"，⑤也就是社学要发挥的作用，一定程度上可看作是乡人的自治组织。"父兄之教必先，子弟之率必谨，无或草窃奸宄，以犯科条也"。⑥这些民间的社学组织在倡导社会教化文明之风方面起到了不可估量的作用，对广州地区社会治安形势趋向良好发挥了较大的影响力。

---

① 《鸦片战争档案史料》，第Ⅶ册，第238—239页。另见《清史列传》卷三十七，第10册，第2940页。
② 《筹办夷务始末（道光朝）》，卷六十七，第五册，第2673页。
③ 《鸦片战争档案史料》，第Ⅵ册，第635—636页。
④ 同治《番禺县志》卷十六"建置略三"。同治《南海县志》卷四"建置略一"则记载有升平十二社学和恩洲社学。
⑤ 道光二十五年"联建同升学碑记"，载《广州碑刻集》第937—938页。
⑥ 道光二十九年"螺阳社学碑记"，载《广州碑刻集》第939页。

二、行商在战时的摇摆态度

战时的行商们因为停止贸易，关闭港口，没有生意可做，无钱可赚，有的行商还因为战争造成了巨大的财产损失，有的甚至到了破产的边缘或者已经破产，负债累累，艰难度日。但是，绝大多数行商还是积极为广州城的防守战事捐献各项义款，或购买战船，或维修炮台，或添置器械。

早在1839年1月，邓廷桢在虎门创设、添置木牌铁链，添置炮台，就由伍绍荣等"捐银十万两，以供要需"。其后募集兵勇，月费和赡家费也"令洋商与盐商及潮州客商分捐"。1840年5月，伍绍荣又愿缴三年茶叶行用以充防英经费。① 行商还协助官府组织在广州商馆面前的广场招募新兵。②

道光二十一年二月（1841年3月），林则徐致潘仕成信札："弟日前托广益行雇募壮勇三百名，业已送去雇资。昨据敝宗名孝桓兄言及，此项雇资先经尊处给付，仍将原银送还。弟思阁下捐资保卫城垣（广州），诚属善举。窃闻所雇壮勇为数甚多，原不在添此一处。但弟募来福勇，亦系分设数队，均经托雇在先。若广益行所雇之人改由尊处给资，于心不安，理亦不顺，且与别处转不一律，无以对人，兹特将广益退回原银送缴台府，祈为归款。盛意已所深感……"③ 因为官府招募壮勇需要大笔资金，潘仕成积极支持林则徐，帮助给付这一笔钱。林则徐归还给他时表示非常感谢他的支持和帮助。从中我们可以看到此时乡绅诚挚的忧国忧民之心。奕山在广州时，潘仕成也捐出了大量的资金，以帮助战争中的军队置办大炮和招募水勇，其实心报效国家的行为，得到奕山的大力赞赏，他于道光二十一年十月十九日（1841年12月1日）奏请皇上对潘仕成的行为予以嘉奖："刑部湖广司郎中潘仕成，前因捐资出力，奉旨赏戴花翎，今又续捐填河造船制炮练勇银28 500余两，又捐出垃城修筑炮台地基一段，又自备口粮团练水勇340名。该员两次倡捐，首先踊跃，现在军需总局筹办倡捐，投效事务，实心实力，尤为奋勉。查该员曾任实缺郎中，可否免补本班，遇有部属应升四五品京秩缺出，由部列名奏请简用之处？"④

此外，行商们还积极为战争期间的军队购买战船，以补充水师旗营在与

---

① 《外国学者论鸦片战争与林则徐》，第118—120页。
② 《鸦片战争史料选译》，第216—217页。
③ 《林则徐全集》，第七册"信札卷"，第275页。
④ 《鸦片战争》（四），第363—264页。

英军作战中损失的战舰。"洋商伍敦元购买咪唎坚夷船一只,潘绍光购买吕宋夷船一只,驾驶灵便。又绅士潘仕成造成战船一只,试验足以御敌",皇帝非常赞赏行商的爱国行为,立即谕令祁㙷将这些船只拨归水师旗营,"交提督吴建勋督饬备弁等认真操演,其船只妥为存泊,毋令日久损坏,并着晓谕该绅商等多方购造,务须木料坚固,堪备捍御之用为要"①。

当然,有些战争捐款并非出于行商的自愿。如前所述,1841年的停战和约签订后,"议交夷人白银六百万圆,内有商欠三百万圆,即先于行商名下,勒限着追,并督饬广州知府易长华传集行商伍怡和等,取具结状,限于六月内埽数清交,并先措缴洋银五十万圆,给夷商收领在案"②,最后确定600万元赎城费中的200万元必须由行商们支付:浩官捐82万元;潘启官26万元;爽官、秀官、孚泰、鳌官各7万元,计28万元;茂官、经官、明官、潘海官各1.5万元,计6万元;公所金库中从对外贸易征抽而预定用来支付倒闭行商债务的现款计28万元;爽官、秀官、孚泰、鳌官每人负担5万元,此款将从公所的基金(或存款第一宗余)款偿还,或抵消他们或会欠公所的任何债务计20万元,加上其他资费,合计200万元。行商初时拒绝缴付超过2万元的款额,说这事浩官牵连最大,自应由他负担,还说他们自己是很少顾虑的,因为棉花和其他洋货,如受损坏,其损失会归外国货主或进口商自负。③

可见,在利益面前,并不是所有的行商都心甘情愿地为官府分担战争带来的损失。

战争期间,行商除踊跃或被迫捐助义款外,他们还充当官府的信差、助手,等等。林则徐在查禁鸦片过程中,经常召见行商征求关于打击鸦片走私的意见,并通过行商给外商传达他发布的各种谕令。以后的广州历任总督和其他政府官员都通过影响较大的行商与外国人接触,以解决各种中外纠纷问题。客观地讲,行商在官府处理与外国人的关系中发挥了不可忽视的作用。

然而,整个鸦片战争期间,部分行商因为自身利益的关系,与外国人相互勾结、损害民族利益的卑劣行为也层出不穷。

在鸦片战争前,行商就与走私鸦片的外商私下沟通,以抵制清廷打击鸦片走私的政策。林则徐在《谕洋商责令夷人呈缴烟土稿》中,痛斥行商滥保夹带鸦片的外船后指出,商馆系行商私产,馆内行丁工役和马占皆行商所

---

① 《清宣宗实录》卷三八三,"道光二十二年十月甲午"。
② 《筹办夷务始末》卷六十五,第5374页。
③ 《鸦片战争史料选译》,第273—274页。

用，附近银铺，皆行商所与交易者。"乃十年来无不写会单之银铺，无不通窑口之马占，无不串合艇之行丁工役，并有写书之字馆，持单之揽头，朝夕上下夷楼，无人过问，银洋大抬小负，昼则公然入馆，夜则护送下船，该商岂能讳于不闻视？乃相约匿不举发，谓非暗充股份，其谁信之！"行商还与奉旨查逐的大鸦片贩子查顿等具结作保，声称"有察出鸦片，取银给单，情甘结罪"。林则徐进而指出"本大臣奉命来粤，首办汉奸，该商等未必非其人也"。① 在林则徐的眼中，这些不法行商的所作所为，形同汉奸卖国所为。为对付林的缴烟谕令，行商向外商建议缴出一千箱鸦片蒙混过关，并说"你们将不受损失，我们以后给予赔偿"，外商采纳了这一建议。② 行商勾结外国鸦片贩子糊弄政府官员的行为更加助长了外国鸦片走私者的嚣张气焰，自然要受到林则徐的严厉训诫和处罚。

鸦片战争爆发后，行商异常积极地推动并投入到与英人的议和谈判行动，只求尽快结束战争，以谋求贸易给他们带来的丰厚利润。他们对民众的抗英激情，漠不关心，反而竭力支持官府与英国人议和，为各路官员与英国人的各种议和谈判行为穿针引线。1841年2月11日，琦善与义律在虎门蛇头湾会晤，带同伍秉鉴和伍绍荣一道参加；③ 3月3日，余保纯通过浩官和美国领事的介绍，求见义律达成停战三天的妥协，浩官还告知英军琦善将被削职解京，奕山与杨芳等即将来粤的消息，④ 将朝廷还没有公布的国家机密泄露给英国人，好让英国人提早准备应对的策略。杨芳入粤后，又在行商伍敦元的协调下，与英军达成了两个月的停火协议，并借口"港脚货船内有洋米九船"，由杨芳代奏请准英船贸易，被道光帝严加训斥。⑤ 最后的停战赎城协议也是由伍绍荣居间调停而成的。⑥

当然，战争期间行商们发挥他们在外国人中间的影响力促成了广州的多次停战，给广州民众和地方官府带来短暂的喘息机会，对保证城内的治安秩序有一定的积极作用。钦差大臣广州将军耆英正因为看到行商的这一作用而向皇帝奏称，英国人在江浙一带滋扰，船只日益增加，恐怕英国人分窜各处。耆英想找个说话的人，这个时候他想到广东行商，他听闻英国人比较相

---

① 《林则徐·公牍》，中华书局1963年版，第56—57页。
② 齐思和：《鸦片战争》（五），新知识出版社1955年版，第25—27页。
③ 转引自吴建彰：《从封建官商到买办商人——清代广东行商伍怡和家族剖析》，载《近代史研究》，1989年第5期。
④ 《鸦片战争》（五），第189—190页。
⑤ 《夷氛闻记》卷三，第41页；《筹办夷务始末》卷二十六，第954页。
⑥ 《夷氛闻记》卷三，第48页，《鸦片战争》（五），第222—223页。

信十三行商人伍敦元,因伍敦元年已八旬,不能亲往浙江。耆英希望从伍敦元的子侄辈中选一人速往浙江。广东总督祁贡即会同海关监督文丰,将怡和商行伍敦元及各行潘绍光、吴天垣等召集一起商量,结果伍敦元认为自己应该"殚竭血诚,出力报效",主动提出让其子伍宗曜代他前往江苏,考虑到其子年轻未经历练,各商一致同意请"明白谙练"的吴天垣胞兄吴天显协同前往。官府考察了二人的背景,迅速将其派往江苏。①《南京条约》的最终签订,与行商的居间调停同样有着千丝万缕的联系。

行商与外国人的交接行为被当时的民众看作是可耻的卖国行为。1841年4月15日,广州雷雨大作,市面上便传说"怡和行长孙遭雷击",进而传为"怡和行洋商伍绍荣亦遭雷厄"。连林则徐亦有所闻。② 民间传言不管是真是假,却显示社会民心之向背。

---

① 《筹办夷务始末》卷五十七,第4591—4593页。
② 《鸦片战争》(三),第320页。《林则徐全集》,第九册"日记卷"第444页。

第八章 民众的武装反抗与官府的化解

一、民众的抗英激情

广州各地乡社团练成立后,民众即以极大的热情投入到各类社会活动中去,在鸦片战争时期的反侵略斗争以及各类治安事件中,都能看到各乡社团练广大民众活动的影子。

对英国军队的入侵及外国商人的违法乱纪行为,各地乡民以各种形式出示告示,给予痛骂。道光二十一年四月初十(1841年5月30日),广东乡民出示贴于十三行商馆区出入口,晓谕英国人:

> 因初六、七日闯入西村南岸,抢掠奸淫,乡人公愤,富者出钱,贫者出力,约有三四千,杀毙夷人三四百人,迫后约数十村,夷人虽有大炮,亦不可抵挡,当即弃炮逃回。十三、十四日,于增槎登岸,阴水一沟,大炮尽行毁碎。五月二十七日到浙。乡民第二次出示,晓谕夷逆。为申谕示,为尔等抗拒天兵,闯进内河,擅出伪示,邀劫居民,目无法纪事:照得尔义律等,本化外顽夫,我虽乡愚小民,乃亦天朝赤子,惜身家,亦惜土地,终怀父母之邦,保土地即保身家,愿作干城之寄,因仇同愤,何烦长官操戈;振臂一呼,自足歼诸丑类。尔等私行诈术,妄肆鸱张,于香港即妄取钱粮,踞定海则奸淫妇女,种种不法,罪恶贯盈。我等兆民,岂忍坐视?所以隐而未发者,盖因仓猝之际,众志未联,迫后集众公盟,又阻于官帅之和议,故尚退居自保,未敢擅行。窃思我辈,素娴遗经,深知大义,室家之迁徙,虽属过半,而成城之众志,终始无殊。岂俟尔等指陈,而我始行聚处。自示尔等之后,倘敢执迷不悟,故辙仍循,即修我戈矛,整我义兵,壮夫尽力,壮士尽谋,举手则江海可平,埋伏则鬼神莫测,务必扫除净尽,使尔等片帆不返,乃可彰大义于寰区,并足复群黎之本业矣。尔等一隅僻处,诚未周知,宜速布告同类,使各凛遵毋贻后悔,特示。①

---

① 《入寇志》,"广东乡民于十三行门口出示晓谕",见《鸦片战争》(三),第319页。

我们完全可以把这份告示看作是广州民众对英军的宣战檄文。该告示历数英军侵入广州后的胡作非为,民众对他们的严惩。而且严正警告侵略者今后不要再"妄肆鸱张",因为现在民众已经联合起来,众志成城,形成了强大的力量,如果侵略者仍然执迷不悟,民众联合起来的义兵定将侵略者扫除净尽。这篇告示显示出广州民众反抗侵略者的坚强勇气和必胜的信念。

广州城内铺户亦不甘示弱,也加入到反对侵略者的斗争中来。他们于英船退出内河后,发出《阖省城铺户居民等公告》:

> 盖以英夷诡诈,厥性反覆无常,前自道光二十一年,曾经各大宪,体恤怀柔,议修和好,历年来,未尝薄待于他。乃复敢诛求无厌,毁我炮台,霸占铺户,作为夷行。妄想搭盖天桥,渡过河南一带,欲征收各国并本处商人税利。且大张胡说告示,悬贴行边,种种藐玩,殊堪发指,虽三尺小童,亦皆志切同仇,以歼除英夷为快。古人云"先发者制人,后发者为人制。"若不先事防范,将来受累非轻。即如香港地方,饮其毒者,不可胜计。兹议定章程,广东合邑省城铺户居民不下数千万间,每月每家情愿捐一月租银,业主赁客各半,业主所出,悉由赁客扣出,有愿多出者,听其乐助。此项银两,作为社学及省中招募壮勇一切经费之需。公举廉士数位,在广府学宫议开义成总局。凡我同人,踊跃仗义捐助,共成美举,汇交本处值事,由绅士造册注明,一支一贮,以作经费之用。在事人等,自备资斧,不设火食,以昭公允。不得徇私,务要社学义勇一心,奋力攻击,剿杀夷人,使无遗类。有能杀一逆夷首级者,则将其左耳头发,一并献出示众,给花红银一百元。有能活捉一兵头者,给花红银四百元。有在阵身亡者,给银家口银三百元,设立牌位,奉祀社学,春秋二祭。有能夺得鬼船器械,尽行归公。如有货物银两,归学社并总局,均分公派。今定此议,即日另设章程,一面收支,以为预防之策。倘从此该夷果能回心向道,照常贸易,不敢滋事,或可宽宥。倘仍肆行无忌,强霸地方,即时督率壮勇,剿杀其类。我国与夷势不两立,伊虽强横,其奈我何!特白。①

这与1841年2月27日怡良发布的悬赏缉拿英国船和英国人的告示如出一辙,② 只不过怡良给的赏银由政府列支,而各铺户联合组成的组织奖给有

---

① 《广东夷务事宜》,见《鸦片战争》(三),第358页。
② 《鸦片战争史料选译》,第263页。

功者的赏银皆来自于铺户的捐银,而且还对阵亡者予以抚恤。可见城市商民们积极参与抗击侵略者的精神可嘉,大有"天下兴亡,匹夫有责"的味道。在各个乡社团练组织的带领下,广州地区的乡民广泛参与到反对侵略者的行动中,在战时表现出同仇敌忾的应敌勇气,客观上促进了战时广州社会的稳定和谐。可以想见,广州官府意识到了这一作用,因而出于战时城乡社会治安的考虑,在密切关注民众活动的前提下,对民众的抗敌激情给予了一定的支持和鼓励。

二、三元里人民抗英

战争爆发后,英军直扑省城,1000多英军占领了北城高地耆定炮台。英军在炮台上可以对广州城内一览无余,直接对广州城内的安全构成威胁。

英军进驻广州城外,使民众直接站到了侵略者的面前。其所带来的民众大恐慌,使广州城郊乡村传统的管理秩序被打乱,基本上没有政府官员再进行日常的社会管控。在广州官府与英军议和期间,英军不断四出骚扰附近的三元里乡村,① 如入无人之境。"英人在西村英圣塘瑶台乡捉人运器物上炮台,大肆淫掠,在弥勒寺、环翠庵、双山寺、地藏禅林、流花桥诸处,开棺暴骸。"②

英军第37马德拉斯本地步兵团的一个军官在漫游到一座名叫双山寺的庙宇时,还挖开了一些古墓,他想看看中国人怎样对尸体进行防腐处理。《广州府志》第81卷还记载了英军粗暴地抢掠庙宇、挖坟墓、乱抛尸骨等五件事例。同时,又发生了印度士兵强奸三元里附近农村妇女的恶行。1841年5月29日,一队英军巡逻兵在三元里附近的东华村停留,一些士兵强行闯入韦绍光的家,并企图污辱韦绍光妻子。③ "道光二十一年四月(1841年5月),伯麦身肥体健,首大如斗,自恃膂力,率领余众自台下闯至泥城西村、萧岗诸村落,大肆淫掠,奸及老妇。村民大哗。"④ 各种暴行使英军与群众爆发了直接冲突,引发了三元里事件的发生。

道光二十一年四月初六、初七(1841年5月26、27日)等日,因为英军恣行淫掠的行为,令三元里一带的人民发指。为此,在当地乡绅的鼓动和

---

① 《夷氛闻记》卷三,第75页。
② 《广州府志》卷八十一《前略事七》,见《中国地方志历史文献专辑·灾异志》,第61册,第516页。
③ 《大门口的陌生人》,第9页。
④ 《夷氛闻记》卷三,见《续修四库全书》,第445册,第158页。

带领下，民众迅速组织起来武装抵抗英军对三元里一带的侵略行径。

四月初九（5月29日），"予（林福祥）与各乡约，每乡设大旗一面，上书乡名，大锣数面，倘有缓急，一乡鸣锣，众乡皆出，予仍以水勇当头阵。约成，予即间谍密禀宫保，而举事犹无定期也。"①

林福祥在其给祁贡所呈的书信里历数了英军的暴行以及自己组织乡民准备开展武装抵抗行动的情况，他迫切希望得到祁贡的支持，认为即使最后失败了也不会阻碍官府的议和行为："数日来，逆夷在三元里一带恣行淫掠，言之发指。祥连日到各乡，劝以忠义，怵以利害，无不怦怦欲战。倘一举事，可得数万人，众志成城，机会似不可失。比闻城内说和，已有成议。祥谓一面议和，以懈其心，祥一面督带义勇乡民，出其不意可获全胜。胜则官府之灵，败则乡民之过。似于和议亦无所碍。"②

初十（5月30日）辰刻，英军由三元里过牛栏冈抢劫，"予闻锣声不绝，即带水勇应之，而八十余乡亦执旗继至，不转眼间来会者众数万，……予水勇砍得逆夷兵头首级一颗，杀毙夷兵十二名，乡民杀得夷兵二百余名，而水勇乡民战死者共二十名。……不意十一日，有当事开城弹压者，且斥予等多事也，而人心解体矣，散矣。……一日纵敌，数世之患，天乎！人乎！"③ 林福祥大叹未能彻底消灭三元里英军的遗憾，对官府一味议和的行为不可理解，几近痛斥。

在三元里人民抗英期间，部分基层官员和士绅也积极配合民众的武装抵抗行为，各自尽力严防省城附近各军事要隘，以策应三元里的民众：

> 署粮道西拉本、南韶总兵马殿甲……又自守龙船墟、得胜坪及猎德诸台，举人李国贤守员村，文生叶照守下渡头，拔贡陈大勋守东炮台，文生林福祥以水勇为应，计南海、番禺团勇至三万六千名，而营兵不与焉……南湾九龙产石之山，悉在虎门外，夷船所聚，因购于内地之潭州，络绎运载，随至随沉诸河。……绅士曾钊、林福祥、周其俊、何达海，各督其勇护之，工始克竣。④

由此可见，基层官员和乡绅在三元里人民抗英斗争中所扮演的重要角

---

① 《平海心筹》卷下，《三元里打仗日记》。
② 《平海心筹》卷下，《初九日上祁宫保书》。
③ 《平海心筹》卷下，《三元里打仗日记》。
④ 《夷氛闻记》卷三，见《续修四库全书》，第445册，第160—161页。

色。相比于城外民众的勇敢抵抗,此时的八旗营兵和杨芳、奕山的军队却早已经躲进广州城内了,并给广州内城的社会秩序造成了极大的混乱。

三、举人何玉成的抗英行动

在三元里人民抗英斗争中,最为突出的是番禺举人何玉成。他带领民众英勇抵抗英军,闻名遐迩,堪称当地士绅之领袖。在英军肆虐三元里那一天,他立即柬传东北南海、番禺、增城、连路诸村,各备丁壮出护。附郭西北之三元里 90 余乡,率先齐出拒堵。对岸之三山等村亦闻声而起。老弱馈食,丁壮赴战,一时义愤同赴,不呼而集者数万人。① 何玉成在民众中的号召力非常强大,几近一呼百应。其振臂一呼,在城北四方炮台等高地上的英军迅即被来自三元里 103 乡的农民群众及广布于广州城西关的丝织工人包围。② 这与何玉成在英军侵入广州城之前,即开始在三元里一带组织乡勇,开展社学以护卫战时的乡村是密不可分的。他开展社学的主要目的是为了应对战乱对乡村可能的破坏,以维护战时乡村的社会治安秩序,所谓"无事相安农业,有警农即为兵"。③

四月中旬(1841 年 6 月),何玉成等向官府请求建造驱夷忠勇祠,从精神层面来号召鼓励乡民们的抗英激情。广州官府立即作出批示:"日前番禺县属三元里、萧岗等乡,因被夷人滋扰,奋力杀死夷人甚多。其乡人被逆夷杀死者二十八名,被伤者八十名。兹各士绅赴督宪衙门递呈,欲建忠勇祠一所,以慰忠魂。"四月十七(6 月 6 日)总督对何玉成的抗敌行为给予高度的评价:"番禺县举人何玉成督同各乡丁勇,奋不顾身,杀毙匪多名。我乡民亦有伤亡,实属志切同仇,深知大义。其杀敌立功者,既堪嘉尚,其毙命受伤者,尤为可悯!自应给赏优恤",命令军需总局司道,速即按名册"开列击毙逆夷及被逆夷伤毙各姓名,逐一核明,从优详请赏恤,以昭激劝"④。

何玉成的弟弟何壮能在《萧冈何氏族谱·序·诗》(作于鸦片战争期间)中记载了这件事:"复蒙大宪嘉乃绩,优赏首事添光荣,罩及同袍暨同泽,铭勋不遗弟与兄。(时靖逆将军宗室奕山、参赞大臣齐慎,优赏剿夷有功。玉成兄与云衢俱受六品军功顶戴,卓峰受七品军功顶戴)"⑤。可见当时

---

① 《夷氛闻记》卷三,见《续修四库全书》,第 445 册,第 158 页。
② 《三元里人民抗英斗争大事日志》,见《三元里人民抗英斗争史料》,第 3 页。
③ 《夷氛闻记》卷三,第 77 页。
④ 《鸦片战争》(四),第 24 页。
⑤ 《三元里人民抗英斗争史料》,第 206 页。

的广州地方官员们对何玉成的抗英壮举还是大加赞赏和高度肯定的。

何玉成还向官府提出建设性的战时治乱的意见，请求官府"自海珠至石门水陆冲隘，如仁威、沙南、荔园、泮塘、穗口及对岸之白沙、增城，各按险要，设防置炮。河南数十村及城东燕塘地方，亦均起而团练。进士何有书等，接踵倡行，各就所近设为社学，辅以公所而二之。西北曰升平，东门曰东平。练勇至数万，无事相安农业，有警农即为兵。一时生势联络，咸隶广州协副将"。① 可见，以团练来保卫乡村也是何玉成所竭力推行的治村抗敌策略之一，既能保卫和平，也能维护稳定。

何玉成在其《团练乡勇驻扎四方炮台等处纪事》中用五言古诗体裁记录了三元里抗英斗争的详细过程，并表达了组织乡民抗英的初衷：

> 今岁□初夏，寇掠城西乡。少壮争御侮，老弱同赍粮。天心助我民，一雨纷淋浪。彼兵黯无焰，我兵众且强。奋我刀与牌，歼彼犬与羊。夷众下船去，众怒犹未降。（英夷占据炮台，骚扰附近村庄，初十日各社学团民与之打仗。中午，陡下大雨，歼毙夷人数百名。十一日不约而来者竟至数万人，夷人怵然不敢接战，即于十二日下船而去）
>
> 万民皆同心，集众惟一呼，以此慑远夷，不战胆亦虚。重建公司行，夷商咸唯俞。可聚亦可散，谆谕开民愚，招众为敌忾，散归仍荷锄。所愿争战息，饮和逼康衢。
>
> 大吏褒义愤，堵防派吾民。纳饷糜月廪，归队如从军。回思接仗时，死事廿余人，发帑重优恤，建祠妥英魂。死者当含笑，生者弥感恩。从兹娴义勇，赴斗情更欣。（初十日与之打仗，死事二十二人，大吏优恤，复建义勇祠于牛栏冈）②

在《纪事》中，何玉成也歌颂了时任总督祁贡对三元里人民抗英斗争的支持。

四月十九日（6月8日），《时事文件》里还记载着当时民众发表的《三元里等乡痛骂鬼子词》，文末附记云："各大宪见此字骂得英逆妙极，故着首府两县十九日在大佛寺请各乡绅士畅饮，谨将在席绅耆姓名开列：番禺职员苏英、监生何桂、张光赞、举人何玉成、职员区瑶阶、武生张声扬、生员何壮昭、文童黄梓材，并南海举监生员同列。晚上在总局饮毕，即赏各乡

---

① 《夷氛闻记》卷三，见《续修四库全书》，第445册，第159页。
② 《三元里人民抗英斗争史料》，第297页。

被伤受杀者每名银一百四十两，重伤者二十一两，轻伤者每名十两，将来再赏牌匾。"① 士绅一度成为反击英国侵略的主要领导者，官府还请为首的各乡绅士饮酒，共贺抗英斗争取得的战绩，并当场对死伤者予以优恤。

然而，1841年5月31日，官府和议成功后，其态度为之一变，余保纯当即找到何玉成，限令收兵，解散团练队伍，何玉成不肯。余保纯威胁他说："如不收兵，则六百万元要你何玉成负责。"② 何玉成在《纪事》中还记载了三元里团练因和议而解散的情况："归农散众团，通商定和议，岂知民怨深，夷楼毁一燧。中宵警报闻，复惧夷氛炽，仓卒呼吾侪，踊跃荷戈至。敢以骸肉生，遂昧从公谊？部署北校场，先声夺人志。（壬寅，六月，散团，旋于十一月，以正匠火烧夷人公司行，大吏恐夷人借口生事，复召集旧团民一千名，住小北校场。旬日，事定，复归农）"③ 官府对三元里附近各乡团练的态度是和议成即解散归农，战事起即召回训练，以震慑英军。

何玉成毕竟是附着于官府的乡村举人，禁不住余保纯的申饬和严厉处罚的威胁，"绅士潜避，民以官故不复谁何"，失去了像何玉成这样的领导，也就失去了组织，乡勇们也就很快散去，英军的围困在官府的干预下很快得到了解除。④ 对此，李星沅在其日记中借记录何玉成的战时表现表达了民众惋惜的心情：四月初七、八，英军在省城北门外三元里等乡村抢掠、强奸，该乡举人何玉成等纠集万余人，"斩获该逆、汉奸多名，并将兵头首级一颗送辕门领赏。义律大惧，即退出各炮台，逃匿下船，并乞制府出示安民。恨当时不一鼓作气，聚歼恶党大快人心，然亦见同仇共愤。大府果能奖激，未必如青侯云云也。一言偾事，自坏藩篱，可恨，可恨！"⑤ 对抗英斗争的中途夭折倍感痛惜。

四、官府对民众武装力量的化解

战争结束后，为尽快稳定广州城的社会秩序，面对战时发动起来的广大民众武装及其团练组织，广州地方官府的态度由鼓励支持转向怀疑和担心，一俟英军退出广州，官员们就迫不及待地开始着手采取相应措施予以解散，令其还籍归农，以免再生纠纷，影响广州城的和平大局。"夷船退出，其大

---

① 《鸦片战争》（四），第15页。
② 何凤俦：《三元里人民抗英斗争史实访查录》，见《三元里人民抗英斗争史料》，第168页。
③ 《三元里人民抗英斗争史料》，第297页。
④ 《夷氛闻记》卷三，见《三元里人民抗英斗争史料》，第40页。
⑤ 《李星沅日记》（上册），中华书局1987年版，第251页。

船有滞浅沙者，乡民思截而焚之，官谕止之。"① 息事宁人以维护地区安定向来是广州官府奉行的原则。

道光二十二年十二月二十五日（1843年1月25日），钦差大臣、广州将军前协办大学士伊里布即发布告示，要求民众服从皇帝的命令，与英吉利国和平相处，不要再与洋人发生矛盾，乃至于互相仇杀。同时要求广大士绅劝谕民众不要滋扰洋人，不得再为匪徒之事：

> 今后凡我士庶，自应欢欣感戴，蹈咏皇仁，并与英吉利蠲释前嫌，以绝后衅，盖所以遵奉谕旨，并非曲就外洋。乃粤东省城前于十一月初间，因何肇衅，遂启争端，致有烧毁洋楼，互相仇杀之事。想缘年来兵连祸结，仇怨已深，愚民因事报复，匪徒藉端抢掳，在洋人不无自致之端，即我民亦有应得之咎。现已由地方官严拿放火抢货匪徒，分别照例惩办。本大臣复风闻城乡绅士，仍有以举义兵得复仇为名，议立精忠会者。近又有绅士数人，赴辕递禀，自请投效者。此固有一时忠义所激，惟与我皇上柔远含服之圣心，及息兵通商之恩旨，均属相悖。粤东百姓性刚好义，勇于急公，重然诺，轻性命，往往不择所处，快于一逞，其可与为善者在此，其易于过举者亦在此。即如近日乡土图举义兵与众民烧毁洋楼，事不同科，人亦有别，而不知虑始图终，轻举妄动，正复相似。除递禀绅士面加晓谕外，恐我士民未加周知，合亟开诚剀切示谕，尔等既以忠义为怀，即当知谕旨之不可不遵，边衅之不宜再启，且御侮是忠，而违旨径情亦不得为忠，敌忾是义，而开衅生事亦不得为义。尔绅士等，读书明理，可即谆切传谕我良民，如放火抢夺，皆为匪徒，并非义士，宜重以为戒，断不可从而效尤。现与英吉利约定，此后英国洋人不得欺侮我百姓，若洋人安分贸易，我百姓亦不可向洋人滋扰，庶内外相和，共享圣天子息事安人之福。我百姓其勿负本大臣训诫提撕保护成全之至意，各宜凛遵毋违。②

伊里布在布告中，通篇循循善诱，其目的就是要安抚民众，尽快恢复广州城的社会秩序。

耆英一到任也发布了《晓谕绅民人等各安本分示》，要求全省绅士军民人等，一体知悉："凡为士农工商者，各有本业，即当各安本分，分内之

---

① 同治《番禺县志》，"前事三"。
② 《鸦片战争》（四），第7—8页。

事,不宜荒嬉;分外之事,不可干求。切勿轻听浮言,辄即聚众滋扰,如有游手匪徒,平日专以牟利为能,不恤名义,亟宜改过自新,勿得执迷,自蹈文网"①,把聚众滋扰者看作是游手匪徒,也就成为扰乱社会治安的暴徒了,当然要受到严惩。

同时,官府开始遣散战时招募的各路乡勇壮丁。道光二十三年正月十五日(1843年2月13日):祁𡎚奏再裁撤壮勇3600余名,沿留3094名,暂守各要隘炮台,仍随时挑选诚实精锐之壮丁,收入行伍,余均遣令归农。②

官府还对试图聚集民众再行闹事者予以打击。1843年4月发生了"钱江案",祁𡎚逮捕了钱江等企图借团练发财的投机者,并向皇帝做了报告,使皇帝确信团练已被"假公济私、假托明伦堂名目刊贴告白"以"煽惑百姓"的人利用了。谕令祁𡎚务必查明事实真相,对违例行为严加惩治。③道光二十三年七月十七日(1843年8月12日),祁𡎚奏报他审查究办该案的具体情况,是钱江等刊刻揭帖想聚集民众同英人对抗。同时,抓获了同案犯卞江殷、何大庚及梁灼英等,他们假托绅士之名,在明伦堂粘贴揭帖,"以构民夷纠纷,从中取利"④。

官府解散乡民的团练,主要是因为怕武装起来的民众对清帝国的统治形成威胁。另一方面,广州的绝大多数官员们对洋人也没有什么好感,心里面也希望对英国人采取一些严厉的措施,打击他们的气焰。所以在给道光皇帝的密奏中,有一篇佚名者的附片,在得知洋船被海盗掳掠后向朝廷奏报事件具体情形,在叙述中流露出来的情绪集中体现了密奏者对英国人摇摆不定的态度,这也代表了广州地方官员的普遍心理:

> 英夷自犯顺以来,侵占我城池,蹂躏我土地,扰害我人民,耗散我财赋,其罪大恶极,实为神人所不宥。迨蒙圣主覆帱之仁,该夷犹呈豺狼之性,多方挟制,肆意要求,其狂悖情形,不独我皇上宵旰忿嫉,即在事臣工亦莫不饮恨吞声,共深切齿。乃该夷商船竟被洋匪邀截海上掳掠杀害,虽未大张天讨,实痛快人心。臣自抵任以来,凡遇海洋报劫之案,无不以捕务废弛,严檄申饬,而独于此次闻报后,转觉心安理得,不咎所防之或疏,但恨所杀之太少。然论情固稍申公愤,论事仍尚须羁

---

① 《鸦片战争》(四),第299页。
② 《鸦片战争档案史料》,第Ⅶ册,第11页。
③ 《鸦片战争》(四),第35页。
④ 《鸦片战争档案史料》,第Ⅶ册,第242—244页。

> 縻，既经该领事吁恳缉拿，自未便置之不议，致日后有所藉口。故臣前接领事若逊申文，当即飞檄行查，迨兴泉永道恒昌等具禀到日，复又分别咨行严密查拿，并将巡洋员弁摘顶棍责，以为阳示笼络之计……①

听说广东洋面的外国商船被海盗劫掠，这位官员却感到心安理得，可见其对英国侵略者的痛恨。正因为这样的矛盾心理，到了1849年，两广总督徐广缙在广州人民反入城斗争运动中再一次启用团练组织中的乡勇们：

> 广东民气刚强，原属可用，然可与图成，难与谋始，若非有人为之振作，则兴起无由，查有在籍候选道许详光，人本明干，因见英夷坚欲进城，内忧外患，叠起循生。首先于五仙门外八行，筹备经费，议立条规，置造器械，纠合壮勇，请官点验。保卫商民，复能不避嫌怨，不辞劳瘁，逐街按户，徧为劝导。城厢内外，互相观感，甫经一月，团勇至十余万人。

通过发挥团勇对英国人的冲击威慑作用，广州政府成功地让英国人放弃了进入广州城的打算，并得到了道光皇帝的嘉许。"分别加奖，以示激励，以后遇有缓急，该绅士必更存鼓舞之心，地方官亦得收臂指之助"。②

---

① 《史料旬刊》，第4册，第38期，"清道光朝密奏专号第五"之"佚名附片8"，第607页。
② 《筹办夷务始末》卷八十，第6699页。

下编

鸦片战争后广州社会治安的调整

中英《南京条约》的签订，清廷对中外贸易的一系列管理制度基本瓦解。"一口通商"变成"五口通商"，再加上香港岛被割让，英国人多了一个经商的基地。被林则徐焚烧掉的鸦片还得到了巨额赔偿，这就表明鸦片走私实际上的合法化，即使清廷从来没有公布过要让鸦片走私变成鸦片贸易，反而继续强调禁止鸦片进口，然而清廷已不再有办法和勇气向鸦片全面开战了。

以前的外国人只能在贸易季节时可以住在外国商馆内，其他时间必须回到澳门居住，现在不但外国商人可以住省城广州，连他们的家眷（包括外国妇女）也可以来广州口岸居住了。条约还规定广州口岸从此变成自由贸易口岸，外国人自然可以在广州自由活动了。道光二十二年七月二十三日（1842年8月28日）耆英、伊里布与璞鼎查签订《南京条约》，规定：

> 自今以后，大皇帝恩准大英国人民带同所属家眷寄住大清沿海之广州、福州、厦门、宁波、上海等处港口，贸易通商无碍。且大英国君主派设领事副领事等官，住该五处城邑，专理商贾事宜，与各该地方官公文往来，令英人按照下条开叙之例，清楚交纳货税钞饷等费……凡大英商民在粤省贸易，向例全归额设行商亦称公行者承办，今大皇帝准以嗣后不必仍照向例，乃凡有英商等赴各该口贸易者，勿论与何商交易，均听其便，且向例额设行商等，内有累欠英商甚多，无措清还者，今约定洋银三百万元，作为商欠之数，准明由中国官为偿还。①

伊里布在给璞鼎查的照会中却希望继续保留行商，但官府不会强制要求英国人一定要找行商担保，他担心的是散商小贩有可能引起很多纷争，他指出：

> 中国洋商（行商），一如英国之担保者，一切贸易事宜，均惟洋商

---

① 袁陶愚：《壬寅闻见纪略》，见《鸦片战争》（三），第115—117页。

是问，事有责成。若另投不知谁何之商，万一有匪徒诓骗逃走，必致无从缉追，一可虑也。既无宽大栈房可以居积，又乏殷实保家垫付价值，而洋货数多，非若中国散商小贩可以随时出售，必致壅滞不销，有误转运，二可虑也。贸易既分，缉私倍难，税饷易滋偷漏，且英国用洋钱而纳税须用纹银，多一倾镕，添一折耗，估色较平，动致争论，三可虑也。不如仍留旧商，但不存官行之名，任凭英商自投。①

这个和约的签订将在广州实行多年的公行制度废除，外国人可以和任何商人进行贸易，行商们失去了垄断对外贸易的特权，虽然没有说将行商制度也废除掉，但行商已与普通商人无异，而且还得将此前与英人贸易时欠下外国人的"商欠"清缴完。尽管当时规定这项款项是由政府来偿还的，但实际上行商们也不得不"踊跃"还款。

其后不久，璞鼎查又送来照会和善后章程八条，请彼此各如所约。道光二十二年八月十六日（1842 年 9 月 20 日），钦差大臣奏进朝廷如约执行。与广州有关的内容大致是：

> 今后的中国商人不是中国额设，如再有拖欠现象出现，官府不再代为偿还；只准商船来广州，不准兵船进入；英国人不得拦阻内地炮台、墩垒、城池的修整，实为缉防洋盗起见；加强沿海各岸的沟通，以免再生衅端；所有兵船必须在约定时间内撤回英国；英国商民与内地民人交涉狱讼，英国人归英国自理，华民由中国官府讯究，但是他国夷商不能据以为例，……内地奸民犯法逃跑到英国货船、兵船或香港地界，英国人必须送回交给广州地方官府究办。②

这些新的中外贸易制度内容对广州来说是前所未有的，条约的实施将改变广州社会的方方面面。签订的条约必须执行，但官府推行这些条款必须要得到民众的认同才行。于是接下来的广州官府与民众之间的协调问题，民众与外国人之间的磨合问题，官方政策、民间对抗、官民互动、官民对立、华夷纠纷等矛盾互相纠葛，把古老的广州城带进了和平背景下的动荡时期。

---

① 黄恩彤：《抚远纪略》，见《鸦片战争》（五），第 420 页。
② 《壬寅闻见纪略》，见《鸦片战争》（三），第 119—120 页。

第九章 广州民众反英军入城

中英《南京条约》签订后,广州正式成为通商口岸,结束了"一口通商"的垄断局面。然而,条约的签订并没有给广州带来太平,特别是英军是否可以入住广州城的问题是广州官府必须面对的考验。有关广州民众反入城的问题,早已引起了学界的关注,其中茅海建的研究最具启发性,他认为广州民众反入城问题的出现首先是因为中英双方对条约理解的不同造成的。《南京条约》第二条载:"自今以后,大皇帝恩准英国人带同所属家眷,寄住大清沿海之广州等五处港口,贸易通商无碍;且大英国君主派设领事、管事等官,住该五处城邑。"根据这个中文本的条约,意思非常明确,在广州的外国人可以住在商馆区。但是英文本中说"从今以后获准居住于广州等城市和镇……"。① 在中方看来,"城邑二字,系兼指城内城外",而英国人通商"自应在城外居住"。② 而在英文本中将"城邑"作"城市和镇",按其解释,英国民人和外交官皆有权利进入广州城。因此英国人想要入城,必然引起广州民众的阻挠,入城问题由此而来,中英双方对条约的各抒己见拉开了这次广州反入城斗争的序幕。

一、官府对英国人入城的态度

《南京条约》签订的第二年即1843年,英国第一次明确提出进入广州城的要求。负责战后谈判事务的钦差大臣耆英,为此答复英国全权代表璞鼎查:

> 进广州城一款。现在两国和好,毫无芥蒂,册有城内城外之分,总江宁、福州、上海等处,即可入城,何独广州不可。无如广东民风非江浙可比。自遭兵火之后,惊魂未定,易启猜嫌……现在本大臣会同督抚,转饬地方官设法开导,容俟开关贸易后,彼此相安,如有应行入城相商之件,自应会商。③

---

① 茅海建:《关于广州反入城斗争的几个问题》,载《近代史研究》1992年第1期。
② 《第一次鸦片战争之后福州问题史料》,载《历史档案》1990年第2期。
③ 《鸦片戦争の研究》(资料篇),第245页。

在这份文件中，耆英表现得模棱两可，既没有答应英国人进入广州城，也没有回绝英国人的要求，这种迂回的策略也表明了地方政府的态度。

随后，英人再次提出进去广州城的要求，与第一次相比，双方的态度也日益明朗。道光二十五年（1845年），英国领事德庇时在与耆英等讨论归还舟山之事时，重新提出福州、上海、宁波等处均准夷人入城，广州事同一例，应请准其进城。耆英等认为：外国人来中国贸易，原无不准进城的明文规定，只是在广东的外国人向来都不进入广州城，广东民风强悍，与浙江各省不同，如果马上允准外国人进城，可能会发生意想不到的事件。当即再三开导德庇时，但德庇时情词坚决，并声称如果不答应他们进城的话，他很难向他们的国王交代，只能动用军队来解决问题。

德庇时想用战争作为威胁来达到进入广州城的目的。但是耆英等深知广州城内居民反对外国人进城的决心，其拒绝德庇时要求的态度也非常坚决，最后德庇时未再坚持，但仍然坚持他日再议。① 这一次耆英的态度似乎明朗一点，"原无不准进城明文"，但以"民情未协"推脱掉了德庇时的要求。

1845年6月，英国领事詹姆士·马额峨首次同广州知府以及南海、番禺知县会见，反复商谈，两位知县才同意张贴官方告示，向百姓说明，外国商人已在广州经商200多年，给这一地区带来了很大的好处；皇上决定和平共处，华夷共为一家，百姓不得妨碍他们的无害的旅行。县官们在很不显眼的地方贴了十几张这样的告示，马额峨很不满意，南海县令向其解释，官员们不敢表现得过分偏向洋人，那样会"惹起民愤"。他告诉马额峨，只有朝廷的谕旨才能改变民众这样一致的敌意，而这样的谕旨要三个月才能拿到。马额峨进一步威胁：要是不让英国人进城的话，舟山将不能按时归还中国。②

到1845年底，按照条约，英国人必须归还舟山，但是德庇时提出如果不准英国人进入广州城，那么舟山就不予归还，这对耆英来说是不能答应的。他又援引条约的中文本来反驳德庇时，但事关舟山归还问题，耆英还是答应了德庇时的入城要求，但希望推迟时间，同时对于条约规定入城之事，仍持否定态度，他在其照会中称"入城一事，本属小节，历次条约，均未载明"。③ 1846年4月，耆英与德庇时在虎门签订了《英军退还舟山条约》，

---

① 参见《筹办夷务始末》卷七十四，第6187页。
② 《清朝柔远记》，第251页。
③ 《鸦片战争の研究》（资料篇），第27页。

答应允许英国人入城,但没有确定具体的时间。①

德庇时发现这个情况后,恼羞成怒,以英人在佛山一带遭石块袭击为由,命令驻在香港的英军攻占虎门。耆英立即向朝廷上奏《英夷兵船突入省河,请进城,现在防堵酌办情形折》,道光二十七年三月初七(1847年4月21日),谕旨:"英酋藉词夷人被华民欺凌之嫌,辄带领兵船突入省河,在十三行湾泊,并令夷兵潜上炮台,钉塞炮眼。先经委员探询,该督复前往面见。据该酋声称,欲往佛山与华民较论,并坚请即行进城等语。该夷遵守成约,迩来颇为安静,此次所请,殊为意料所不及,该督等惟当一面督饬文武员弁,迅速布置,严密防堵。"②道光帝的谕旨只是就事论事,没有提到英军入城的事。

耆英面对英军的军事压力,不得不屈服,答应两年后向外国人开放广州城。③并派"委员驰往佛山,将当日在场哄闹之关亚言等拿获惩办"。耆英立即向朝廷作了汇报,"夷情渐已就范,兵船陆续退出广东省河,现仍督率文武镇静防备"。道光二十七年三月初十(1847年4月24日),皇帝谕令:"英人突入省河,坚求不已者,尤在究办佛山驱逐外人之华民及准其入城二事",要求耆英"晓谕居民自相保卫,断不可因境内偶有夷人辄即聚众殴趋,致令该夷借口细故称兵入境"。④

该年六月十一日(7月22日),又谕令耆英等:"此次夷船突入省河,香港夷兵加增,并有铸造炮子火箭及演习炮车等事,该夷自加练习,或意图蚕食诸国亦意中事,但传闻岂可尽信,必应加意筹防。着该督等仍督饬地方官密为筹画,层层布置,并密饬水陆各营共备不虞,既不可过事张皇,尤不得少疏防范。"⑤此时的皇帝被刚刚过去的鸦片战争引起的动乱局面吓怕了,已成惊弓之鸟,非常担心英军再次攻入广州内河,再起衅端,所以反复叮嘱耆英要加强防务,保境安民,以免再生什么乱子。至于耆英对英国人允诺两年后入城的事一句也没有提,大概皇帝也不想让英国人入城,但他也知道不让英国人入城没有什么充足的理由,道光帝更多的是害怕英国人真的不归还舟山,这样大清又将再一次失地受辱。

耆英从一开始的反对英国人入城到后来在英国的军事威胁下同意英国人入城都是处在一种迫不得已的情况下逐步退让的。无论是从他个人的角度还

---

① 《中外旧约章汇编》,第1册,第70页。
② 《嘉庆道光两朝上谕档》,第52册,第69—70页。
③ 《鸦片战争史料选译》,第323页,"英政府通告"。
④ 《嘉庆道光两朝上谕档》,第52册,第71—72页。
⑤ 《嘉庆道光两朝上谕档》,第52册,第218—219页。

是从清政府的角度，他都是反对英国人入城的。当被德庇时逼得无可奈何的时候，他曾于道光二十六年三月三十日（1846年4月25日），暗中授意广州晓事士绅张贴英国欲入城设立码头之示谕，目的是以"众怒难犯"，断绝英国人入城之请求。① 耆英和清政府之所以反对入城，除了要保持天朝的尊严外，主要是"严夷夏之防"，防止出现"华夷杂处"的现象。清王朝极端恐惧本国人民与外国势力相联系，进而造反，出现难以控制的局面，从而造成社会的极大混乱，动摇清王朝的统治根基。当然，因为广州民众的排外情绪，也极力反对英国人入城，如果官府同意让英国人入城，可能会激起民变，同样会造成社会治安秩序的混乱。因此，以耆英为代表的广州地方政府官员们在反入城这一点上，与老百姓出现"互动"的现象。

二、官民之间的冲突与刘浔事件

因为耆英对英国人是否入城的态度不断变化，民众并不了解耆英与英国人谈判的内情，也不明了地方政府的态度，一旦听到什么风吹草动，就以为官府与英国人互相勾结，准备让英国人进城了。省城内的民众已经越发不信任广州官府，也不相信官员们的告示和劝解。但耆英并没有认识到这一点，他与德庇时达成协议后，于道光二十五年十二月十六日（1846年1月13日）发布了一项官方通告，宣布外国人将进入广州城。

士绅们得知此事后，对这一政策的反对几乎变成暴动，威胁官府必须制止外国人进城，并警告耆英"吾乡之民能为国家效力，不愿从抚也"②。

在地方乡绅的号召下，广东民众形成统一的意见："洋人向不准入城，为天朝二百年来例禁，况五口通商，粤东但有澳门，不闻广州也。"民众要求耆英向外国人申禁他们入城，但没有结果，于是广东民众大集南海、番禺耆绅，"传递义民公檄，议令富者助饷，贫者出力，举行团练，按户抽丁，除老弱残废及单丁不计外，每户三丁抽一，以百人为一甲，八甲为一总，八总为一社，八社为一大总。旬日间，城乡镇市镫旗相望，众议汹汹，不藉官饷，亦不受官约束，良莠错杂，浸浸与官为仇矣。"③

耆英则以余保纯在三元里使用过的办法对付他们，恐吓绅士，要他们控制民众，平息反抗。这一次绅士们没有再听官员的话，而是应战了，道光二

---

① 《明清时期澳门问题档案文献汇编》，第2册，人民出版社1999年版，第560页。
② （清）夏燮：《中西纪事》，第13卷。岳麓书社1988年版。
③ 《清朝柔远记》，第251页。

十五年十二月十七日（1846年1月14日），大街小巷都张贴了告示，表示只要洋人进城一步，立即格杀勿论。如果行商企图保护洋人，将遭到同样下场。甚至"约以英酋入城日闭城起事"。①

与官府直接冲突的民众冲击知府署事件终于发生了。十二月十八日傍晚起更时，广州府衙门前聚集了很多人，吵吵闹闹，几乎衙门全部被堵塞住了。耆英接到报告后，立即派人查明原因，并命令司、道官员督促相关文武官员，多派兵丁、衙役前往弹压查拿聚众首犯。当兵役们到达时，看到知府内署火起，官兵赶往扑救，知府门前聚集的民众乘间逃逸。知府署内被烧毁了几间住房，官兵们及时将其救熄，没有延烧。经查验，府库贮存银两并无短少，科房文卷也没有遗失，可见并非是强盗抢劫行为。

后经查明，此次聚众闹事源于广州知府刘浔此前与民人的街头纠纷。当日下午知府刘浔因公出署，途中经过城内叫双门底的地方，恰遇民人王亚平挑着一担酱（有说是一担油②），迎面走过来，知府的跟班发现后拦阻王亚平，但王执意不听，导致互相吵闹。知府当面呵斥他，可王亚平居然出言顶撞知府，衙役们立即将其按倒地上，打了几大板并押回衙署。因为王亚平是靠受人雇佣为生的，当时的街坊邻人等见到此事后，恐怕他被抓后受到牵累，就有十几个人跟上衙役们并请求知府将王亚平释放。双门底这个地方离知府署非常近，且处于城内闹市区，往来民众非常多，都随同观望，致使道路显得非常拥挤。知府刘浔督同番禺县令瑞宝当堂向围观的市民做了解释，并将王亚平释放。街坊邻人等都马上退出知府署。

此事本来到此结束，可就在这个时候，突然有多名"匪徒"喊叫，声称知府刘浔私自将外国人带进知府署。群众情绪马上被激荡起来，场面失控。知府刘浔、知县瑞宝等不停地向群众解释开导，但为首的几名匪徒依恃人多并不听从解释，并率众直接闯进署内，衙役们势单力薄不能阻止，导致打毁器物、焚烧房屋等事的出现。此事件发生后，官府并没有追究老百姓的责任，而是将广州知府刘浔暂行撤任。③ 据《南海志》记载，道光二十五年十二月（1846年1月），英国人请求进入省城没有得到允许。理由当然按旧例：洋人是不许入城的。"会贡（祁贡）以病开缺，耆英代督粤，恩彤亦来陈臬事，相与委曲调停，事事弥缝，不使稍生衅隙。……广州府刘浔出，尝

---

① 《清朝柔远记》，第252页。
② 《清朝柔远记》，第252页。
③ 《筹办夷务始末》卷七十五，第6246—6247页。《清朝柔远记》第252页记载：事件中，群众还将刘浔的冠服焚之堂下，说："彼将事夷，不复为大清官矣！"

杖双门市民之未避前驱者，行道讹言骤起，以谓府署藏纳英夷。万喙如潮，假虐责良善为辞，遽相聚而火其署。掷物火中，虽贵玩丝毫不取，与夷馆受毁时相似。浔越后垣，走匿藩署。藩使（布政使）傅绳勋（傅祥麟），素得民心，出署婉语，以夷例不许入城，府署夷何所来，搜而弗见，宜各还，晓之再，始欢呼而散。"① 完全将这次事件发生的原因归结为广州府官员们已经答应洋人进城。从这一事件中，我们可以看出英国人入城这件事已经成为官府与民众冲突事件的导火索，民众只要听闻官府允许外国人入城，就会与官府发生冲突，或者大骂当事官员，从而引起突发事件的发生，入城问题已经成为广州城内社会治安的不稳定因素。

后来知府刘浔被解职，事件也已平息，但是，绅士及市民并不满足于这样的结果，他们的目的不在于赶走一名知府，而要让官府知道他们反对英国人入城的坚决态度。当广东官员站出来企图平息事态时，民众的反对情绪更加激烈。道光二十五年十二月十九日（1月16日）早晨，官员向民众发表声明，否认他们曾企图反对"忠义"的百姓，蛮夷必将被阻挡在城外。② 紧跟着这项声明而来的是总督耆英、巡抚黄恩彤为屈服于英军而低声下气的道歉：他们为过去被迫屈从于英国侵略者的要求而深感羞愧，但是现在，他们已无意在洋人和广东人之间偏向洋人。耆英甚至推脱说他只是想测验一下公众的意见，从没有真正打算让夷人进城："如果百姓全都反对英国人进城，我们怎会愿意逆他们的意愿行事，屈从英国人的请求？请勿存疑虑。"③，耆英等再一次告示粤民，以平息民众的愤怒情绪：

> 照得守土之官，以得民心为本，苟失民心，殊惭尸位。兹闻广府因责打民人，以致众心不服，始而哄堂塞署，继而焚毁器物，实属不成事体。在地方官用刑欠当，固难辞咎，而聚众滋事，亦属玩法。合行示谕诸色人等知悉：尔等速即解散，听候本部堂院秉公查办。其城内铺户居民人等，皆我赤子，保护不遑，何忍株连，务当各安本业，切勿恐惧。④

同日，耆英又发布一条告示，反复就刘浔事件向民众说明政府的立场，从而打消民众的疑虑：

---

① （清）梁廷枏：《夷氛闻记》，中华书局1959年版，第143—145页。
② 《中华帝国对外关系史》第一卷，第377—378页。
③ 英国人翻译的耆英的告示。转引自《大门口的陌生人》。
④ 《鸦片战争史料选译》，第347页。

> 至英人进城一事，前以民心不洽，业经再三阻止。兹因英人以福州等处均准进城为言，坚决固请，本阁部堂、部院是以出示晓谕，本拟俟出示后，体察民情，再行酌办，并非即准英人进城。乃出示后，即标贴红白字迹，词多愤激，喷有烦言，本阁部堂、部院既不能折服外国之人，又不能取信于我中国之民，每一念及，愧汗交下。但其中细微曲折，实有不能遍告尔百姓之处，而并无厚待外国薄待我民，则此心实堪有自信，恨不能剖心相示耳。今再晓谕绅民人等一体知悉：尔等当知本阁部堂、部院前次将英人进城之事，明白出示，本欲使人共晓，以便体察酌商，并非一经出示，即准英人进城，前日有英人三名，欲进太平门，仍行阻止，乃其明证。如果百姓均不愿英人进城，本阁部堂、部院何肯大拂民情，曲徇外国人所请。勿得各怀疑虑，竟相怨读，致本阁部堂、部院一片苦心，无以共白于我绅民也。①

面对民众对官府的敌意行动和城内混乱的局面，广州地方政府经常只用这些告示来试图说服老百姓，其效果甚微，也不见采取什么切实的措施来维护城内的秩序，致使民众越来越藐视官府的权威。官府的告示通常是贴在各城门口及民众经常聚集的地方，可是这些文告很少能保留一个星期以上，比如上文提到的那份准许外国人进城的布告，群众立即将其撕掉，一些关于条约各款的布告也招致民众的反感，两三日内即被撕去。② 这在以前是不可想象的，官府与民众的互不信任可想而知。

此事平息后，耆英专奏皇帝关于这一事件的处理及其善后：

> 上年因英酋求进广州省城，臣等曾姑为示谕。嗣因粤民相持不决，而广州府刘浔适有责打挑夫一事，以致匪徒藉端滋扰，当将该府暂行撤任，并杜绝夷人进城之请，以顺舆情。现在匪徒已经挐获，夷人进城事已中止，更无欲在城内设立马头之事。但当示以恩信，妥为羁縻。尤必抚柔我民，以固人心而维邦本。得旨、覆奏明晰。③

耆英后来继续向道光帝奏报分析此案的深层次原因：

> 粤东民风犷悍，往往纠众抗官。自英夷滋事以后，民气益骄，撤退

---

① 《鸦片战争史料选译》，第347—348页。
② 《鸦片战争史料选译》，第313页。
③ 《清宣宗实录》卷四二六，第347页。

壮勇，流为匪类，动辄藉报复英夷为名，结党横行，官不能制。经官府将游棍钱江、范守诚分案惩办，此风稍为敛戢。而积习已深，势难骤改。知府刘浔到任以来，时时以整顿地方为念，遇有顽梗之民，随案严惩，力图振作，匪徒畏而生恨，在所不免。若仅因责打挑夫一事，断不致激成众怒，一至如此。经各方体察发现，"英夷进城"最为粤民所不愿。是以数年以来，英夷屡以为请都被官府力阻。①

从耆英的奏折看，该事件发生表面上是由于刘浔责打挑夫，实际上是多年来广州人反对英国入城情绪的集中爆发。耆英的看法还算是比较中肯的，特别是对整个事件的缘由分析比较到位，可谓一针见血。

三、士绅对民众反入城行动的态度

马士认为，在与外国人的关系上，绅士们永远是不可协调的顽固分子，拒绝一切改变和让步。在告白（揭贴）引起了骚动后，中国政府制度的传统弱点就马上暴露出来。

> 而官吏却是另一样的表现。负责的官吏总归是一个外省人，具有极有限的约束力，并且最怕对他的行动会有什么报告。他的希望是，火是他们自己烧完的，他的早期措施一般只限于晓谕暴民要作良善子民不再作乱；等到后来他被迫不得不采取比较决绝的行动时，却往往发觉暴民已经一发而不可收，而他和他手下的武力在这动乱的浪潮中，仅仅是一些浮萍了。不大会看到道台阶级以下的官员，更难看到督抚阶级以下的官员采取过一种及早的强硬决定，甚至不惜向暴民施放火铳射击。一个小小的知县，心里会考虑到死掉的人，对于人的死亡，事后必然要责成他负责任的；正因为他身兼行政官、警务监督和验尸官数职，他比别个更加是会成为敌意批评的目标。当骚动最后变得这样严重，以致地方的最高级官员都不得不出面干涉的时候，他的行动便是残暴而凶狠了；死亡人数不再顾到，人头像麦穗在镰刀下那样地被割落，而赔款的钱一样的加在犯罪和无辜身上。②

---

① 《筹办夷务始末》卷七十五，第6249页。
② 《中华帝国对外关系史》第一卷，第420页。

在这场反入城的斗争中,地方士绅发挥了重要作用,原本是维护旧秩序的士绅阶层成为这次反入城斗争的主力军,成为民众反入城的领袖人物,时任广东巡抚的叶名琛很"有办法驾驭士绅,使这批人无报酬地为他服务"。① 因此,在广州反入城斗争中,尽管是以民众为主体,尽管广州地方政府的官吏们有时只能顺应当时民众反入城的不可扭转的潮流,但仍未脱离地方政府的控制范围。

广州的士绅们在条约签订后,随着英军向广州政府的施压,不管官府允不允许,立即开始了抗议活动,告示一张接着一张,流言一起接着一起,公众都警惕起来。

到处张贴揭帖、公告或公檄、公启等告示性文字,以宣传民众反入城主张,是广州民众反入城行动的一种重要形式。士绅商民等通过这些文告来表达他们反对英国人入城的理由和坚定的决心。如前所引的《广东全省民众公告》就对耆英允许英人入城的行为进行讨伐,并表示将耆英处死也不会过分。②《广州义勇队及士绅发出之揭帖》则认为外国人想进城,是"希图各国商税",该帖还对外国人召集新安、香山等汉奸一千多人,潜入省河,焚烧炮台,勒索百万银的事件进行痛斥,号召"四民人等,务宜齐心杀绝,不准一步入城",揭露外国人想要入城的目的就是为了进一步扩大侵略。③ 1846年的《广东全省水陆乡村志士义民公檄》中"今公然奉示入城,不但强悍霸占,欺凌百姓,其害更有不可胜言者"④,也是在暗示人们夷人进城是别有所图。

1847年《广州士绅发出之揭帖》针对外国人要在十三行夷馆附近兴建礼拜寺(教堂),并霸侵河南一带,建立炮台,丈量地址的情况,号召"所有人役及各埠泥水工匠,如敢兴工,与逆夷建造,势必搜杀殆尽",⑤ 试图禁止外国人在河南兴建一切屋宇等建筑。《广州缙绅会议防夷人进城规章》则告诉民众防止外国人进城的各种有效的办法:

凡两城铺户,设募壮丁,轮流巡缉,如见夷人入第一条街,不必惊扬,以鸣锣为号,通知第二条街,声气递传,奋力攻击;凡两城铺户,瓦面上撤去板篷,多贮水缸,以防匪徒放火,预备灰煲砖石等物,一见

---

① 黄宇和:《两广总督叶名琛》,上海书店出版社2004年版,第42页。
② 《鸦片战争史料选译》,第321页。
③ 《鸦片战争史料选译》,第322页。
④ 《鸦片战争の研究》(资料篇),第270页。
⑤ 《鸦片战争史料选译》,第322页。

夷人入城，在上擂打，不使一名漏网；凡铺户居民，切勿惊慌搬徙他处，诚恐途中抢掠，反为不美。又恐夷人乘我空虚，霸占地方，务须照旧生理，互相保护，以期永守；凡街上宣传夷人入城之人，必是汉奸，故张声势，探我虚实，或藉以抢劫，该处铺户立即拿获，解到绅士审明，如系汉奸，送官究治，如系良民，亦须具结取保，始行释放。①

从揭帖的内容看，广州民众反对英军入城的理由有四：（1）防止英人入城后进行侦查，扩大侵略；（2）防止英人入城后影响商业的局势；（3）防止英人入城后侵凌民众；（4）防止英人入城后强行征税。在茅海建看来，这些揭帖所显示的理由并不充分也不太符合现实，②但揭帖表明广州的士商绅民们对外国人进入广州城的反抗态度，同时在各种文告揭帖中，各行各业都在努力寻找最为有效的办法来维护省城的社会治安秩序。《广东全省商学两界共同声明》则指出英人进城丈量街道，扰乱居民，"客商停办货物，行市一低，贻误各国"，指出英国人入城必将影响正常的贸易秩序，商业局势必将恶化。

1849年《商民公告》决定召集十约铺户于当月初十日，在公所齐集，酌议新章捐租防夷。③《绅士公启》则号召民众在需要时做好准备。④《九曜坊公告》称：兹现在各处匪徒滋扰，我九曜坊之约，乃省内外通衢，诚恐一时猝有意外，必须防范，以备不虞。兹本约铺户，业已尽力捐签公费，汇齐交值事收贮，一遇有事，立可应用，更设壮丁，以便自卫。似此众志成城，庶几有备无患，安此生理，直白布闻。一、各铺每户，设青帽木棍，万一有事，各宜手持器械，齐出防御。若匪人众多，一闻锣警，各户齐出协同防护。二、若匪徒闯入本境，闸夫立即关闭，更壮鸣锣，各户踊跃协同擒拿。三、如晚夜本境若有贼匪，该更壮登即叫喊，各户齐出协同捉拿。四、如贼匪在本境，白日抢夺，各户亦齐出，与更壮协拿送究。⑤ 这个公告已经不止于反对外国人入城那么简单，基本上就是一则社会治安守则，当然其目标是针对闯入城内的夷人和他们招募的汉奸，统称为"匪徒"，其中自然也包含由于贫困而莽撞的亡命之徒，受可能发生暴乱的谣言所吸引而涌入城

---

① 《中国丛报》，1847年4月第16卷第4期第4篇，见《鸦片战争史料选译》，第325—326页。
② 茅海建：《关于广州反入城斗争的几个问题》，载《近代史研究》1992年第1期。
③ 《鸦片战争史料选译》，第477页。
④ 《鸦片战争史料选译》，第478页。
⑤ 《中国丛报》，1849年2月第18卷第2期第8篇，见《鸦片战争史料选译》，第477页。

内，因而需要立即采取防范措施。这种做法是得到政府允许的，对维护良好的社会秩序是非常有用的。

《毛织品商人之决议》表明广州经营进出口纺织品商人的行会组织也出面了。这个揭帖反映出商人阶层求稳怕乱的心态，他们认为英人入城必然造成混乱因而导致商情大乱。

> 如夷人罢议入城，我行中再恒常交易，斯时各安生理，共获无穷之利矣。谨议条款，开列于后：一议本行各店不得受夷人货物；一议本行各店不得与洋行、丝毡店及买办买受货物；一议本行各店不得与到夷馆，投受货物；一议本行各店不得与外行并客商买受匹头货物；一议本行各店不假手别行客店转受夷人货物；一议本行各店不得与丝毡店私相授受。如若违例，众议罚银四百两；知情报信者，公所谢花红银二百两；如该店伙伴知情不报，本行永不雇用。一议本行经纪并外行经纪，不得将夷人货物转售各客商，如有查出，永不交易；一议洋行并丝毡店，如有卖货与外行及客商者，本行永不交易；一议城厢内外并外行各客，如有到夷馆投货者，本行永停交易；一议每月初一日，各店用黄告一纸，到公所清升。①

实际上这也是生意环境极其萧条时的一种求生办法。同时棉纱商亦发布一份要旨相同的规定，有一名公然违反该规定的商人曾受到拘留的处分。《（明伦堂）召开士绅会议之通知》：

> 现在通省绅耆踊跃，为国为民，诚为美举。但念夷狄性情，贪而无信，畏威而不怀德，若徒以口舌争，不以武力讨，必不能有济于事。愿当事者，其洋审之。兹拟责夷数事列后。一、令将荳栏开复，使行人照旧往来。此系河南、河北往来饷度埠头。二、令其回行后关厂二间。三、令将从前金顿等各次伤毙人命之凶夷交出，在十三行治罪。四、令嗣后不许擅带夷兵来省河。凡船入口到虎门，必先呈缴炮械。五、令罚赔前时所钉炮眼之银。会议坚决支持政府计划所提出的维持秩序和不加干涉的立场。②

---

① 《中国丛报》，1849年2月第18卷第2期第8篇，见《鸦片战争史料选译》，第479页。
② 《中国丛报》，1849年2月第18卷第2期第8篇，见《鸦片战争史料选译》，第480页。

后来召开的"明伦堂会议"坚决支持官府计划所得出的维持秩序和不加干涉的立场,并号召各位绅士应勤练街坊义勇,听候官府应召录用。

当行会和士绅在发表各种意见时,民众已开始在邻近地区招募和武装义勇,各街头遍贴揭帖,民众三五成群,拥前阅读。以《大新街之决议案》为例:

> 际此变乱之秋,如能同心协力,灾难实可避免。然而,各种准备,招募兵勇,储备粮食,仍应按照固有原则进行。为此,谨提出抗击夷人与盗匪之条例如下:一各店须预先捐献一个月租金以应开支。二大店须派出精壮义勇三名,二级店二名,小店一名。三遇危难发生时,应即鸣锣告警。义勇应在锣声响处集合出动,前后闸门应予关闭。四对战斗中负伤人员将给予医药费五十元。阵亡者从厚殡殓,给予其遗属一百五十元,并在义勇祠内享受祭祀。①

该决议案把打击外国人与盗匪结合起来,既要抵制洋人入城,又要保证城内的社会治安。

大量揭帖表明广州的士商绅民们对外国人进入广州城不容置疑的反抗态度,同时在各种文告揭帖中,各行各业都在努力寻找和采取最为有效的办法来维护省城的社会治安秩序。

四、官府对民众反入城行动态度暧昧

因为允许英军入城,会引发民众的大规模抗议,民众与外国人的矛盾必将白热化,极有可能造成广州治安不可收拾的混乱局面。因此,考虑到广州城的民情稳定,朝廷和广州地方官府对民众的反入城激情以及保护国家安全、维护治安秩序的各种行动总体上是默许和支持的。

但另一方面,不允许英军入城又不符合中英条约的规定,广州官府陷入两难境地,他们不得不做一些政策上的被动应对,以向英人表明官府遵守条约的态度。对一些违法行为,比如对钱江案的追查就是一例,钱江假托明伦堂召集士绅开会,以图骗财,受到了严厉打击(如前所述)。这就导致广州官府所采取的态度,经常摇摆不定。

1842 年官府对一系列表达民意的告示严加禁止。官方的这一做法源于

---

① 《中国丛报》,1849 年 2 月第 18 卷第 2 期第 8 篇,见《鸦片战争史料选译》,第 481 页。

12月2日的士绅会议。由于有不同的意见，会议在一片混乱中解散。而此时，几名洋人妇女不合时宜地访问商馆地区，似乎证实了英国人打算立即进城的新的谣传，这更加引起了民众的不满。最后士绅们不得不做出退让，两广总督祁贡、广东巡抚怡良立即联合实施了一些措施：禁止民众张贴告示、举行集会以及对官方政策的公开谴责。①

可见，广州的官员们认识到，要想保持城区的继续稳定，就坚决不能让英国人进城，否则，巨大的混乱必然降临到广州城。但如果过于急切地拒绝英国人进入城市，则可能招致英军的再一次侵略，也会给广州带来灾难。那就必须要做到既不能让英国人入城，也不能让英国人进攻广州。为规范士商绅民们在这些反抗行动中的行为符合政府的规章制度，广州各级地方政府经常性地告诫民众"仰体圣意"。

道光二十六年二月初五（1846年3月2日），耆英等发布告示，晓谕民众：

> 照得所有外国商人及其他外人，均已获旨恩赐有权居住及经营正当商业，则尔辈与彼等应和睦友好，相安无事。前此事件，乃英人欲进入广州城，引起居民反对所致。本部堂及部院曾发出晓谕，料尔辈当知有关英人进城之谈判因此而暂告中断。全体军民当仰体圣意，恩准各国自由经商，和睦相处。尔辈应各安本业，不应仍张揭帖，激起众怒。尔辈更不应在十三行前重新修理设置障碍，使各国商人及其他外人深感忧虑而集会提出指控。为此，特再行晓谕城内外军民，今后各安本业，有事呈报当局，静候处理。不得借口公理正义，再张揭帖，引起骚动。如敢故违，定予查究拘捕，严加惩处。②

告示告诫民众不得挑衅外国人，不应该再到处张贴揭帖，以免激起众怒、引发骚动而影响社会的正常秩序。

道光二十六年（1846年），有人奏广东匪徒滋事，因英国人欲进省城设立码头，人心不服，地方官出示晓谕，致有聚众滋闹之事。该省设立码头，自应顺民之情，不宜强民从夷等语。上谕饬令耆英悉心体察，一面慎重妥办，一面据实奏闻。③皇帝也同意要"顺民之情，不宜强民从夷"，因此叫

---

① 《中华帝国对外关系史》第一卷，第360—371页。
② 《鸦片战争史料选译》，第347—348页。
③ 《嘉庆道光两朝上谕档》，第51册，第55页。

耆英对任何事情都要认真体察，慎重妥办，以达到稳定社会治安的目的。

针对英国人频繁要求租地建房的事情，道光二十七年六月十一日（1847年7月22日），皇帝谕令："耆英等奏英夷近日情形，所有租地建房等事，现经委员觅定地方，妥为商办，并责成地方文武及士绅等劝谕居民俾各相安"①，希望绅士们劝谕居民要相安无事。

然而此事一再重提，道光二十八年（1849年初），英国领事文翰又提出进城一事，广州官府仍以民众不准进城为借口，敷衍了事。② 实际上从履行《南京条约》始，广州地方政府的各级官员在对待入城这件事情上，都一直坚持向英国人表达"民情未协"，因而入城的时机不够成熟，总是规劝英国人不要着急。耆英在被迫无奈的情况下，也虚与委蛇地保证以两年为期准其入城，现在最后期限来临了。

道光二十九年正月（1849年2月），徐广缙等官员赴虎门与英国人商谈贸易诸事时，英国人又提出了进城一事，理由是除其他口岸都能入城外，耆英于道光二十七年二月二十一日（1847年4月6日）约定过两年即为英国商民进城之日。徐广缙等自然极力反对，回来后，派伍崇曜约齐众商会议，暂停外洋各国贸易，并将英国人借口进城是"为获利之计，向咪（美）、咈（法）驻广州两酋微言挑动或者鹬蚌相持，藉以牵制"。③ 徐将此事上奏后，道光帝谕令可让英国人进城参观，但必须做好一切准备工作，以防事端。④

但徐广缙经过反复考虑还是不敢冒险让英国人进城，立即四百里加急上奏朝廷，认为广东民情剽悍，本与闽、浙、苏不同。"婉阻之未必遽开边衅，轻许必立至兵端"，⑤ 意思是如果轻易让外国人进城，必然引来城内战乱发生。徐广缙已经非常清醒地认识到，外国人进城可能会引起巨大的骚乱，会影响广州的社会稳定。如道光二十一年（1841年），"三元里百姓田庐被其蹂躏，妇女受其秽污，民夷实有不解之仇，亦与闽浙江苏迥异，是以提及进城，无不动公愤，群思食肉寝皮，纵以至诚劝说，断难望其曲从。即如近日城厢保卫壮丁已将及十万人，名为御匪，实则防夷，倘犯众怒，无法控制。且夷性叵测，因此万不可让夷人进城"。⑥ 徐广缙深知粤民对外国人的仇恨来得深远，中西文化观念上的差异可能认识不到，但对外国人在三

---

① 《嘉庆道光两朝上谕档》，第52册，第218—219页。
② 《筹办夷务始末》卷七十九，第6623页。
③ 《筹办夷务始末》卷七十九，第6651、6654页。
④ 《筹办夷务始末》卷七十六，第6658页。
⑤ 《筹办夷务始末》（道光朝），第六册，第3171页。
⑥ 《筹办夷务始末》卷七十六，第6663—6664页。

元里的暴行使其与民众结下了不解之仇的认识非常准确,广州民众的排外情绪正是在三元里这个基础上生成的。

因此,徐广缙拒绝英人入城的态度与民众一样,非常坚决。他所担心的是英国人一旦进城,必然引起广州城的巨大骚乱,会给民众带来意想不到的灾难,为维护广州城的社会秩序,徐广缙把反对英国人入城作为他的治城策略来实施的。

另一方面他也考虑到英国人可能会为了进城而采取侵略手段再一次攻击广州城。于是,为防止英国人因不能进城而有所动作,他在虎门与英国人协议未果回来后,即与广东巡抚叶名琛、广州将军穆特恩、副都统乌兰泰、托恩东额等会商,认为省城最关紧要,炮台尤须严防,必须予以认真布防,以防英国人的再次入侵。

> 所有兵丁,存城则无论满洲绿营,汛地则不拘水师陆路,均须通盘筹划,因地制宜。军火器械,查点齐全,锣锅帐房,修理完整,以备不虞,勿稍延缓。查军标存城兵丁五千七百九十八名,督标存城兵丁一千名,抚标存城兵丁一千六百零七名,广州协存城兵丁七百六十八名。共计城内兵丁九千一百七十三名。内城外城共十六门,按门添兵把守。城墙周围共有三千余丈,分段添兵巡逻。所有各属仓库监狱,认及火药军装各库,昼夜防范,勿致疏虞。如闻警报,必须出城策应,缓急足恃,无事即不准寸步撤离,有事更不得稍存观望,并密嘱署陆路提臣祥麟,选调兵丁一千名,听候省中随时调遣。以为准备接应之计。至于内河外海,共计三十六台按炮配兵,原设三千零五十九名。内河各台,向系抚标左营广州协水师提标顺德协等营管理。外海各台,向系水师提标中营各营管理。并飞饬水师各营选调兵丁添拨各台随时调遣,并添雇壮勇以为各台后路策应。①

可见,徐广缙等人做好了充分的应对准备。当时南海、番禺两县各乡村的团练乡勇陆续聚集,领头的士绅向官府请示打击敌人的日期,徐广缙告诉士绅们:"洋人志期入城,不许则必挟兵以要我,当先守,俟其动而后战,则曲在彼矣。"②

自道光二十九年正月二十七日至三月二十日(1849年2月19日至4月

---

① 《筹办夷务始末》卷七十九,第6666—6668页。
② 《清朝柔远记》,第256页。

12日），广州城内"居民则以工人，铺户则以伙伴，均择其强壮可靠者充补，挨户注册，不得在外雇募"。经费、工事、人员方面，"共同筹备经费，置造器械，添设栅栏，共有团勇至十万余人，无事则各安工作，有事则立出捍卫"；同时要求秘密行动，"明处不见荷戈持□之人，暗中实皆折冲御侮之士，即至小街僻巷，亦皆竭力摒挡，争先恐后"。对城内的铺户，要求他们尽量断绝与外商进行贸易，但也不强迫。"至省城向外洋交易各行店，皆富有资本，安分营生，非官所能操纵，亦复激于义愤，情愿歇业亏资，一律停贸。瞻徇违约者罚，知情报信者赏。"坚持了将近两个月，外国商人甚为窘促。①

外国商人见广州城内众志成城，气氛紧张，都担心自己的货物流失，纷纷给英国官员施加压力，加之众绅士公启劝导，② 英国人深知众怒难犯，于道光二十九年四月十四日（1849年5月6日）张贴告示，布告各国外商，从今以后罢议进城，大家安心贸易。官府随即宣布恢复通商。③

当时粤东有好事者倡言将欲乘胜追击，不准英人通商，"文翰闻之而惧，贻书徐广缙，请重定粤东华洋通商之约。于是粤绅言于广缙曰：'洋人觊觎入城，误自江宁之约未经显揭耳。今必欲以粤东约请者，须首严洋商入城之禁，明载约中，以杜其后。'文翰见众怒汹汹，不敢坚执，遂莅盟。粤人又要以出示晓谕洋商属遵新约，亦许之。徐广缙以闻，登入档案。自是，英人在粤稍戢矣"。④

在这次抗拒英夷进城的斗争中，地方士绅、城内居民和商户起了很大的作用，与官府对洋人谨慎的态度有很大区别。道光二十五年十二月（1846年1月），官员议许进城时，即有焚烧广州府衙事发生；二十六年二月（1846年3月）有4名英国人混入靖远门，行至天后宫前，即被驱散，将其逐出；六月又有英国人数名混入太平门，状元坊通街铺民哗然齐出，将其赶出。八月后有黑白英人两名，混入太平门内濠泮街，被数百民众逐至高第街，挥拳掷石。两人迷失路径，从城濠凫水奔逃至南胜里，又被众民拥入粪窖。他们叩首乞命，民众仍然不依，后被追逐回高第街，痛加捶楚。他们身受重伤，浴血满身，逃至廉州协署前，殴者愈众，填街塞巷，几有不解之虞。虽经署内众兵齐出劝阻，二人乘间逃逸，黑人旋即因伤身死，英国头领

---

① 《筹办夷务始末》卷八十，第6701—6702页。
② 参见《鸦片战争史料选译》，第369—373页，《广州河南绅耆代表往见广州英领事》《河南十八乡绅耆设词信稿》《河南绅耆致英领事公函》《河南潘族请愿书》等。
③ 《筹办夷务始末》卷八十，第6680—6682页。
④ 《清朝柔远记》，第257页。

亦隐忍讳言。①

徐广缙在奏折中正面肯定了省城内居民在反入城斗争以及在维护城内治安秩序中所发挥的作用，并表达了对官府及防守军队自身的不信任。他认为："省城团勇虽多至十万余人，皆系良善商民，各出丁壮，自保身家，本非招募之众，自免遣散之烦。两月以来，风声所树，不特外侮潜消，即城厢内外窃盗之案，亦觉甚少，可见官之卫民，不若民之自卫。其看守炮台各兵，人数既重，未必人人有勇知方。"②徐广缙等还在另一奏折中高度赞扬了广州官绅在此次反入城斗争中所发挥的作用，他认为广东民气刚强，原属可用，然可与图成，难与谋始，若非有人为之振作，则兴起无由。在籍候选道许祥光在组织团勇防外、筹募经费过程中发挥了重要作用。广东籍候选道员、行商伍宗曜利用自己在行商队伍中的影响力，密招各行店停止贸易达一个月，使外商苦不能支，最终促成英国人放弃入城的念头。③道光帝对徐广缙、叶名琛等人进行了嘉奖，在其上谕中说：

> 夷务之兴，将十年矣，沿海扰累，糜饷劳师，近年虽略臻静谧，而驭之之法，刚柔不得其平，流弊以渐而出。朕深恐沿海居民蹂躏，故一切隐忍待之，盖小屈必有大伸，理固然也。昨因英夷复申粤东入城之请，督臣徐广缙等迭次奏报，办理悉合机宜。本日又由驿驰奏，该处深明大义，捐资御侮，绅士实力匡勷，入城之议已寝，该夷照旧通商，中外绥靖，不折一兵，不发一矢。该督抚安民抚夷，处处皆抉摘根源，令该夷驯服，无丝毫勉强，可以历久相安。朕嘉悦之忱，难以尽述，允宜懋赏以奖殊勋。徐卢蟹著加恩赏给子爵，准其世袭，并赏戴双眼花翎。叶名琛着加恩赏给男爵，准其世袭，并赏戴花翎，以昭优眷。发去花翎二枝，着即分别祗领。穆特恩、乌兰参等，合力同心，各尽厥职，均着加恩照军功例交部从优议叙。④

费正清这样评价此次入城斗争的胜利："1849年初当英国人再次要求进入广州时，徐广缙在全城及乡下动员民兵搞自卫，这种高昂的反抗外国人的民气受到清帝的嘉许。由于巴麦尊没有做好发动第二次战争的准备，英帝国

---

① 《筹办夷务始末》卷八十，第6694—6695页。
② 《筹办夷务始末》卷八十，第6713页。
③ 《筹办夷务始末》卷八十，第6699—6700页。
④ 《清朝柔远记》，第256页。

后退了下来，总督徐广缙与那位气壮如虎的巡抚叶名琛受到清帝的器重和绅士们的赞扬：英国人十余年来'蹂躏我边境，追捕我男妇'……若非这些官吏体恤人民，'鼓其勇气，使之众志成城，则似此一举，实不可得'。结果便形成了僵持局面。在19世纪50年代，条约虽已签订，但在广州依旧未生效力。西方的贸易，像以往一个多世纪一样，继续在英国人和广州人之间敌意尚未消除的情况下进行，何况此时一场大规模的起义又已在内地爆发起来。所以新的中外关系的结构是无法在这种旧背景下创立的。"① 但至少，徐广缙和他的幕僚们通过几乎是全城动员的组织行动，实现了广州城内社会大体上的治安稳定局面。

---

① 《剑桥中国晚清史》上卷，第226—227页。

第十章　战后广州处理中外关系的取向

围绕着条约的执行，广州旧有的制度和规章，旧有的秩序和稳定必然渐次受到影响。外国人有了条约依据，很多以前不能做的，现在可以光明正大地达到目的；而广州官府和民众是被迫接受条约的，情感上仍然抱着固有的观念，这种观念的改变需要时间的磨合。然而，矛盾既然存在，冲突就自然而然地在各个领域出现了。

一、广州对外国人治安处罚权的丧失

鸦片战争爆发后，昔日广州城的宁静被打破了。战后，中外关系主要集中在与各国进行谈判，重新拟定通商章程上。自1843年开始，道光皇帝任命耆英为钦差大臣，全权代表清政府处理夷务。耆英抵达广东后，首先与英国谈判代表协商关于《南京条约》相关补充条约，于1843年10月8日签订了《虎门续约》。而后，葡萄牙要求澳门获得香港所享有的全部自由，但耆英没有答应，只是取消造屋修理的税收，同时允许澳门葡人参议会执事官可以用公文平行送达，但不得与高级的中国地方官或省当局来往，五口岸也对葡萄牙船只开放等。"事实上，澳门的地位很像一个通商口岸，中国官员掌握着财政和领土管辖权不过稍微放松一点罢了"。[①]

1844年2月，美国公使顾盛带着巡洋舰"布兰的弯号"来到中国，要求到北京递交国书。后改变主意直接将巡洋舰开进虎门，向黄埔开行，耆英向其提出抗议。顾盛将国书交给耆英转呈皇上，并征得道光的同意在广州和耆英谈判。4月发生了暴民骚乱事件，直接导致清廷对在华美国人治安处罚权的丧失。这些所谓的暴民大多是鸦片战争时期解散的义勇壮丁，在这个时期已经成为社会动乱活动的主要参与者。事件最终导致徐阿满被杀，面对清远士绅张贴的揭帖中申讨外国人罪行的要求，耆英却并没有追究杀人者的责任，而是赔给原告一笔钱而使该案消弭。通过这一事件，外国人认为，"广东官府确有诚意保护外侨，从各方面均可以证明这一点，对他们这种良好愿

---

① 《中华帝国对外关系史》第一卷，第362页。

望应予以信任"。① 这与广州民众的看法正好相反。因为顾盛的坚持，罪犯没有得到处罚，通过这个事件，美国取得了与英国一样的治外法权，直接导致了中美《望厦条约》的签订。同年10月，中国与法国签订了《黄埔条约》，法国人还得到了在中国内地的传教权。② 其他国家，如比利时、瑞典、挪威、葡萄牙等很快也通过条约获得与英、美、法同样的治外法权。③

在《南京条约》中，至少有两条规定使清政府失去了对外国人违反治安行为的处罚权。在巴麦尊所拟的条文中说："如果英国臣民输入违禁物品，中国得扣留和没收；如果私运合法物品，中国亦得扣留和没收。但须明白规定，英国臣民的身体不得因任何由违法或输出商品所发生的事件而受到侵犯。"这一条文基本上就是要求清政府对在中国进行贸易走私的外国人只能将走私物品扣留和没收，对走私者则不能予以惩罚，与原来对走私的惩罚原则"货即没收，人即正法"大相径庭。实际上是对英国人走私鸦片等违禁物品或其他正规物品的合法化。另一条规定，"英国得设立法庭维护秩序，凡英国臣民被控诉刑事罪行或违法行为就由该法庭审判，处分也由英国当局决定，总之，一切诉讼案件，凡以侨居中国的英国臣民为被告的时候，都应由上述法庭审判。"④ 这实际上意味着清政府对境内外国人违法裁判权的丧失。

清廷只得承认：

> 英国商民既在各处通商，虽保无与内地民人交涉狱讼之事。从前英国货船在粤，每以远人为词，不能照中国律例科断，并闻欲设立审判衙门如英国之呵压打米拿一样。但查乾隆十九年（1754年），佛郎西人时雷氏一犯，钦奉谕旨令其带回本国自行处治。即道光元年英吉利国兵船水手打死黄埔民人黄姓之案亦经阮督部堂奏请令英国自行惩办，各在案。此后英国商民如有与内地民人交涉案件应即明定章程，英国归英国自理，内地民由内地惩处，俾免衅端。他国夷商不得援以为例。内地奸民犯法应行究办，若投入英国货船兵船必须令出交官，不可庇匿。⑤

---

① 《鸦片战争史料选译》，第300页。
② 《中华帝国对外关系史》第一卷，第373页。
③ 《中华帝国对外关系史》第一卷，第363—374页。
④ 《中华帝国对外关系史》第一卷，第339页。
⑤ 姜美沙、经莉、陈湛绮主编：《鸦片战争奏档》，全国图书馆文献缩微复制中心2006年版，第241—242页。

这条谕令从以前由外国人自行处治的案件出发,来为现在的规定找历史根据,既然前人可以这样做,那么我们现在也可以这样做。但是谕令又强调这只是对英国人才有效,其他国家不能援以为例。

可是很快,在美国人顾盛的努力下,美国也取得了这一治安裁判权。1844年6月,美国"布兰的弯号"军舰曾经取出一杆旗杆竖在美国商馆的花园里,上面有一个箭头是作为一种风信来用的,但是广州认为它引起了当时在广州流行的一种疾病,因而要求美国领事将其取下来。6月15日,有几名暴徒殴打正在花园散步的英国人,并且把他们赶下水去;次日在花园散步的美国人遭到碎砖的投击,被迫取出手枪来抵抗暴力。中国人徐阿满(苏阿满)被击毙,在事件过程中,没有中国兵勇来保护。顾盛即向耆英要求保护。耆英提出,美国杀死徐阿满是没有正当理由的,广东人肯定要以一命偿一命的。但顾盛拒绝将此案交由中国人审判,并自己组成陪审团进行审判,结论是此次美国人杀害中国人是正当防卫,他将结果告知耆英说:"此次无故攻击外国人的暴徒及难辞玩忽职守之责的兵勇实在是该受到责备的人,他们应当受到惩处,不独是因为殴打了外国人,也因为杀死了徐阿满。对这个命案,暴徒和兵勇应负有责任,这是人神共鉴的。"[①] 因为死者是一名外乡人,并无亲友在广州要求申冤,耆英默认了这种解决方式。面对清远士绅们的揭帖申诉,耆英也没有回应。[②] 耆英的默认也就等于承认了美国也拥有了与英国一样的治安审判权。

随后,顾盛就正式提出要求这种治安裁判权:"对于合众国在中国的公民,当他们被控犯法的时候,他们不是被交给中国当局,由中国地方官审判和处分,就是要受美国所派驻华官员的审判。""美国人应享有受本国政府官员保护的权利,并服从他们的管辖。"[③] 因为法国、比利时等国家已经相继与中国签订了各种条约,既然美国已经得到了这一权力,这些国家自然也不例外,最后,清政府完全失去了对在中国犯法的外国人的治安处罚权。

二、华夷纠纷案的处理

1844年7月,黄恩彤与顾盛签订中美《望厦条约》,为保护外国商馆,避免华人与外国人发生纠纷,必须对外国商馆进行治安力量的重新部署,对

---

① 《中华帝国对外关系史》第一卷,第368—369页。
② 《鸦片战争史料选译》第一卷,第299页。
③ 《中华帝国对外关系史》第一卷,第370页。

附近街道围墙的布局进行改动,以维护外国商馆周边的社会治安:

一、位于十三行商馆邻近的居民商店,甚为稠密,极易引起火灾,必须防范,今后,准许外国商人和公民,在他们自己的房屋地基上建立四十腕尺高,一腕尺半厚的围墙,所有增加的工料费由商馆居住者支付。二、东边由新荳栏街头起,西边由靖远街(旧中国街)入口处起直到河边,所有旧的木围栏必须更换,改为坚固的石墙或砖墙,以免来来往往的华人透过围栏,看见里面,引起纠纷和争吵。改建费用由外国商人支付。三、准许外国居民在商馆北边和后面的同文街(新中国街)、靖远街和新荳栏等三条街道建立高墙,并在这些街道的南北两端各安装用铁包面的木制坚固闸门。四、华人与洋人杂处,极易发生纠纷,因此,今后理应在上述三条街道的六个闸门建立武装哨所,设置哨岗,派遣专人常驻卫,一切肩挑杂物来往的小贩,都不准在商馆前面及左右两旁摆卖东西;同样,一切街头表演者及游手好闲者都不得在商馆面前聚集闲散。在遇到吵和发生火灾时须锁闭六个闸门。五、设在靖远街头的官方哨所,应派遣一名精明能干的军官掌握指挥权,配备士兵和岗哨驻扎守望。遇事即妥善处理以维护治安。六、今后,位于商馆前面的那条街并非通衢大道,其两端之间门得奉领事之命令于日落时分予以关闭。在安息日,为避免混乱也可以把闸门关闭。七、在十三行商馆附近的任何商店,如果暗中将各种烈性酒类售给外国人,一经查出,即将该店铺封闭,并将店主拘拿惩罚。八、不准将污物抛掷或堆积街头,否则送官究治。九、上述条例印发军官并在街头张贴。①

这个约定实际上仍然是为了将外国人与华人隔绝开来,避免他们接触以减少发生冲突的机会,可以看作是战后制定的预防出现中外纠纷的治安管理条例。但是问题不在于接触,只要外国人存在,具有浓厚排外情绪的广州市民就绝对不会善罢甘休,民众对一系列条约的接受需要一个更长的时间,这个时间需要靠不断的纠纷来磨合。

1. 对外国人租房租地问题的处理

道光二十三年闰七月初四(1843 年 8 月 28 日)耆英、祁贡照会英国领事:"茭塘司一带各乡村绅耆人等,来本部堂衙门呈称:本年七月初四日,

---

① 《中国丛报》,1846 年 7 月第 15 卷第 7 期第 6 篇,见《鸦片战争史料选译》,第 359—360 页。

突有洋船三只,驶到村前钉旗头河面湾泊。陆续而到,共有十九只之多,众皆骇异,职等严禁弟子不得与交易,但恐将来人登岸,携铳打雀,践蹈耕种,围看妇女,酿成衅端,禀请饬令遵照旧章,退回原泊处所。"① 所谓旧章就是前文所提到的各种限制外国人在广州活动范围章程、谕令、成例、告示等。

外国人经常以条约为依据,开始把广州外国人的遭遇与其他几个口岸外国人的情况进行比较,在比较中不断向广州官府提出要求。如把在广州的外国人人数、居住地面积与其他通商口岸对比:在广州的外国人比在上海的外国人多了三倍,却被限制在一个不到21英亩的区域里,其中约有17英亩都已经盖满了房屋。另外广州官府所给的唯一方便,就是在现有的十三行之外加建了3所新商行。这并不是偶然的,广州已决心不让外国人得到更多的有形特权,要他们必须安于他们已经得到的贸易上的便利。许多外国人都试图从他们那禁锢的和不卫生的环境中逃脱出来,但每一次的努力都立刻遇到附近中国人的坚决抗阻,并且都造成了刊贴煽动性的揭帖的机会。

1846年外国商人上书英国领事,抗议在他们唯一休息场所的公园中发生不文明举动,可是无效。1848年9月,一个叫克利兰的传教士在近郊靠近商馆的地方租了一所房屋,他的邻人召开群众大会强迫他的房东把他驱逐出去,并且保证"永不再出租他的房屋给外人",克利兰向总督申诉也没有用。英国医务传教士合信医师(属于来中国医务传教的先驱)在他为中国人提供免费医疗的一个医院附近租了一所房屋,他的房东也被迫驱逐他,但是被他拒绝了。于是,罪名便加在这位房东头上,导致房东被监禁6年。直到1854年,由于香港总督包伶的紧急抗议才被释放。② 可见,被强行租房也有可能被官府判刑,虽然责任不在房东,但过错却要他承担。广州官府简单化的"只问结果,不问过程和原因"的处理方式,实在是难以服众。

战后,英国人还多次向官府提出租地居住,开始都遭到广州民众的坚决反对,引起的纠纷也不在少数,但经过官府的多次调解,英国人最终成功地在广州租到两块地。新荳栏(猪巷)在英国商馆和美国商馆中间,是一条小巷,地极狭隘,而往来行人非常多,"民夷杂沓,易生事端"。英国人曾多次提出在巷口租地建房,都被民众坚决抵制而不能如愿。1847年,英国人再次强烈提出要求。耆英为了安抚英国人,派员传集部分民众,反复加以劝说,才征得民众的同意将该处南口外铺户6间租给英国人,共计每年地租

---

① 《鸦片战争の研究》(资料篇),第254页。
② 《中华帝国对外关系史》第一卷,第415—416页。

洋银 300 余两，另补屋顶钱洋银 3000 余元。双方立契后，英人即筑起围墙，将英美两国商馆联为一体。①

此外，德庇时多次提出租地建设栈房，初拟在十三行对面河南地方租民田数十亩，因所有业户都不愿意而作罢。不久，他又提出租赁黄埔近岸之猪腰冈坟地，当地民众怀疑他租来做坟场，于是以破坏风水为辞，不同意出租。耆英派候补知府铜麟办理，令他带同英国人，传令绅民勘明界址，合计 5 亩，议定租价为每亩银 5 两，但民众只同意英国人建竹篱为界，不准英国人建围墙。②

2. 华夷互相伤害的系列纠纷

有冲突就必然有伤害，纠纷自然是不可避免的。1842 年 12 月 7 日，有一批印度籍的水手离开停泊在黄埔港的船只，登岸去商馆度假，就当时的情形看，他们是在无人管束的情况下上岸的。由于清早发生的一次口角引起了街上的骚乱，水手被驱逐到义和馆避难。越来越多的中国民众开始对商馆予以攻击，到了半夜，义和馆、集义馆（荷兰馆）和保和馆（英国馆）都被纵火焚毁，虽然这一天没有发生劫掠行为，但第二天中国民众开始抢劫被焚商馆的财物，这种行为一直延续到中午，200 名兵勇到达后，劫掠行为才被制止，此时离中国民众占据商馆广场已经有 24 个小时，总督对此事做了处理，给了 267 000 元的赔偿并斩了 10 名祸首。③ 关于这次事件，英国商人却指出这是一次有预谋的挑衅事件，民众同水手的纠纷只是事件爆发的导火线，一切为爆发之用的材料事前都已经准备好。并且他们指出"在广州的某些阶层中对于英国人的仇视态度是很普遍的"。英国人之所以有这样的认识，很大程度上是因为官府在得知发生纠纷后，没有及时采取相应的措施予以弹压，最后导致事态不断扩大，乃至于不得不在事后既赔偿又杀人。而外国人没有受到任何处分，民众的情绪得不到一点抚慰，民众对官府的态度已经到了敌视的程度，耆英被民众的告白书痛骂亦是咎由自取。

类似这样的纠纷在接下来的几年里不断发生，有的纠纷广州官府做了处理，有的纠纷发生后却似乎不见官府的身影，不妨罗列如下：

道光二十五年（1845 年）秋间，有两个英国人私行入城，被居民殴打受伤，经官兵送出未致毙命；该年冬日，洋人请于洋行夷馆前两花园中间墙

---

① 《筹办夷务始末》卷七十八，第 6522 页。
② 同上，第 6540—6541 页。
③ 《中华帝国对外关系史》第一卷，第 417 页。

上搭一过桥，以便往来瞻眺，其地不过二丈内外，居民强烈反对并出面阻止了这一行为。

1845年3月18日，香港殖民财务官马尔丁、英国副领事杰克逊和随军牧师士丹顿在广州北面的城墙上散步的时候，被一些挥刀舞剑的人们所殴打，这些人向他们所在方向投掷巨石并且叫喊"杀啊！""杀啊！"但是事件的结局止于他们抢去这三个外国人的许多贵重物品。最后，钦差大臣耆英主持了公道，交还了这些贵重物品，拘捕并处分了一个犯人，但是"虽然施以苦刑，他也不出卖他的同伙"。至于这三个外国人可不可以在城墙上散步，耆英则含糊其辞，说要以民情为依归。①

1846年2月，英国海军吉发德中校和其他几个英国海军军官在黄埔的岸上散步和打鸟时被一群人用石块投掷，这是出于地保或村长们的怂恿；他们既带有武器，本可以容易地驱散攻击他们的人，但是他们安静地走回到了船上。德庇时认为这是"广州人民心怀恶意的又一个事例，现在必须加以纠正，以免将来麻烦"。但耆英却根据"未经奉准，外人不得深入内地闲荡游乐"的说法支持了民众的行动。②

1846年7月8日，发生了市民冲击外国商馆事件，外国人受到冲击，3个中国人死亡，多人受伤。其后，中英双方互相致函指责对方，中方并多次要求将凶犯金顿交出。③ 事件的详细过程是这样的：一个名叫康普顿的英国商人同广州一个卖葡萄的小贩发生了争吵。盛怒的英国人打了这个小贩并把他拖进中和行。一群小店主、工人、小摊贩集合在门外的大街上，吵嚷着要求放回他们的同胞，却没有官方军队前来驱散人群。外国商人中一些头脑发热的人用打猎的家伙当作武器，走出商馆驱赶广州的暴民。在随之而来的混战中，有3名中国人被射死。耆英要求英国人惩办肇事者。地方士绅们则认为高官们对此事置若罔闻，对洋人敬若神明，却鱼肉百姓，视人命如草芥。士绅们和地方社学宣告他们自己来承担惩罚有罪的外国人的责任。经过多次交涉，最后的解决方案是中方惩处那些应当及时驱散人群的"警官"；康普顿被处以罚金，并给予3个死者家属经济赔偿。耆英放弃了追究凶手的要求，广州民众非常气愤，认为官府再一次出卖了他们。④

道光二十六年（1846年），广州十三行地方有英国人与中国民众发生口

---

① 《中华帝国对外关系史》第一卷，第422页。
② 《中华帝国对外关系史》第一卷，第423—424页。
③ 《中国丛报》1846年7月第15卷第7期第6篇，见《鸦片战争史料选译》，第429—432页。（另见马士《中华帝国对外关系史》第一卷，第429—432页。
④ 《大门口的陌生人》，第88—92页。

角。巡抚黄恩彤当即委派臬司严良训、署粮道赵长龄会同广州协副将余成清，督同地方文武，带领兵役，驰往弹压查拿。英国人已将民人打死3人，打伤6人，英国人也有数人受伤，一见官兵到来，众人当即解散。南海县衙验明各尸伤，分别装殓入棺，一面告诫众人，不得聚众私相报复。事件发生后，官府声明会致函英国领事查明滋事凶手，按照条约办理，同时申饬地方官派兵役勤巡查，做好防范工作。①

1846年10月17日，驻广州英国领事报告说，英国船"玛丽·巴纳廷号"的两名水手被诱到近郊的后街被一群暴民袭击：用棍棒殴打，用石块投掷，甚至用利器砍刺；两水手后一个投河逃走，另一个躲进一间商铺。巴麦尊收到英国领事的报告后立即给以严厉的答复："我必须训令你要求处罚这个暴徒的罪犯，而且你必须直截了当地通知中国当局，英国政府对于英国臣民一落到中国暴民手里便受虐待而暴民却不受惩处，是不能容忍的。倘若中国当局不愿行使他们自己的权力来惩罚和防止这种暴行，那么英国政府不得不自行处理，倘若在这种事件上有无辜的人被连累而受到惩罚的话，那就不是英国政府的过错了。"② 这种威胁并没有引起耆英的重视。到了次年的二月底，德庇时写信给耆英，用一种祝贺的口吻说道："中国政府最近所采取的预防办法比去年七月骚乱之前严密得多了，所以我希望不再发生事端。英国臣民已受到严厉的警告，在他这方面不得滋事，因此，我们希望双方都把这种太平保持下去。"可是，双方的感情又很快被接下来相继而起的不幸事件所破坏。接着英国领事要求耆英准许在猪巷搭建一个过桥，以便把分开的两个商馆连接起来，并在连接猪巷的地方为水手们建一个厨房，以避免他们受到街道上的诱惑。然而，对于战后的中国人来说，对外国人的任何一样要求都一定加以反对，这件事情也不例外。耆英以附近的人民反对而加以拒绝。③

与此同期，还发生了另一起中英纠纷。道光二十六年（1846年）正月，有英人数名赴佛山镇闲游，被该镇多人用石块殴击，经官兵救护送出，才免于受伤。德庇时因为入城的要求一直被拒绝，立即借口带领火轮船2只、三板20余只、夷兵1000余名，于道光二十六年二月十八日（1846年3月15日）突入省河，采取了军事行动，将此一事件扩大为两国间的纠纷事件。令人费解的是防卫国门的虎门各炮台竟然未能发现。英船直入省城，在十三

---

① 《筹办夷务始末》卷七十六，第6360页。
② 《中华帝国对外关系史》第一卷，第435页。
③ 《中华帝国对外关系史》第一卷，第436页。

行湾泊，声称华民欺凌英人，官不拿办，求为伸究，并称欲往佛山镇向居民滋扰泄愤。经广州地方官府的各方努力，反复开导，并许诺惩治凶徒，最后英人才退出省河。① 为此，道光二十七年三月初七日（1847年4月21日）谕旨：为夷兵船突入省河，钉塞炮眼，坚请即行进城事，谕该督一面督饬文武员弁迅速布置，严密防堵，一面向该酋剀切晓谕，相机妥筹，固不可过遇事张皇，尤不可稍形疏懈，并著严饬地方官弹压镇静，勿令匪徒窃发，致扰居民。② 最后，耆英抓捕了佛山犯事者予以惩处，算是给德庇时一个交代。

关于这一事件的另一则记录是这样的：1846年秋天，6名外出游览的英国人，在佛山附近——团练的中心地带，遭到村民们投掷石子的袭击。德庇时要求耆英处罚肇事者，耆英没有同意。达拉格立即炮轰了虎门，827门大炮被钉塞，一支远征部队在商馆登陆，封锁了猪巷，做进城的准备。耆英被这始料未及的行动吓呆了，他屈服于这不可抗拒的力量，只好将3名肇事者当众鞭打，并允许英国人1849年4月6日进城。③ 从这里可以看出，耆英是被迫无奈才惩罚了肇事者。

马士则把以上事件的发生时间记录在1847年3月12日，6个英国人和1个美国人一起在游历佛山时，遭到石块袭击。德庇时攻进省城广州后，于4月2日发出照会，要求处罚广州的侵袭者及佛山的那些人们，为广州的英国商人准备充分的居住场所，立刻或在一定时期内实施自由进城的权利。④ 耆英基本上答应了德庇时提出的条件，只不过把进城的时间向后延迟了两年。两年的间隔，使总督有时间来平息排外情绪，并使人们相信政府的好意。

1847年纠纷事件不断增多。5月13日，一个英国船上的马来水手受了伤，耆英迅速采取了措施予以赔偿。5月28日，一个载着5个人的英国船被岸上人投石块攻击，犯人在一个星期内被处罚。8月8日，勒万和福实由广州乘船去香港，他们的船在广州城外被袭击，福实落水淹死，耆英迅速予以处理。同日，有8个青年（大部分是英国人）乘船游乐，在广州三元里的黄竹岐村被攻击，犯人们受到了杖责和枷号。后来10月24日、11月6日和19日的事件中，耆英都迅速给予了令英国人满意的处理，但也更进一步削弱了他对于这愤激、好乱的广州人民的控制力量。⑤

---

① 《筹办夷务始末》卷七十六，第6486—6487页。
② 《道光朝上谕档》，第52册，第69—70页。
③ 《大门口的陌生人》，第92页。
④ 《中华帝国对外关系史》第一卷，第436页。
⑤ 《中华帝国对外关系史》第一卷，第440页。

道光二十七年十月二十八（1847年12月5日）发生了黄竹岐案件。有6名夷人驾艇前往省河北路一带游行，第二天仍未见他们返回，广州府和南、番二县飞速前往查办。据报这6名外国人被黄竹岐村民打死，但本地人称并无与外国人斗殴毙命之事，也未见外国人登岸游行。设法查办期间，广州府照会英国德庇时，称定会找到尸身，严办凶党，希望他稍安勿躁。十一月初一、初二两日在该处河边捞获外国人尸4具。经查，本案属于华夷互殴后企图弃尸灭迹的事件，初三、初四日，又捞获外国人尸2具，并陆续缉获人犯8名，其中2名讯不承认，6名均承认他们目击村人打死外国人。乡民陈亚振被外国人打死，李亚健被殴至重伤不能取供，二人都是火器所伤。

德庇时坐驾护货兵船二只，小火轮船一只，由香港经黄埔来省城，要求将凶犯全数拿获，审明后押赴黄竹岐地方，传本国人观看行刑。并将黄竹岐及毗连之滘表、坑滘二村洗平，他将等这些办完才回香港。后来，陆续缉获正帮各凶梁亚来等15名，经审问先将情重人犯先行正法，英国人亦前往观看，并希望在一月内办完其余各犯。

黄竹岐民夷冲突事件发生后，耆英督同委员黄恩彤暨各司道及绅士许祥光等，多次商讨，"派委员分头前往省河一带乡村，均传集绅耆人等，面加劝诲，令其约束子弟，凡遇有夷人安静游行，切勿殴打伤害，致启衅端。"并要求地方官，"开导愚民，并由省城绅士人等传谕各乡，务与夷解释嫌怨，勿得仍蹈前辙，均经刊刻印刷沿村散给。各该村民人等，颇知领悟，复以村民难经劝谕，而夷人出外游行，言语不通，举动各别，仍难保不滋生事端。遂饬南、番二县派老成干练差役十名，发交十三行附近之靖远汛委员管带，并派拨通晓夷言之人，轮流在汛听候差遣，遇有夷人出外游行，由该夷目通知该汛委员，每起酌派通事一名，差役二名，跟同前往，以为防范。"此外，省城绅士议与外国商人公立条约，大致以夷人不得妄为生事，民人不得挟忿相仇，以为永久相安之计。①（马士的记录则比较简单：1847年12月5日，6个英国青年在黄竹岐被谋杀，耆英予以迅速的处理。斩首了4人，另11名分别被判斩、绞、流放和笞杖。）②

从以上各种纠纷的处理情况看，以耆英为代表的广州地方官府一直处于被动应付的滞后状态，对各类治安纠纷事件做轻率而快速的处理，以致留下诸多后遗症（负面影响）。耆英等官员既怕百姓又怕洋人，当英国以军力威胁时，官府处理纠纷时就明显积极，而且毫不犹豫地打击伤害外国人利益的

---

① 《筹办夷务始末》卷七十九，第6579—6581页。
② 《中华帝国对外关系史》第一卷，第441页。

广州民众；但是当民众对英国人的反抗非常激烈的时候，他们很快又站在民众的一边。民众代表的是广州城旧有的管制外国人的惯例，而英国人却动辄以条约为据，民众与英国人的矛盾根源来自于此。虽然耆英等也颁发了很多的官府告示，要求民众要按照皇帝的旨意，与英人和睦相处，但也仅止于此，没有做更多的具体努力让民众释怀，民众自然无法理解，势必将耆英看作首鼠两端者，直至看作专对外国人摇尾乞怜，对老百姓情感冷漠的卖国贼。

此外，官府在处理一些纠纷个案时，方法简单，标准不一，而且非常不及时。有些纠纷事件明明在刚发生时就可以得到解决，但往往拖至事态扩大、伤了人、死了人，或者烧了屋，抢了东西后才来处理，而处理方法又非常简单，根据"杀人偿命"的陈腐原则将杀人、伤人者或斩、或绞、或流放、或罚交罚金了事。在康普顿冲突事件中，如果能在第一时间迅速派人介入处理，就不会发生后来的互相斗殴以致多人死亡的事情。而事实是官府一开始置若罔闻，未能在适当的时间内及时介入。其后3名中国人被杀死，官府又不能将英国凶犯予以严厉惩处，给老百姓一个交代。因为根据条约，英国人违法得由英国人处理。但是自英国人因入城事件而再次侵入内河后，耆英为安抚英国，对那以后发生的中外纠纷案，只要发生中国人伤害英国人的现象，罪犯立即受到严厉的处置，给民众的感觉是官府专门袒护外国人，而对中国人则凶狠有加，必然使民众对官府更加绝望。

清代学者方东树在其《病榻罪言》中说：

> 今内外议者，皆以英夷之祸起于黄鸿胪之奏禁鸦片和邓、林二制府之收缴趸船，吾以为皆非也。夫邓、林二公，特不达大计，无远猷硕画耳，而祸本所起不在是也。……以予详观英夷之祸，不在近年之禁烟缴烟也，盖由于不肖洋商之污辱自盅，各前督之姑息养痈，内地奸民之贪利卖国，其蓄谋长乱久矣。及积重不返，而商与官皆受其敝，而不可救，而方执禁烟缴烟之迹，论其致祸，失之远矣。夫以外夷奸宄而纵之游衍省会重地数十年，所以恣其供给者，又悉餍足其欲，浸久而不知，奸心得无积乎？又况屡肆凶狡，抗拒大吏，公带兵众炮火，侵犯内地，轰圮炮台，乃惟贪其货税小利，姑息不敢惩治，此纵无汉奸，亦且足致祸败，况人情趋利不回，积久尽移乎？此不可谓非前此在事诸公之过也。①

方东树用"利"来分析英国人的嚣张及中外纠纷之所由来，但他却认

---

① （清）方东树：《仪卫轩文集》，见《鸦片战争》（五），第589页。

为夷情嚣张、纠纷不断与官府长期以来贪其区区税利因而姑息养奸有关，广东历届官府才是最大的失误者。

道光二十六年二月十六日（1846年3月13日），耆英、黄恩彤奏："臣等前因十三行地方，有英夷与民人口角细故，互相争闹，当将派员弹压及地方照常安静缘由附片具奏。……伏查本案起衅情由，实系英夷理曲，而内地民人并不禀官申理，辄即纠众滋闹，亦属不合。……惟思十三行地方民夷错处，各国夷人不谙中国法度，而粤省民情浮动，遇事生风，彼此相争，实为世所恒有，与其周章于事后，不如防范于事前。"① 在奏折中，耆英等继续分析"十三行门前纠纷案"，对英国人和民众各打五十大板，英国人"理曲"，民众则"不禀官伸理"却"纠纵滋闹"，而且这种事情经常发生，官府自然不必大惊小怪。然后指出"与其周章于后，不如防范于事前"。可是并不见有什么切实的措施来"防范于事前"徒放空言而已。

耆英和黄恩彤的"柔夷"策略，使其对英人则"无事抚以恩，有事折以信"。② 他们不可能把民众的利益考虑在先，因为民众的反抗易导致社会的动乱，而戡乱才是他们首要的任务。由于这一错误的认识取向，他们对所处理的一系列纠纷案件的性质自然认识不清，把握不准，本来大多属于一般性的治安纠纷案件，最后却演变成了中外冲突事件，处理起来当然更加棘手。

---

① 《筹办夷务始末》卷七十七，第3049页。
② 黄恩彤：《抚夷记》，见《鸦片战争》（五），第436页。

第十一章 军事建设与商业调控

一、军事和城市建设保广州安全

战后,面对满目疮痍的军事防务设施,广州官府首要考虑的就是尽快恢复,以确保广州城安全。道光二十三年(1843年),两广总督祁𡎴、广东巡抚梁宝常、广东水师提督吴建勋详细地向朝廷奏报了战后粤省各级大力整修被战争毁坏的炮台的情况。虎门内外上横档下横档之间设有12座炮台,有的损坏需重建,有的因为情势不同需要改修,有的炮台需要加高,"此项工价核实需要400 000两白银。当地士绅从官府开始议修炮台时,就具呈捐台认修,至上年九月(1842年10月)底止,当地官商绅民所捐银钱除修船铸炮外,计捐修虎门炮台经费共银213 000余两,又于上年十月起(1842年11月)截至十二月十七日(1843年1月17日)奉文停止捐输以前,陆续据各官绅人等,捐银167 000余两,合计先后所捐银钱数目,已及280 000万两有零,尚微有不足。目前,官绅士民,仍陆续呈请捐赀,情形仍极踊跃,约计工费总可敷用,无须另行筹款。"[①] 据顾炳章的《外海诸内河炮台图说》,道光时期广州外海内河的建设和维修速度非常快,鸦片战争后两三年内所有内河外海炮台的建造和维修基本竣工。我们将鸦片战争后两三年维修竣工的炮台列表如下:

道光朝广州内河及陆路炮台列举表[②]

序号	地点	修建年代	兵力
1	内河东路东安炮台即猎德炮台(属番禺县)	正项(官修)改筑于道光二十二年(1842年)正月竣工	左哨千总1名,配兵60名防守
2	内河东路东靖炮台(属番禺县)	正项建筑于道光二十二年正月竣工	外委1名,配兵60名防守

---

① 《筹办夷务始末》卷六十五,第5399—5400页。
② 上文所列内河外海炮台,除另有注释外,炮台名称均见于《外海内河炮台图说》,载中国公共图书馆古籍文献珍本汇刊《道光间广东防务未刊文牍六种》,全国图书馆文献缩微中心1994年版,广东省立中山图书馆藏本,第763—867页。

续上表

序号	地点	修建年代	兵力
3	内河东路东固炮台即姚家园炮台（属番禺县）	正项建筑于道光二十二年正月竣工	外委1名，配兵60名防守
4	内河中路中流砥柱炮台即二沙尾炮台（属番禺县）	正项修建于道光二十二年四月竣工	记委带兵20名防守
5	内河南路南安炮台即蚺蛇洞炮台（属番禺县茭塘司）	绅士曾焯南等捐资改筑，于道光二十三年十月竣工	外委1名，配兵100名防守
6	内河南路冲天凤土墩（属番禺县茭塘司）	绅士曾焯南捐资建，于道光二十三年十月竣工	由南安台官后就近兼管
7	内河南路南固炮台即大冈边炮台（属番禺县茭塘司）	道光二十一年原筑有土墩，二十三年绅士曾焯南捐资修建	由南安炮台就近兼守
8	内河南路苍头东炮台（属番禺县）	正项建于道光二十二年八月	外委1名，配兵12名防守
9	内河南路苍头南土墩（属番禺县）	筑于道光二十四年八月	派武举配兵防守
10	内河南路东塱炮台（属番禺县）	道光二十一年十月修	千总1名代管，配兵10名防守
11	内河南路南石头炮台（属番禺县）	道光二十一年正项由士绅曾承禧承办	千总1名兼管，配兵30名防守
12	内河南路凤凰炮台即水师营（属番禺县）	道光二十二年由正项改筑而成	由兵20名防守
13	内河南路永靖炮台即洲头嘴或火珠台炮台（属番禺县）	道光二十一年发正项重修	武弁1名，配兵20名把守
14	内河西路西炮台即柳坡涌炮台（属南海县）	道光二十一年由士绅麦庆培捐修	外委1名，配兵20名防守
15	内河西路西安炮台即新墩炮台（属南海县）	正项建筑于道光二十一年十二月竣工	武举1员，配兵20名防守
16	内河西路西固炮台即竹牌头炮台（属南海县）	士绅麦庆培等捐资建筑于道光二十年八月	武举1名配兵弁20名防守

续上表

序号	地点	修建年代	兵力
17	内河西路西平炮台即老成庙炮台（属南海县）	士绅叶煌等捐办，于道光二十二年十二月竣工	由记委带兵防守
18	内河西路海珠炮台（属番禺县）	正项修建于二十一年十一月竣工	配兵20名防守
19	内河西北路保障炮台即坭城炮台（属南海县）	正项建筑于道光二十年正月竣工	归西关哨把总管看
20	陆路神安炮台，在北门城内观音山顶	建自雍正十年（1732年）	由旗营派兵看守
21	陆路永康炮台即四方台炮台（属番禺县）	建自顺治十年（1653年），道光二十一年修复	记委1名配兵20名防守
22	陆路耆定炮台即中心冈炮台（番禺县属）	道光二十一年修复	记委1名配兵20名防守
23	陆路保釐炮台（属番禺县）	雍正十一年（1733年）建，道光二十一年修	记委1名，配兵20名防守

我们可以看出，很多炮台都是民间的绅士或行商捐建的，有些是自愿的，而有些是地方政府要求行商们捐建的。有时地方政府也为这些捐建的士绅们向皇帝申请给予奖励。道光二十二年（1842年），奕山就曾专折奏请奖励广东捐资出力士绅。道光二十一年四月（1841年5月），外国兵船退出省河后，各处炮台均被轰击拆毁，炮位亦多散失，急需补修添铸，近省河道港汊分歧，尤须堵塞要隘，以严保障而资守御。广东诸士绅会同捐资并自行督修。[①] 官员们在修建炮台时也经常主动邀请绅士们参加，征求他们的意见。广州协副将余万清、辖下武巡捕黄者华等在勘建省城北门外永康炮台即四方炮台时，就曾传集社学士民周清绵、龙国超等一起登上永康炮台相度地势，悉心查办。[②]

与此同时，经过鸦片战争后，清朝政府从上到下都认为，战船落后是战

---

① 《鸦片战争档案史料》，第Ⅴ册，第117—119页。
② 《道光间广东防务未刊文牍六种》（下），第433页。

争失败的一个重要原因,战争甫一结束,道光皇帝就一再督促广东地方官员制造新的战船。

奕山等广州官员又将这一任务交给行商办理,在战争期间潘仕成所捐之船坚实得力,深得皇帝赞许,并谕旨以后要大量制造船只,"即著该员一手经理,断不许令官员涉手,仍致草率偷减。所需工价,准其官为给发,并不必限以时日,俾得从容监制"。祁贡等得旨后,即向潘仕成宣谕,潘仕成自是感激涕零,并表示自愿垫发银两。后来,他立即拨发了10万两银子给木商购买用于造船的木料。① 道光二十三年四月(1843年5月),皇帝要求:"其潘仕成所造战船,暂在内河水深处操演,俟夏秋水旺之时,再行驶往虎门,听候操练。"② 可见潘仕成的善举得到了道光的高度肯定。

接着,粤海关监督文丰又奉旨传谕行商设法购买外国船只,行商伍秉鉴、潘正炜分别捐买了美国、吕宋船各一只,但船体过小。祁贡向皇上表示将继续督饬行商随时妥为察访购办。③

在城市建设方面,行商潘仕成还独立重建了提督学院署的考试棚。战争期间,贡院曾经被杨芳的湖南军当作营房,贡院内用来考试的单间号舍被拆毁过半,到了要举行科试的时候,"时已春,捐修恐未及,仕成遂独任之,且增建号舍。又以考棚岁久,恐致倾圮,乃并仔肩焉。自传碑记略:……糜白金七千余,董其事"。④ 潘仕成的贡献不可谓不力。

《番禺县续志》对潘仕成捐建文化事业的行为做了更为详细的记载:"是年,贡院鞠为茅草,仕成独力捐修,增建号舍五百六十五间,……号舍外,补种槐柳数十本,以荫暑阳,糜白金一万三千五百有奇,……又以自置京师宣武门外上斜街旧宅,捐为阖邑会馆,俾公车书籍为栖憩。复与邑人集捐银二千六百余两,除修葺外,余存生息,为日后修理之需。广州小北门外至白云山路多崎岖,捐资铺石平坦,以利行人,创筑荔香园于西门外泮塘,颜曰'海山仙馆',搜集故书雅记,足资身心学问,而坊肆无传本者,刻为丛书。"⑤

同年,又开始疏浚九门护城河及内城河道,"系属以工代赈之举,开工后贫民赴工就食者较多,将来工竣时,……每人酌给资送钱文,俾得回籍耕作,不致失所为要。所需钱文,即在潘仕成等捐助赈银项下,易钱动支,务

---

① 《筹办夷务始末》卷六十四,第5260—5261页。
② 《清宣宗实录》卷三九一,"道光二十三年四月甲申"。
③ 《筹办夷务始末》卷六十四,第5264页。
④ 同治《南海县志》卷四《建置略一》。
⑤ 宣统《番禺县续志》卷十九《列传二十九》。

令实惠及民"①，此项动支也一样由行商来支付。

行商及广州士绅们在战后城市的各项复建维修中做出了巨大贡献。实际上，除了个别大行商外，绝大部分行商的生意日趋艰难，如前所述，他们还负担了对外赔款中的500多万元，他们的力量被削弱了。②

二、商业调控化解民生困境

中英《南京条约》实施后，公行垄断制度被取消，广州开始了新的自由贸易制度，虽然行商控制的资本仍然占据着广州商业的主要地位，但是因为行商对自由贸易制度的抵制，寄希望于新贸易制度的不能实施，有意地限制他们的生意，导致1843年9月7艘驶离广州的英国商船有5艘是空载。

此外，鸦片战争后，英国国内经济并没有随着鸦片战争的胜利而繁荣。1845年，英国的工业、铁路投机热引发了经济危机，次年秋几乎没有收成。1847年8月，谷物市场的投机商也遭破产。1847年10月，英国的银行停止兑付支票。大西洋沿岸的经济萧条波及了广州。

在1844年和1845年，广州外国商人的进货量超过了市场的需求。为国内市场所困扰的曼彻斯特纺织公司对这种过分的乐观渐渐厌倦了。他们的毛织物在广州不受欢迎，经常卖不出去，还需要支付货栈租金。到了1847年，英国商人不愿再投机于海运货物，甚至最有声望和声誉的怡和洋行也不得不预购一半的英国工业品和其他产品，并且在这些货物售出后也只能拿到货款的一半。在广州的各英国公司的资本都渐渐被冻结了，流动资金开始紧张起来，一些新加进来的中国商号，在繁荣时期向老行商或山西票号借了大笔的钱，现在突然要偿还，这些行商们被迫纷纷宣布破产。1847年，进口的英国工业品越来越少，丝茶出口也直线下降。③加之战后行商们大量的公用捐输，行商们的日子每况愈下。

拖欠大量公项应缴款的旧行商更是压力巨大，他们请求总督代他们向皇帝乞恩减免这些拖欠的公项款："禀为洋行裁撤，公项虚悬，近得沥情，哀诉吁恩，设法矜全事。今夷欠既已清厘杜绝，而公项尚属虚悬。无如近年公费浩繁，更为向来所未有。尚未完参贡价银三十七万两，回疆军需垫款四十八万两，万源行旧欠饷三十一万两，认借库款二百一十万两。另拨款完缴参

---

① 《清宣宗实录》卷二三三，"道光二十三年三月乙卯"。
② 转引自《大门口的陌生人》，第106页。
③ 参见《大门口的陌生人》，第107—108页。

价一十万两,粮道放关分头约银一十余万两。统计共欠公项三百五十余万两。当此失业无措之下,势肩此艰巨之投,若不再将未完公项,仰乞恩施,即粉身碎骨,于事终归无济。"而皇帝的答复是:"原限完缴,万勿藉词拖欠。"① 这表明,官府丝毫不予通融。

五口通商后,上海成为丝织品和北方茶叶的主要出口地区,广州商人只剩下了江西、湖南、湖北的茶叶交易。不久上海便几乎供应了西方各国需求的丝织品的全部。② 广州各大商号都受到了影响。因为生丝贸易的衰落,许多老行商开始专营茶叶,谓之茶行,③ 还有的人越来越转向经营高利贷。鸦片战争以后,需要资金以重新建设,公行在高利率下乐意提供资金。但是"新制度"和贸易状况的变化共同造成的影响是无法克服的。到了1900年,所有的行商,除了怡和行的后裔,均已穷困潦倒,默默无闻。就是伍家的巨额财产,也只剩下10万元了。④

1848年,徐广缙奏报粤海关税收减少的情况:粤海关征收出口进口货物税,向以茶叶、湖丝、洋布、大呢、羽缎为大宗,每年五六月间税课,多则收至六七十万两,少亦收至五十余万两。而上年十二月二十六日新季开征起至五月二十五日止,五个月收银329 600余两,比较上年已短收银223 600余两。将出口进口各货物,与上年逐加核计,本年仅茶叶一项,竟少至八百余万斤。至五月核算,上年进出口外国船100余只,本年只有70余只,比上年少40余只,且所报进口大半为棉花、檀香等类粗货。究其原因,自五口通商后,进口货物较多,日久渐形壅滞,各国商人因之折本者甚多,现在内地洋货,时价不及前二三年之半。至出口货物,其茶叶一项,每年五六月间,新茶贩运到粤,外商争先恐后购买,今新茶早到者贮栈半月之久,外商并不议买,询其情由,据称尚待该国之信,而实因外商亏本。粤海关进出口贸易不旺,使税收短绌,现在每日钱粮不过一二千两至数百两。

然后徐广缙上奏请示相机筹办,惟恤商为通商,以赢补绌。⑤ 道光皇帝谕斥:"关税岁有定额,何以忽形短绌?"对徐广缙的建议予以否定。行商面临的将是退出历史舞台的命运。

而此时的国内贸易也不景气。商业起伏不定的凋敝状态直接导致民生的困窘。广州同中原地区之间,横亘着大庾岭山脉。所有的货物都必须经过又

---

① 《鸦片战争の研究》(资料篇),第309—310页。
② 《中华帝国对外关系史》第一卷,第403页。
③ 梁嘉彬:《广东十三行考》,广东人民出版社1999年版,第218—219页。
④ 《大门口的陌生人》,第112页。
⑤ 《筹办夷务始末》卷七十九,第6613—6615页。

高又陡的南岭或梅岭的狭窄小路。这就使广州的商业可能成为能控制这两条通路的造反者或匪徒手中的抵押品。因为茶叶贸易从地理上划分为分居南北的广州和上海两个部分。因为广州经济的不景气，北江上游及梅岭通道的船夫和苦力突然间失去工作。他们在远处运茶线路上的同行仍同往常一样，而他们，作为长江流域南部老式运输的主要中间转运工人，却失业了。梅岭地区10万名失业的脚夫和北江流域上万名贫困的船民成了秘密会社或匪帮的实实在在的招募对象。由于骚乱增加，可搬运的货物越来越少，失业的人数也在不断增加，这种失业不稳定的循环，直接形成社会的普遍民生问题。而民生问题一旦出现，必将对社会治安造成极大的影响，省城广州无疑面临着巨大的社会治安压力。省城内也同样面临着失业人员增加的威胁，商业的不景气和贸易总量的北移，致使原来在广州靠对外贸易生存的搬运工、货栈主、钱币兑换商以及各类买办人物都面临着生计问题。① 广州官府又一次面临着维稳的考验。

三、官府的维稳措施

面临商业凋敝、民生艰困、贸易纠纷频发的广州城，广州官府在领导民众反入城斗争的同时，也采取了一定的措施，以维护广州的社会治安，并取得了一定的效果。战后虽然中外纠纷不断，民众抗议活动越来越激烈，但广州城内的整体秩序还是相对平稳的。

首先是加强对十三行等重点地区的治安布控。广州城外十三行洋楼为外商栖身储货之所。战后，粤省匪徒往往纠众前往构衅，以致外商们常常借为口实以要挟官府。为此，广州官府重点加强对这一地区的治安防控，从广州各协营抽调兵丁100名驻防，以资弹压。同时允许外商们自备外国兵丁50名，在洋楼内部支更看守。同时为防止民众与外国人经常发生口角争斗之事，又添派文武委员，带同兵丁不时巡逻，遇有中外相争，立时驱逐解散。②

道光二十三年十月十六日（1843年12月7日），耆英奏陈拟于十三行附近移驻弁兵巡防。"该处本有旧设卡房，拨兵驻巡，但为数无多，未足以资弹压，而地方文武衙署相离较远，耳目益觉难周。兹臣等督同司道等酌

---

① 《中华帝国对外关系史》第一卷，第403—412页。同时参见《大门口的陌生人》第108—110页。
② 《筹办夷务始末》卷七十六，第6521页。

议，拟于十三行洋行会馆及附近扼要处所，移驻弁兵，作为专汛，在彼驻扎巡防。其弁兵除旧设之 22 名，再于广州协抽拨 78，作为 100 名，遴委武职都守 1 员管带，并委文职正印官 1 员会同稽查。遇有民夷口角，立即驱逐解散，并时刻洞察洋人动静，按日禀报。仍不绝兵丁，不得干预别项事件，庶中外可以永久相安。"①

其次，严厉打击"勾串夷人，播弄是非"的汉奸。皇帝谕令广州官府委派能干人员，到各国商人集中的地方，暗加访察，一旦发现有奸匪者，立即拿办。② 道光二十八年（1848 年），两广总督徐广缙密报：已革知府麦应培即汉奸之最著者，平日专探署内动静，潜泄省中虚实。即行锁拿麦应培，发配至新疆。③ 官府又于道光二十九年闰四月初三（1849 年 5 月 24 日）在新宁县横冈地方将与外国人通信的李象经抓回省城，经审讯确认其私通外国人，为英国人入城企图设谋划策，遂"即行正法，并枭首悬杆示众。"④

此外，徐广缙还利用民众团练和城内铺户、商户组织内的壮勇来维护各团练组织驻点所在地的日常治安。总体来说，徐广缙治理广州期间，特别是反入城斗争暂时取得胜利以后，广州城内的社会治安秩序相对稳定。

---

① 《鸦片战争档案史料》，第Ⅶ册，第 736 页。
② 《筹办夷务始末》卷七十九，第 6629 页。
③ 《筹办夷务始末》卷七十九，第 6632 页
④ 《筹办夷务始末》卷八十，第 6729—6730 页。

第十二章 处理"夷务"为中心的广州城

鸦片战争结束后,作为条约口岸之一,广州地方政府的一个主要任务就是处理条约制定后中外贸易中出现的一些具体问题,特别是在城市治安管理方面面临着一个全新的考验,那就是如何将条约的实施与社会的稳定结合起来。

一、条约实施背景下的广州社会

自康熙时期的《尼布楚条约》之后,中国人民再没有受到过任何国际条约的约束,他们不知道条约一旦签订,就得遵守这些条约的规定,哪怕再不合理。一个不容置疑的事实是:绝大多数中国人更不知道世界上还存在着什么国际法、国际准则或国际权利,而现在,突然之间,继《南京条约》后,与多个西方国家签订的铺天盖地的"条约"从天而降,几乎将中国人击晕。这些条约的签订,在普通的中国人看来都是耆英干的事,他是一个十足的卖国贼,耆英未经他们同意就把这些条约强加在他们头上。特别是广州民众,他们不得不直接面对并且要遵循这些条约的内容。而后来耆英又被内调,就更印证了民众的认识和皇帝一样正确,增强了民众抗争的勇气和决心。

于是,这些条约背后涌动着民众的愤懑和极度的仇恨。特别是在广州,撇开民众对外国人的敌意不讲,几乎所有人都感到他们的生财之道被这些条约夺走了,或是被夺去了已废止的制度下的利益,或是被夺去了以规费与津贴等名目捞取油水的机会。因为这些利害关系,他们必然要采取各种不经官府允许的或被官府默许的方式来阻挠这些条约的实施。香港被割让后不久,就有一位官员乘坐官船在该岛南边距离香港政府及停泊所最远的地方收税。就连耆英本人也想抵消他签许的废除公行垄断制度的损失,曾建议以执照的形式发给100位商人,专营对外贸易。① 而在广州城内,民众的一系列针对外国人的仇视行动如火如荼地涌现出来(如前所述)。

---

① 《中华帝国对外关系史》第一卷,第375页。

二、梳理夷务,确保广州社会稳定

在广州实施了近百年的旧制度即将被废除,官府没有做好任何准备,民众自然更没有心理准备。所以早在中英相关条约签订后,广州城就像炸了锅一样,反入城斗争只不过是一个火山喷发的口子。民众怨声载道,广州官府在处理一系列中外纠纷的同时,不得不对一些棘手的夷务问题逐一梳理,以确保条约实施的同时,控制广州民众的情绪,从而保证广州社会治安的稳定。

1843年10月24日,广州西关又发生了一场火灾,与1822年的大火一样,那次大火让商馆区的消防管理和预防措施不到位、官府应变处置能力不强等治安弊端凸显出来,而这次大火所凸显的绝不仅限于治安策略那么简单。

在大火中,约有1000间中国人的房屋和3间外国商行被焚毁。这场火灾据称起于是日下午六时许,在白米街一间店中,一个粗心的本地人在焚香拜神时失慎导致失火。火势先袭向该街道各店铺,后向东南方向蔓延,其速度如此之快,以致半夜后吉布·利文斯顿公司所在地、丹麦商行的后座商馆遭到火焰的吞噬。在4小时内,丹麦商行、西班牙商行、绝大部分法国商行,以及所有邻近商店直到河边的街尾,均化为灰烬。在此次火灾事件中,广州地方当局尽其所能保护当事人免遭财产被抢劫的厄运。但最有效的保卫,是来自英国军舰"迪多号"的海军陆战队及商船的海员,商行苦力也作了援助,所以被盗或被焚毁的贵重财产较少。但是准备劫掠尚未受到保护的财物的歹徒如此众多,以致中国当局为了迫使他们离开现场,要向他们开枪,马士认为,这种严厉的措施是必要的。诚然,受害者最努力的是抢救他们自己的财物,而忽视灭火工作。这些"流氓"中有1人被水兵开枪击中,其他则由中国军队适当处理。英国领事馆办公处被毁坏,领事馆人员和其他一伙人暂时租船住宿,其余已经安置在6个未被焚烧而剩下的商行中。[①] 在这起火灾中,马士明确指出,保护被焚烧商馆财产的主要力量来自于英国的海军陆战队员,突出表明广州地方官府在商馆区的治安救灾作用逐渐被分化。我们无法知道广州官府对英国海军陆战队员对救灾工作的介入有过任何表态,但由此可以推测,广州官府对外国人的态度有所改变,开始默认或认同外国人介入与他们自己有关联的一些社会事务。

---

① 《中国丛报》,1843年10月第12卷第10期第8篇,见《鸦片战争史料选译》,第296页。

如前所述，发生在广州城或城郊乡村的一系列华人对外国人的敌对行动，使德庇时在1847年4月2日发出照会要求：

一处罚十月十七日的广州袭击者；二处罚三月十二日在佛山的那些人们；三为广州的英国商人准备充分的居住场所；四立刻或在一定时期内实施自由进城的权利。

耆英在4月6日答复：

一欲在城内对我回拜，很好，但是日期仍须延缓。因此现在同意自今日起两年后英国官员和人民可以进城。二不论何时英国人上岸散步，并且遇到侮辱，地方当局就必须对该事件进行查究并惩办凶手；像在上海一样，在广州也准许一日旅程的距离以作游历的范围。三在十月和三月暴行中的凶手应予惩办。四在该河之河南将划出一块够宽广的地面准予租给英国商人和其他人员以作修建住宅和仓库之用。五划给一个教堂和公墓的用地。六在猪巷搭建过桥。七在商馆前的河面上禁止船只停泊。①

在这个照会中，除了要求惩罚攻击杀死英国人的凶手外，其他各项要求都关系到英国人在广州的商业生活的方便及各种贸易活动的顺利开展，其实就是要求广州官府尽快实施中英条约所约定的内容。

广州官府实现了对照会的承诺，惩罚了那些杀人、伤人的凶手后，也随即开始着手梳理与实施新的对外贸易制度有关的"夷务"事项。

1847年5月初，广州当局开始清理外国商馆区猪巷里的大都为流浪汉居住的杂院，因为官府曾答应把他们从商馆区赶出去。同时，外国人希望在河南租地存货，以便把货物从容易受到攻击的商馆搬出来，广州官府答应了这一要求。但猪巷和河南的小店主和房产主认为外国人要来侵占他们的财产，于是在他们组成的公所里举行了一次会议。所有的人都赞成出钱雇佣乡勇、抚恤死亡乡勇的家属，并在必要时为英勇牺牲者建立庙宇，以此抵抗洋人的扩张。其他小店主的集会决定捐献一个月的租金用以雇兵勇、买武器，木匠、水匠的行会保证他们绝不给外国人在河南建造任何房子。② 这种组织

---

① 《中华帝国对外关系史》第一卷，第438—439页。
② 彭泽益等编：《中国近代手工业史资料》，第1册，中华书局1962年版，第509—511页。

虽然属于城市团练,但也可以视为警察机构的雏形,只不过是私人"警察",目的是为了保护私人的财产。最后小店主胜利了,官府说服外国人更换租赁的地方,帮外国人租到房,也租到了地(参见前面章节)。虽然官府的这种办理实在是因为外国人的军事威胁,并非出于主动和自愿,但从另一个方面可以看出广州官府逐渐认识到必须从实际出发来处理一些夷务问题,既要让民众不反对,也要让外国人相对满意。

实际上,关于租房、租地之事,也早被耆英列入他负责签订的各种条约里面。战前各国在广州的贸易,都是由十三行建盖房屋,租给他们居住。1842年英国人在江南就抚时,本请由他们在五口任其自择基地建造夷馆。

> 时耆英以内地港口非澳门香港系属海岛可比,且该夷所欲住之地,皆系市廛,断难任其自择,坚持未许。该酋行至上海、宁波,又随意混指,各该地方官,悉皆置之不理,迨来粤东适有匪徒焚烧洋行,及钱江造言生事之案,该酋复藉口实,欲在黄埔建屋。耆英到粤后,会督黄恩彤等反复开导,告以内地房基,皆系民间所置买,完纳钱粮,虽大皇帝不肯将民产作为官地,经行建造,致令失所,尔等寄寓中土,若不问何人之地,擅自拣地造屋,真是与民为难,并非前来贸易,中华百姓,不知凡几,沿海四省,群起而攻,从此争端又起,与尔等有何利益?至焚烧洋行匪徒,及造谣生事之人,均已拿办,只须约束夷人,勿稍恃强滋扰。中华百姓与尔买卖来往,亦属有利可图,断不肯恃众欺凌,自绝衣食。且建盖夷馆,所费甚巨,五口同时并举,谈何容易。自应由中华地方官,会同该夷目,各就近地民情,议定在何地,用何项房屋或基地,租给居住修造,华民不许勒索,该夷不许强租,方能永久相安。广州原有洋行栈房,尽可试行赁租。该夷始就范,不敢坚执自择地之说。数月以来,华夷相安,甚为静谧。现在已将止准在五口租房租地,并由地方官指定地段,准其行走贸易,不许逾越尺寸,列入善后条约,以杜衅端。①

经过耆英、黄恩彤的努力,外国人被他们说服了,放弃了自己选择地方建馆的无理要求,当然官府也让外国人达到了租房租地的目的,消解了在这一问题上存在的社会不稳定因素。

同时,对洋商不遵条约,将外国船驶至五口以外港口的行为,以及香港

---

① 《筹办夷务始末》卷六十九,第5751—5753页。

中外杂居的现状,耆英希望朝廷制定章程,加以约束。他向道光奏称,必须"妥立章程,汇列一册。特别是香港非买卖码头,却是商民错处之地,有商即有货,难保内地商人希图偷漏潜往贸易情事,针对这一情况,稽查之法,不可不严,当经汇定条款,照会(璞鼎喳)往返商定,缮写成册,并当面要约坚定,共议定善后条款十七条附列小船章程三条,对通商范围进行严格管制"。①

道光皇帝看了耆英的一系列奏折后,谕令各口岸既要严防奸民骚扰外国人,影响对外贸易的有序进行;同时,外国人也不能随便到口岸之外的地方进行贸易活动:"江苏、浙江、福建、广东各省份,本系准夷商贸易之地,如有奸民于夷船到口,抑勒阻挬,致令商货不能流转,即着该地督抚等严密查拿,痛加惩治。其并非通商口岸,遇有夷船驶入,着该将军督抚督饬查明,不论何国何船,遵照成约将船货一并入官,有不遵者,咨会两广总督行知该夷目,责令交出,倘查系奸民潜相勾结,兵役得规故纵,即行从严惩办,毋使稍有徇隐。"② 可见,道光帝对耆英的"夷务"梳理措施总体上是予以支持的。

战后对鸦片走私贸易的处理非常困难,当然也是广州地方政府面临的一个治安问题。虽然《南京条约》没有严禁夷商贩卖鸦片的条款(中美条约规定,如果有美国商人从事鸦片走私贸易,将得不到美国政府的保护),但对各国实行最惠国待遇后,来华各国洋商众多,英国公使璞鼎查表示无法约束其他各国商人贩卖鸦片,并建议清政府抽收鸦片贸易的"平允之税",实际上就是希望清政府承认鸦片贸易的合法性。清政府自然坚决不答应,但刚经历过鸦片战争的失败,清朝各级官府害怕严禁鸦片走私贸易政策又会引起新的事端。左顾右盼,心情矛盾。道光也想不出合适的办法,只是谕令各地官府申明禁令:"此后内地官民,如再有开设烟馆及贩卖烟土,并仍吸食者,务必按律惩办"③,目的是"断其流",以便让贩卖者无利可图,以达到鸦片贸易自然停止的目的。相对于鸦片战争前的各项关于鸦片的管理章程,战后关于禁烟的一切章程不过是老调重弹。可以看出,经过鸦片战争的失败,清政府自高自大的"天朝大国"心态开始转变,对洋人逐渐产生畏惧心理。从清政府拒绝德国人要求北上觐见皇上一案即可看出清政府的恐惧来。实际上德国人只不过是以北上觐见为挟制之词,目的是为了得到最惠国

---

① 《筹办夷务始末》卷六十九,第5758页。
② 《筹办夷务始末》卷六十九,第5764页。
③ 《筹办夷务始末》卷七十,第5823—5824页。

待遇，清政府不惜派钦差大臣耆英速赴广东与其商定贸易条约，阻挡其北上。①

在战后的鸦片问题上，我们也没有看到广州地方官府有什么新的办法，实际情况是，鸦片问题已经不再只是广州一个地方的事情了，因为此时已是五口通商，鸦片问题如何处理已不是广州地方官府的专责了，自然出现了对鸦片管制外紧实松的局面，中国人民继续遭受鸦片的毒害，直到反侵略战争全面胜利。

总体来说，鸦片战争以后在徐广缙、耆英、黄恩彤等治理广州期间，广州城内的社会治安秩序相对稳定。特别是在入城问题、中外冲突、新制度要求的应对策略等方面，广州官府虽然有点疲于应付，但毕竟做了大量的努力，确保没有再酿成大的祸乱。只是广州自上而下对外国人的仇视心态使广州官府实施的一系列治安措施总体上处于被动应对的状态，因而，没有采取更为积极的策略加以改进，最终使广州的城市治安管理体制仍然囿于传统模式，当然其根本原因在于已经僵化的封建制度对中国走向近代化的历史趋势的无形阻挠。

---

① 《筹办夷务始末》卷七十二，第5946页。

结　语

在历史学界的历史分期中，鸦片战争作为中国近代史的开端，道光朝遂被一分为二。实际上，历史的发展往往不会因后世学者研究的视角或为学术研究的便利而割裂，因此，在研究主题上应该具有相当的连贯性。由于道光时期广州的特殊性，本文在行文叙述上尽管以鸦片战争为基点，将道光朝分为前、中、后期，但笔者更多的是着眼于道光朝整体的脉络叙述。在叙述广州的城市治安管理的同时，笔者将治安管理纳入整个中外贸易、社会变迁以及鸦片战争等宏大叙事之中，对道光朝的广州治安管理进行了初步的梳理和叙述。在此，我们希冀将道光时期的广州治安管理问题纳入整个中国近代化的范畴去探讨广州城市的变迁。在广州近代化的过程中，我们无法回避的一个问题是，乾隆年间广州一口通商后，其商业、城市发展欣欣向荣。然而中英《南京条约》后，"一口通商"局面被打破，广州在全国城市的地位受到冲击固然不可避免，但相比同期城市的发展，广州城市的管理体制显然已滞后，造成管理体制的滞后应有其内在的历史逻辑。

由于清政府实行"一口通商"政策，道光时期的广州治安问题，与同期的城市相比，表现的更为复杂，然在治安管理体制上，却依旧基于传统社会的管理模式。当面对外界的挑战，明显缺乏应有的灵活变通机制。在政府机构的设置上，责权分明，但就治安管理方面则显得机构重叠，行政机构与军事机构之间重合，对地方治安的管理，更多的是依赖保甲制度，而行政体制始终没有触及基层社会。在基层社会中，是以里甲制度为核心的地方管理模式。特别是在中英鸦片战争前夕，以英国为首的外国商团频频挑战清朝的贸易体制，广州的治安管理不仅需要应对传统社会时期所面临的危机，更重要的是要应付中外贸易时期的各种挑战。在这一场由贸易之争引发的治安管理博弈中，清朝采用传统模式的管理体制应对挑战，明显表现得力不从心。诸如，通常我们把中英《南京条约》及其附件当作中国治外法权丧失的开始，而从历史的实际运作看，早在鸦片战争之前，广州官员在处理中外贸易及交往过程中的案件时，采取息事宁人的态度，自动放弃境内法权，因此在实际上操作中领事裁判权已经开始丧失，[①] 而鸦片战争后的《南京条约》及

---

① 蒋廷黻：《中国近代史》岳麓书社2010年版，第25页。

其附件中，明文规定的条律只是其实际运作的合法化而已。

同样，在讨论道光朝的广州治安管理时，我们很难绕过清政府对鸦片走私的治理。因为鸦片走私尽管是全国性的问题，但直接影响到广州的治安管理。随着鸦片走私扩大化和白银外流的严重，清政府掀起了一场禁烟和弛禁的争论。吴义雄认为，在清廷决定施行严禁政策后，时任两广总督的邓廷桢对伶仃洋鸦片趸船打击不力，但在切断内地鸦片贩子与鸦片趸船联系方面的努力却收到了可观的效果，使持续多年的鸦片贩卖行为得到遏制，同时导致广州内河鸦片走私活动的复活，鸦片问题在总体上显得更为严峻。[①] 在吴义雄看来，邓廷桢是有机会通过强制措施解决鸦片走私问题的，但从长期的中外贸易看，即便鸦片走私问题已得到缓解，只要清朝仍然实行原有的贸易体系去应对出现的新矛盾，最终在军事上的对抗也就无法避免，只不过是时间问题而已。邓廷桢之后的林则徐、琦善、杨芳、奕山等人基本上是围绕鸦片战争而实行相应的措施，对于广州治安管理也随之松懈。在这里，想说明的是，在战争期间，广州治安管理发生了许多微妙的变化。让人诧异的是，杨芳、奕山主政广东时期，冲击广州治安管理的并非来自中英战争，更多的竟是湘兵对广州市民的侵扰及军队的内讧。

鸦片战争之后，广州在地方治安管理上并没有因为军事上的失败而改善。随着条约的签订，特别是入城与反入城之间的博弈中，我们已能隐约地感受到广州各阶层对西方利用坚船利炮打开中国大门的仇恨，这种仇恨心理阻碍了广州城市近代化的步伐。中英军事对抗发生后，广州与外国人的关系最坏，冲突也最多。最为典型的就是三元里人民抗英斗争。在革命史观的主导下，广州人民的"义举"行为一直受褒扬。实际上，随着相关研究的深入，三元里抗英斗争的历史面貌日渐清晰。在茅海建看来，三元里人民抗英斗争是广州各阶层在仇外情绪的驱策下所进行的坚决的反入城斗争，尽管有其存在的合理性和产生的条件，然而却是一种低级水准的斗争。广州入城与反入城的问题，是一项对国家、民族、民众无足轻重的小问题。[②] 茅海建同时考究了三元里抗英斗争的诸多问题，认为三元里抗英斗争并不像后人所渲染的那样重要，也没有取得过辉煌的战果。尽管如此，由此折射出当时广州民众的一种仇视外国人的心态是显而易见的。这种心态的出现，主要源于两个方面：一是文化观念，一是现实生活。从文化渊源的角度来考察，毫无疑问，这种仇外情绪源于传统的"夷夏之别"。在三元里人民抗英斗争中，领

---

① 吴义雄：《邓廷桢与广东禁烟问题》，载《近代史研究》2008年第5期。
② 茅海建：《关于广州反入城斗争的几个问题》，载《近代史研究》1992年第1期。

导各阶层民众进行反入城斗争的,主要是士绅阶层,他们的"夷夏"观念仍根深蒂固。广州民众仇外情绪产生的另一个原因是,鸦片战争期间英军的暴行和鸦片战争之后多起英人恃强作恶的中外纠纷事件。① 除此之外,广州民众反对英人入城仍与利益的丧失有关。在鸦片战争以前,因为中外通商集中于广州,地方官吏不分大小,都有发财的机会。中英《南京条约》后,广东地方官吏最能感到条约对他们私人利益的打击。广州商人方面也是如此。中英《南京条约》前,江、浙的丝、茶都由陆路经江西,过梅岭,经过广州的十三行卖给外国人。条约之后,江、浙的丝、茶,不必经过广州作为交易场所,外国人直接到江、浙去买。五口之中,上海日盛一日,而广州则日形衰落。其实,条约下的广州城,不但富商受其影响,就是劳工,直接、间接受影响的都不少。② 从历史和现实的角度去理解三元里民众的抗英斗争,这就难怪英人提出入城后,遭到广州民众的强烈反对了。在这种心态的映照下,广州地方政府在治安管理上,明显地打上时代的烙印。正是由于广州从民众到官府的这种仇视心态,加之,英国人取得军事上的胜利后表现出来的胜利者姿态,从而挑起了十几年的"意气之争",直至第二次鸦片战争的爆发。

乾隆二十二年(1757 年)始,清廷开始在广州实行"一口通商"政策,随着与外国人接触的频繁,往往给人一种广州近代化开始的假象。实际上,从乾隆时期的"一口通商"到鸦片战争后的通商口岸,处于中外贸易前沿阵地的广州,并没有因为与西方商团的接触而走在时代的前列。由于贸易模式的转变,民众的仇视心理阻碍了广州近代化的进程,在传统模式的轨道上逡巡不前。鸦片战争后的广州,商业凋敝,在徐广缙的治理下,社会秩序总体上得以稳定,但基本上是沿用了清朝政府对广州的传统统治模式。直至1900 年,现代治安管理模式的出现,广州城市治安管理才得以发展。③ 因此,无论从管理模式还是管理意识形态,这一时期广州在城市管理方面都没有完成向近代化的转变。这种传统统治模式的延续,必然使广州停留在传统社会中,蹒跚而行。

---

① 茅海建:《关于广州反入城斗争的几个问题》,载《近代史研究》1992 年第 1 期。
② 蒋廷黻:《中国近代史》,第 25—27 页。
③ 1900 年,广州才开始筹备巡警制度。详参见《行商街众请抽租设巡警原折》,载《博闻报》1900 年 7 月 16 日。

参考文献

一、古籍文献

[1]（清）乾隆朝官修：《清朝通志》。

[2]（清）乾隆朝官修：《清朝通典》。

[3]（清）乾隆朝官修：《清朝文献通考》。

[4]（清）乾隆朝官修：《清朝续文献通考》。

[5]（清）允祹等奉敕撰：《大清会典则例》。

[6]（清）昆冈等修：《大清会典事例》。

[7]（清）席裕福、沈师涂辑：《皇朝政典类纂》，台北：文海出版社，1982年。

[8]（清）朱枟撰：《粤东成案初编》，道光壬辰新刻，据广东省立图书馆馆藏本。

[9]（清）黄恩彤修，宁立悌等纂：《粤东省例新纂》，道光二十六年刊本，据暨南大学图书馆古籍室藏本。

[10]（清）贺长龄、魏源等编：《皇朝经世文编》，清光绪十二年刊本。

[11]（清）葛士濬辑：《皇朝经世文编续》，清光绪十四年刊本。

[12]（清）文庆等纂辑：《筹办夷务始末》（道光朝），上海：上海古籍出版社，2007年。

[13]（清）祝庆祺等编：《刑案汇览三编》，北京：北京古籍出版社，2004年。

[14]（清）监察御史刑部律例馆编辑：《驳案新编》，海口：海南出版社，2000年。

[15]（清）阮元修，陈昌齐等纂：道光《广东通志》。

[16]（清）戴肇辰等修，史澄等纂：光绪《广州府志》。

[17]（清）李福泰修，史澄等纂：同治《番禺县志》。

[18]（清）梁鼎芬、丁仁长、吴道镕等纂修：宣统《番禺县续志》。

[19]（清）潘尚楫等修，邓士宪、谢兰生等纂：道光《南海县志》。

［20］（清）郑梦玉等修，梁绍献、谭莹、邹伯奇等纂：同治《南海县志》。

［21］（清）何炳坤等纂：宣统《续修南海县志》。

［22］（清）梁廷枏撰，邵循正点校：《夷氛闻记》，北京：中华书局，1959年。

［23］（清）梁廷枏总纂，袁钟仁校注：《粤海关志》，广州：广东人民出版社，2002年。

［24］（清）梁廷枏著：《海国四说》，北京：中华书局，1993年。

［25］（清）魏源著，陈华等点校注：《海国图志》，长沙：岳麓书社，1998年。

［26］（清）王之春著，赵春晨点校：《清朝柔远记》，北京：中华书局，1989年。

［27］（清）芍唐居士著：《防海纪略》，台北：文成出版社，1968年。

［28］（清）瞿昌文著：《粤行纪事》，北京：中华书局，1985年。

［29］（清）仇巨川撰，陈宪猷校注：《羊城古钞》，广州：广东人民出版社，1993年。

［30］（清）黄佛颐编纂，仇江、郑力民、迟以武点注：《广州城坊志》，广州：广东人民出版社，1994年。

［31］（清）黄芝撰：《粤小记》（《清代广东笔记五种》），广州：广东人民出版社，2006年。

［32］（清）张心泰著：《粤游小志》（一），见（清）王锡祺撰《小方壶斋舆地丛钞》，光绪十七年上海著易堂铅印本，杭州：杭州古籍书店，1985年。

［33］（清）林则徐著：《林则徐手札》，扬州：广陵书社，1999年。

［34］（民国）徐珂编撰：《清稗类钞》，北京：中华书局，1984年。

［35］（民国）赵尔巽、柯劭忞等撰：《清史稿》，北京：中华书局，1977年。

［36］中国第一历史档案馆等编：《清实录》，北京：中华书局，2008年。

［37］戴逸、李文海主编：《清通鉴》，太原：山西人民出版社，1999年。

［38］王钟翰点校：《清史列传》（1—20册），北京：中华书局，1987年。

［39］故宫博物院编：《民国文献资料丛编：史料旬刊》（1—4册），北京：北京图书馆出版社，2008年。

［40］桑兵主编：《清代稿钞本》（国家清史编纂委员会·文献丛刊），广州：广东人民出版社，2007年。

[41] 中国社会科学院中国边疆史地研究中心等编：《明清档案》，桂林：广西师范大学出版社，2000年。

[42] 中国第一历史档案馆编：《道光朝上谕档》，桂林：广西师范大学出版社，2000年。

[43] 中国第一历史档案馆编：《清代档案史料丛编》，北京：中华书局，1990年。

[44] 秦国经主编：《中国第一历史档案馆馆藏清代官员履历档案全编》，上海：华东师范大学出版社，1997年。

[45] 中国第一历史档案馆等编：《明清时期澳门问题档案文献汇编》（第一册），北京：人民出版社，1999年。

[46] 中国第一历史档案馆、广州市荔湾区人民政府合编：《清宫广州十三行档案精选》，广州：广东经济出版社，2002年。

[47] 中国第一历史档案馆、广州市黄埔区人民政府合编：《明清皇宫黄埔秘档图鉴》，广州：暨南大学出版社，2006年。

[48] 马模贞主编：《中国禁毒史资料（1729—1949）》，天津：天津人民出版社，1998年。

[49] 广东省文史研究馆编：《三元里人民抗英斗争史料》，北京：中华书局，1978年。

[50] 中国第一历史档案馆编：《鸦片战争档案史料》（Ⅰ—Ⅶ册），天津：天津人民出版社，1992年。

[51] 中国史学会主编：《鸦片战争》（中国近代史资料丛刊）（1—6册），上海：上海人民出版社，2000年。

[52] 杨家骆主编：《鸦片战争文献汇编》（1—6册），台北：鼎文书局，1973年。

[53] 林则徐全集编辑委员会编：《林则徐全集》（1—10册），福州：海峡文艺出版社，2002年。

[54] 谭棣华等编：《广东碑刻集》，广州：广东高等教育出版社，2001年。

[55] 冼剑民、陈鸿钧编：《广州碑刻集》，广州：广东高等教育出版社，2006年。

[56] 广东省社会科学院历史研究所中国古代史研究室，中山大学历史系中国古代史教研室，广东省佛山市博物馆编：《明清佛山碑刻文献经济资料》，广州：广东人民出版社，1987年。

[57] 王洁玉编：《道光间广东防务未刊文牍六种》，北京：全国公共图

书馆文献缩微复制中心出版，1994 年。

二、现当代文献

（一）著作

[58] 萧一山主编：《清代通史》（全 5 册），上海：华东师范大学出版社，2006 年。

[59] 曾业英主编：《五十年来的中国近代史研究》，上海：上海书店出版社，2000 年。

[60] 张晋藩：《中国法制史》，北京：中国人民大学出版社，1981 年。

[61] 白钢主编，郭松义、李新达著：《中国政治制度通史》（第十卷，清代），北京：人民出版社，1996 年。

[62] 瞿同祖：《清代地方政府》，范忠信、晏锋译，北京：法律出版社，2003 年。

[63] 张德泽编：《清代国家机关考略》，北京：中国人民大学出版社，1981 年。

[64] 李鹏年等：《清代中央国家机关概述》，哈尔滨：黑龙江人民出版社，1983 年。

[65] 刘子扬编著：《清代地方官制考》，北京：紫禁城出版社，1994 年。

[66] 柏桦：《明清州县群体》，天津：天津人民出版社，2003 年。

[67] 闻钧天：《中国保甲制度》，上海：商务印书馆，1936 年。

[68] 罗尔纲：《绿营兵制》，北京：中华书局，1984 年。

[69] 王威海：《中国户籍制度——历史与政治的分析》，上海：上海文化出版社，2006 年。

[70] 何一民主编：《近代中国城市发展与社会变迁（1840～1949 年）》，北京：科学出版社，2004 年。

[71] 顾朝林：《中国城镇体系——历史·现状·展望》，北京：商务印书馆，1992 年。

[72] 王树槐：《中国现代化的区域研究：江苏省（1860—1916）》，台北：中央研究院近代史研究所，1984 年。

[73] 杨国桢：《林则徐传》（第 6 版），北京：人民出版社，2004 年。

[74] 陈胜粦：《林则徐与鸦片战争论稿》（增订本），广州：中山大学出版社，1990 年。

[75] 牟安世：《鸦片战争》，上海：上海人民出版社，1982 年。

[76] 姚薇元：《鸦片战争史实考——魏源〈道光洋艘征抚记〉考订》，北京：人民出版社，1984年。

[77] 茅海建：《天朝的崩溃：鸦片战争再研究》，北京：生活·读书·新知三联书店，1995年。

[78] 萧致治、杨卫东编撰：《鸦片战争前中西关系纪事（1517—1840）》，武汉：湖北人民出版社，1986年。

[79] 萧致治主编：《鸦片战争史》（上、下册），福州：福建人民出版社，1996年。

[80] 韩延龙、苏亦工等：《中国近代警察史》（上），北京：社会科学文献出版社，2000年。

[81] 孟庆超：《中国警察近代化研究——以法文化为视角》，北京：中国人民公安大学出版社，2006年。

[82] 陈鸿彝主编：《中国治安史》，北京：中国人民公安大学出版社，2002年。

[83] 朱绍侯主编：《中国古代治安制度史》，开封：河南大学出版社，1994年。

[84] 陈智勇：《中国古代社会治安管理史》，郑州：郑州大学出版社，2003年。

[85] 任重、陈仪：《魏晋南北朝城市管理研究》，北京：中国社会科学出版社，2003年。

[86] 池子华：《流民问题与社会控制》，南宁：广西人民出版社，2001年。

[87] 池子华：《中国近代流民》，杭州：浙江人民出版社，1996年。

[88] 江立华、孙洪涛：《中国流民史》（古代卷），合肥：安徽人民出版社，2001年。

[89] 谭松林主编：《中国秘密社会》（全七卷），福州：福建人民出版社，2002年。

[90] 秦宝琦：《中国地下社会》（全三卷），北京：学苑出版社，2009年。

[91] 郑永华：《清代秘密教门治理》，福州：福建人民出版社，2003年。

[92] 李国荣、林伟森主编：《清代广州十三行纪略》，广州：广东人民出版社，2006年。

[93] 郭德焱：《清代广州的巴斯商人》，北京：中华书局，2005年。

[94] 江滢河：《清代洋画与广州口岸》，北京：中华书局，2007年。

[95] 冯尔康、常建华：《清人社会生活》，沈阳：沈阳出版社，2003年。

[96] 陈代光：《广州城市发展史》，广州：暨南大学出版社，1997年。

［97］郑广南：《中国海盗史》，上海：华东理工大学出版社，1998 年。
［98］王金香：《中国禁毒史》，上海：上海人民出版社，2005 年。
［99］薛凤旋：《中国城市及其文明的演变》，香港：三联书店（香港）有限公司，2009 年。
［100］李孝悌编：《中国的城市生活》，台北：联经出版社，2005 年。
［101］赵冈：《中国城市发展史论集》，台北：联经出版社，1995 年。
［102］刘章璋：《唐代长安的居民生计与城市政策》，台北：文津出版社，2006 年。
［103］广州市地方志编纂委员会：《广州市志》，广州：广州出版社，1999 年。

（二）论文

［104］许五州：《清代广州人口与消费》，暨南大学 2005 年硕士论文。
［105］杨承舜：《清代珠江三角洲市镇管理研究》，暨南大学 2006 年硕士论文。
［106］杨发源：《清代地方城市治安管理研究——以重庆为中心》，四川大学 2006 年硕士论文。
［107］梁莎：《明清时期番禺城镇研究》，暨南大学 2010 年硕士论文。
［108］郭晓桢：《唐长安城与治安管理》，山东大学 2008 年硕士论文。
［109］吕进贵：《明代的巡检制度——地方治安基层组织与运作》，台北：中国文化大学史学研究所 2001 年硕士论文。
［110］曾昭璇、潘国璠：《宋代以前广州城历史地理》，《岭南文史》，1984 年第 1 期。
［111］李真锦：《清代广州独口对外通商及其影响》，《广东社会科学》，1986 年第 2 期。
［112］俞如先：《鸦片战争前的行商》，《龙岩师专学报》，1997 年第 2 期。
［113］章文钦：《从封建官商到买办商人——清代广东行商伍怡和家族剖析（上）》，《近代史研究》，1984 年第 3 期。
［114］蔡鸿生：《清代广州行商的西洋观——潘有度〈西洋杂咏〉评说》，《广东社会科学》，2003 年第 1 期。
［115］谢世诚：《道光时期的胥吏违法问题》，《学海》，1997 年第 3 期。
［116］张鸿雁：《中国城墙文化特质论》，《南方文物》，1995 年第

4期。

[117] 诸山:《魏晋南北朝城市治安管理论略》,《扬州大学学报》(社会科学版),2007年第3期。

[118] 宋桂英:《清代团练问题研究述评》,《文史哲》,2003年第5期。

[119] 邱捷:《清末民初地方政府与社会控制——以广州地区为例的个案研究》,《中山大学学报》(社会科学版),2001年第6期。

[120] 马继武、于云翰:《中国古代城市中的民间秘密结社》,《社会科学辑刊》,2003年第5期。

[121] 阿·伊帕托娃:《第一次鸦片战争及战争以后的中国》,《清史研究通讯》,1990年第3期。

[122] 郦永庆:《鸦片战争时期士民具折上奏问题述论》,《近代史研究》,1993年第1期。

[123] 蒋廷黻:《琦善与鸦片战争》,《清华学报》,1931年第6卷第3期。

[124] 茅海建:《三元里抗英史实辨正》,《历史研究》,1995年第1期。

[125] 茅海建:《关于广州反入城斗争的几个问题》,《近代史研究》,1992年第6期。

[126] 茅海建:《入城与修约:论叶名琛的外交》,《历史研究》,1998年第6期。

[127] 张海林:《重评近代广州绅民的"反入城斗争"——兼论近代中国应付西方挑战的合理方式》,《安徽师范大学学报》(哲学社会科学版),1989年第1期。

[128] 程晓燕:《徐广缙与广州反入城斗争新探》,《广东社会科学》,2008第4期。

[129] 季云飞:《鸦片战争后清政府的"防务善后"述论》,《军事历史研究》,2000年第2期。

[130] 季云飞:《鸦片战争期间的汉奸及清政府对策之探析》,《江苏社会科学》,2000年第2期。

[131] 吴密:《清代官书档案所见"汉奸"一词指称及其变化》,《历史档案》,2010年第1期。

[132] 魏立华等:《清代广州城市社会空间结构研究》,《地理学报》,2008年第6期。

[133] 张敏：《关于清代省会城市功能的思考》，《天府新论》，2006 年第 6 期。

[134] 蒋祖缘：《明代广东的省城与府城建设》，《广东史志》，1999 年第 2 期。

[135] 杨发源等：《晚清地方城市治安管理制度与运作脱节之分析》，《社会科学辑刊》，2007 年第 4 期。

[136] 李书源：《清政府的对英政策与琦善的广州外交》，《史学月刊》，1988 年第 1 期。

[137] 邱丽：《明清广州珠江河道的变迁与城市街巷空间的发展》，《华中建筑》，2009 年第 1 期。

[138] 曾新：《明清时期广州城图研究》，《热带地理》，2004 年第 3 期。

三、外国文献

[139]［美］施坚雅主编：《中华帝国晚期的城市》，叶广庭译，北京：中华书局，2000 年。

[140]［美］施坚雅主编：《中华封建社会晚期城市研究——施坚雅模式》，王旭译，长春：吉林教育出版社，1991 年。

[141]［美］费正清主编：《剑桥中国晚清史（1800—1911）》（上），中国社会科学出版社，1985 年。

[142]［美］穆戴安：《华南海盗》（1790—1810），刘平译，北京：中国社会科学出版社，1997 年。

[143]［美］马士：《中华帝国对外关系史》（第一卷），上海：上海书店出版社，2000 年。

[144]［美］马士：《东印度公司对华贸易编年史（1635—1834 年）》（全五卷），广州：中山大学出版社，1991 年。

[145]［美］卫斐列：《卫三畏生平及书信：一位美国来华传教士的心路历程》，顾钧、江莉译，桂林：广西师范大学出版社，1994 年。

[146]［美］魏斐德：《大门口的陌生人——1839—1861 年间华南的社会动乱》，王小荷译，北京：中国社会科学出版社，1988 年。

[147]［美］孔飞力：《中华帝国晚期的叛乱及其敌人——1796—1864 年的军事化与社会结构》，谢亮生等译，北京：中国社会科学出版社，1990 年。

[148] [美] 威廉·C. 亨特：《广州"番鬼"录》，冯树铁译，广州：广东人民出版社，1993年。

[149] [美] 威廉·C. 亨特：《旧中国杂记》，沈正邦译，广州：广东人民出版社，1993年。

[150] [美] 刘易斯·芒福德：《城市发展史——起源、演变和前景》，倪文彦、宋俊岭译，北京：中国建筑工业出版社，2005年。

[151] [美] 张馨保：《林钦差与鸦片战争》，徐梅芬译，福州：福建人民出版社，1989年。

[152] [瑞典] 龙思泰：《早期澳门史》，北京：东方出版社，1997年。

[153] [法] 伊凡：《广州城内——法国公使随员1840年代广州见闻录》，张小贵、杨向艳译，广州：广东人民出版社，2008年。

[154] [日] 矶村英一：《城市问题百科全书》，王君健等译，哈尔滨：黑龙江人民出版社，1988年。

[155] [日] 佐佐木正哉编：《鸦片战争の研究》（资料篇），台北：文海出版社，1983年。

[156] [日] 佐佐木正哉编：《鸦片战争前中英交涉文书》，台北：文海出版社，1983年。

[157] 广东省文史研究馆编译：《鸦片战争史料选译》，北京：中华书局，1983年。

[158] 广东省文史研究馆编译：《鸦片战争与林则徐史料选译》，广州：广东人民出版社，1986年。

[159] 胡滨译：《英国档案有关鸦片战争资料选译》（上、下册），北京：中华书局，1993年。

[160] [荷] 邦特库：《东印度航海记》，北京：中华书局，2001年。

[161] 考斯汀：《大不列颠与中国》（Costin：W. C. Great Britain and China，1833—1860）（Oxford 1937）。

[162] 《中国丛报》（Chinese Repository）第1—20卷，1832年—1851年。

[163] 《英国议会文件》（British Parlimentary Papers）"关于中国的通讯（Correspondence Relating to China，1840）" "关于中国通讯之补编"（Additional Papers Relating to China，1840），见爱尔兰大学编《英国议会文件·中国系列》。

[164] 伯纳德：《复仇神号航行作战记》，伦敦，1844年（W. D. Bernard：Narrative of the Voyages and Services of Nemesis）。

[165] 吉瑟林：《在华六月记》，伦敦，1842年（Jocelyn：Six Months

with the Chinese Expedition)

[166] 斯卡思：《在华十二年：人民、造反者和满大人》，爱丁堡，（J. Scarth：Twelve Years in China：the People，the Rebels and the Mandarins）

[167] 穆瑞：《在华战役记》，伦敦，1843年（Alexander Murry：Doings in China）

[168] 奥塞隆尼：《对华战争记》，伦敦，1844年（J. Ouchterlony：The Chinese War）

[169] 郭士立：《中国沿海三次航行记》，伦敦，1834年（C. Gutzlaff："Journal of three Voyages along the Coast of China, in 1831, 1832 and 1833"）

[170] 德庇时：《战争期间及缔约之后的中国》，伦敦，1852年（J. F. Davis：China During the War and Since the Peace）

[171] 埃德加·霍尔特：《鸦片战争在中国》，伦敦，1964年（Edgar Holt：The Opium Wars in China）

附　录

（一）道光年间广州治安大事记

1821 年，英国商船"麦克维尔夫人号"砸死中国妇女案（96 页）。

1821 年，英国士兵在外洋伶仃山与乡民群殴案（80 页）。

1821 年，美国"急庇仓号"船上水手砸郭梁氏致其落水淹死案（97 页）。

1822 年，广州西关火灾案（101 页）。

1823 年，丽泉洋行行商潘长耀夷欠案（61 页）。

1828 年和 1834 年，广州地区私设班馆案（56—58 页）。

1829 年，东生行商刘承树夷欠案（62 页）。

1830 年，英商大班盼师携带外国妇女进入商馆案（66、98 页）。

1830 年，荷兰船"弗劳·海伦娜号"船长美坚治被杀案（80 页）。

1831 年，美国鸦片趸船"伶仃号"事件（81 页）。

1832 年，英国商船开往异地外洋试图突破"一口通商"案（84 页）。

1832 年，居民私自拆卖房屋案（54 页）。

1834 年，律劳卑挑战旧有的贸易体系事件（84—89 页）。

1835 年，盗掘坟墓勒赎案（55—56 页）。

1837 年，私用夷钱案（54 页）。

1837 年，外商法爷架饮酒外出游荡案（66 页）。

1837 年，英国商人因义士申诉遇袭案（78 页）。

1838 年，美国商馆前广场骚乱事件（115 页）。

1839 年，英国水手殴打林维喜致死事件（119 页）。

1843 年，十三洋行民夷争闹致夷楼失火事件（175 页）。

1843 年，广州西关大火案（236 页）。

1844 年，美国"布兰的弯号"巡洋舰进入虎门引起广州骚乱事件（215、217 页）。

1845 年，香港殖民财务官马尔丁等被抢劫事件（221 页）。

1845 年，私行入城的英国人被打事件（220 页）。

1846 年，知府刘浔与民冲突被撤事件（201、202 页）

1846 年，英国吉发德中校被打事件（221 页）。

1846 年，英人游览佛山被民众袭击事件（223 页）。

1846 年，广州市民冲击外国商馆事件（221 页）。

1847 年，黄竹岐事件（224 页）。

（二）人名索引

邓廷桢：16，17，29，33，48，54，56，65，92—94，104，111，113，115，117，119—122，124，129，130，134—138，148，177，241

黄恩彤：29，201，216，220，222—226，237，239

黄爵滋：110，112，113，124，133

李鸿宾：29，43，62，64，81，83，90，106，108，110，124，136

卢　坤：29，42，67，84，85，89，90，92，100，131

林则徐：16，17，29，41，52，94，95，112，113，117—121，123，125—134，136，137，140，141，146—150，152，155，159，162，164，177—180，194，241

祁　贡：29，41，48，54，111，122，129，151，156，158，159，164，166，168，171—176，178，179，184，186，189，200，208，217，226，229

琦　善：16，29，128，148—153，155，156，164，172，179，241

耆　英：29，40，75，179，188，194，196—204，208，209，214，216—225，232，234，236—239

阮　元：3，29，80，85，96，101，102，106，122

徐广缙：29，190，209—213，231，233，239，242

杨　芳：29，151，156—157，163—166，179，185，229，241

叶名琛：29，204，210，212

怡　良：113，117，119，130，135，150，155，156，162，166，182，208

奕　山：29，128，129，151，154—161，165—170，173，174，177，179，185，228，229，241

余保纯：29，126，151，153—155，160，168，179，187，199

义　律：16，66，92—95，115—119，127，149—151，153—155，161，179，181，187

（三）道光年间两广总督、广东巡抚及任期表

两广总督	任　期	广东巡抚	任　期
阮　元	1817.10.22—1826.6.22	张师诚	1821.7.1—9.24
李鸿宾	1826.6.22—1832.9.14	孙尔准	1821.9.24—11.4
卢　坤	1832.9.14—1835.10.15	嵩　孚	1821.11.4—1822.8.3
邓廷桢	1835.10.15—1840.1.21	罗含章	1822.8.3—1823.1.24
林则徐	1840.1.21—10.3	陈中孚	1823.1.23—1825.9.16
琦　善	署任，1840.9.28—12.4	成　格	1825.9.16—1828.9.20
琦　善	1840.12.4—1841.2.26	卢　坤	1828.9.20—1830.10.13
祁　贡	1841.2.26—1844.3.19	朱桂桢	1830.10.13—1833.9.8
耆　英	1844.3.19—1848.7.4	祁　贡	1833.9.8—1838.2.26
徐广缙	署任，1848.2.3—1848.7.4	怡　良	1838.2.26—1841.9.30
徐广缙	正式，1848.7.4—1852.9.7	梁宝常	1841.9.30—1843.1.25
		程矞采	1843.1.25—1845.2.14
		黄恩彤	1845.2.14—1847.1.18
		徐广缙	1847.1.18—1848.2.3
		叶名琛	1848.7.4—1852.9.7

（四）道光年间广州知府、广州将军任期表

广州知府		广州将军	
官员姓名	任期时间	官员姓名	任期时间
钟 英	1821—1824 年	孟 住	1821—1824 年
高廷瑶	1824—1826 年	弘 善	1824—1825 年
朱 槿	1826 年	果其斯欢	1825—1827 年
乌尔恭额	1826—1827 年	庆 保	1827—1834 年
汪忠增	1827—1828 年	哈丰阿	1834—1836 年
胡方朔	1828—1833 年	苏勒普阿	1836—1838 年
金兰原	1833—1834 年	德克金布	1838—1841 年
潘尚楫	1834—1836 年	阿精阿	1841—1843 年
珠尔杭阿	1836—1840 年	伊里布	1843—1844 年
余保纯	1840—1841 年	奕 湘	1844—1846 年
易长华	1841—1843 年	穆特恩	1846—1856 年
刘开域	1843—1845 年	程矞采	1843 年 1 月
刘 浔	1845—1847 年	黄恩彤	1845 年 2 月
王燕堂	1847 年	徐广缙	1847 年 1 月
杨 霈	1847 年	叶名琛	1848 年 7 月
易 棠	1847—1850 年		
张百揆	1850 年上任		
备注	本书中在相关治安事件中出现的广州知府主要有余保纯、刘浔。		

注：附录（三）（四）官员列表主要根据《广州府志》卷二十三；《广东历代方志集成·广州府部》第六册，岭南美术出版社 2007 年版；道光《广东通志》卷四十三；《广东历代方志集成·省部》第十五册，岭南美术出版社 2007 年版；并根据清朝历代官员档案等资料辑录而成。

（五）道光年间粤海关监督及任期表

监督名	任　期
阿尔邦阿	1820 年 2—10 月
达　三	1820 年 10—11 月 1823 年 5 月—1824 年 4 月 1825 年 9 月—1827 年 1 月
七十四	1824 年 4 月—1825 年 9 月
文　连	1827 年 1 月—1827 年 12 月
延　隆	1828 年 3 月—1829 年 8 月
中　祥	1829 年 12 月—1834 年 9 月
彭　年	1834 年 9 月—1836 年 4 月
文　祥	1836 年 4 月—1838 年 6 月
豫　坤	1838 年 6 月—1841 年 1 月
克明额	1841 年 5 月—1842 年 3 月
文　丰	1843 年 5 月—1845 年 8 月
恩　吉	1825 年 8 月—1826 年 10 月
基　溥	1846 年 10 月—1849 年 5 月
明　善	1849 年 5 月—1850 年 9 月
曾　维	1850 年 9 月—1855 年 6 月

注：据任智勇《道光、咸丰朝粤海关监督考》"表1 道光、咸丰两朝粤海关监督在任时间表"改制，原表为农历，此表为对应的大致的阳历时间。

（六）博士论文后记

终于完稿了！

真实地讲，我写过很多习作，也写过一些公开发表的文字，但从来没有过这样的感叹。以前写出来的东西不管怎么样，绝大部分时候都可以称作是"一挥而就"或者"一泻千里"。可是这篇标志自己即将顺利完成博士学习生涯的博士论文的完成，却让我从来不近视的眼睛戴上了眼镜。人到中年，大部分人都开始远视了，而我却真真切切地近视起来，有生以来第一次戴上了近视眼镜，看来读书真的可以让人年轻？而两鬓出现的数根白发却明镜般地证明：非也。

硕士毕业后的第十年，也就是2006年，本着将"读书"进行到底的信念，我在广州市黄埔区挂职时，仍然通过艰苦的学习考入暨南大学，攻读中国古代史专业的博士学位。斗转星移，日升月恒，掐指算来已是五年有余。

我初为中国现当代文学专业的硕士学位获得者，攻读中国古代史专业的博士学位，实属跨专业，但想起来文史哲本为一家，觉得心中释然。且历史本为我深爱的一门科学，延长人生的未来长度只是一种幻想，秦始皇、汉武帝者就留下过话柄，但研究历史却可以延长我们人生的历史长度，读《史记》时我就经常有一种感觉，仿佛司马迁与华夏大地上的人类一起出生，而止于其生命具象存在的汉朝，可见历史研究者是现有历史起始、终结的见证者。每想至此，我经常有一种像划过时空的流星一样的感觉，非常浪漫而富有历史的激荡情怀。

然则，一旦进入汪洋恣肆的历史长河中，我却一天也没有释怀过，在一篇篇历史文献的啃读过程中是无法浪漫、无法激荡的。塞纳河边的漫步、黄河长江的感叹是代替不了一字一句的研读、判断和思考的，在衰朽的残稿内，在野地里探出半个身子的古石碑上，在堆砌古字的族谱里爬梳的时候，我才真正体味到什么叫做"一篇读罢头飞雪"了。

我的导师刘正刚教授，年轻的博士生导师，却已是华发早生，满头雪花纷纷然。刘先生著作非"等身"所能形容，数量惊人，思想敏锐，见解独特。他的勤奋刻苦，生活朴素，加之精力充沛，使其学术研究成绩斐然，可称为多产学者。"学高为师，德高为范"，刘先生正是在这两个方面成为我师从的楷模。正刚先生对学生是出名的严厉，在对学生的"嬉笑怒骂"中体现着无限的关怀和教导，从学术研究的缺陷上不断地"打击"你，从学习态度等方面的肯定上不断地鼓励你，使你随时随地认识到自己的不足，而又能坚定地相信自己能够完成学习任务。五年来，我就是这样在刘先生的不断敲打和鼓励下日渐进步，最终完成了博士学习生涯和这篇博士论文的。从选题到构思，从材料到撰写的整个过程，先生都给予了悉心的指导和关心，先后七易其稿，草拟了150多万字的文字材料，在对材料的不断拆解分化中提炼观点。先生还将自己平时收集的跟我论文相关的材料归类，适时地供我参考。为了确保论文材料的准确性，先生一边对我提出严厉要求，一边要求我对论文中的有关材料进行极其认真的核对。先生对学术研究的绝对认真给我留下了深刻的印象。

我不想用简单的一句感谢话来表达我的心情，这样我会觉得浪费我的情感份量。我觉得这一生中，与老师刘正刚教授五年来的相处是令人难以忘怀的，而且我相信，这种融洽的相处还将在今后的生命中延续下去，直至永远。与同学高志超、王潞、黄建华等的相处相助是我的人生中温馨的一幕，对他们给我的学习上的启发和帮助同样不能用"谢谢"就能表达的，我觉得这是"人缘"，不需道谢。在这样一个时代，我们这一帮人在古代历史的长河中共同畅游了一段时光，而且今后我们还将在这一广阔的河流里从不同的方向努力向前奋进，虽然不足为道，却是人生另一番意味深长的风景。这种意味深长可能蕴藉着未来的历史惊艳！鲁迅先生曾经说他那个时代里是没有天才的，几乎每个行业里都没有杰出的人物。现在到了我们这个时代，谁又能说鲁迅先生不是他那个时代的杰出人物和天才呢？站在我们这个时代来看，鲁迅先生绝对是他那个时代的历史惊艳！因此，我们现在是很普通的，芸芸众生中的一员，但当我们这个时代也成为历史的时候，谁能说我们的同学中就没有杰出的惊艳人物呢？思量至此，我仿佛看见在繁华浮躁的珠江畔，陈寅恪老先生沉思于历史的灵魂！我的老师刘正刚教授和他的学生们，我的师兄弟、师姐妹们将沿着历史的长河继续感悟这深沉的历史情缘，我亦将在另一个社会领域里努力地追随他们，直到永远！

暨南大学副校长陆大祥先生、文学院的徐国荣教授、外语学院的陈林教授及研究生部的老师们在学习期间给我提供了很多的支持和帮助，还有中国古代史博士点的张其凡教授、张廷茂教授、范立舟教授等，佛山科技学院的李克和先生对我的学习也予以很多支持，还有以前的大学老师汤化泉先生、魏宏灿先生、胡习之先生以及我的硕士研究生导师陈其光老先生都给了我很多的鼓励，原广州日报社总编辑薛晓峰先生、黄埔邓伟雄先生对我顺利完成暨南大学国民教育博士研究生阶段的学习给予了关键性的支持。我同样不想用简单的感谢来表达我对他们的情愫，只是把他们的音容笑貌、行为举止记在我的心里，当作心灵的温暖回忆。

徐红梅女士也曾是暨南大学师从詹伯慧教授的博士，她在做好教学工作的同时，将我们的孩子照顾得很好，对我的工作、学习予以全力的支持。我的孩子江斯羽非常可爱，善解人意，给我带来了无尽的人生快乐。幼小的她时不时给我鼓励，有时我在办公室学习到凌晨的时候就会想起她，然后在黎明即将来临的时候会在网上给她写封信……她是我的一脉心香，永远散发着隽永的气息，氤氲着我的人生。

我爱历史，更爱这一生中所遇到的帮过我的人，关心我的人，支持我的人，赞赏我的人，批评我的人，不论他们是老师、同学，还是单位领导、同事、同乡、朋友……

书是读不完的，博士只是人生的一个短暂阶段，并不代表某个过程的终结。对我来说，博士生涯只是帮助我继续读书的激励因素。今后我将继续像农民耕地那样读书，有了地的农民是满足安逸的，有了书的我也是安逸满足的，我坚信书是人生不可缺失的一个重要元素，它会让我少犯点"浑"，或者从已经犯过的"浑"中解脱出来，使我的人生不断地充实起来，完美起来，灿烂起来，有意义起来。

2011年9月于广州花都奕翠园

后　记

　　博士研究生毕业至今已快三年了，这本小书才能以这个面貌出现。其中之不妥之处一定很多，学术功底不深，自然在所难免。之所以仍将这可能贻笑大方的东西刊发出来，其一，当初毕业时，导师正刚先生嘱咐我认真补充材料，认真斟酌思想，努力提高认识，努力阐发意旨，进一步扩大博士论文的内涵而成专门著作，以奉献给诸位同仁历史爱好者，这是不可违背的嘱咐。其二，本科毕业后我从事的是教学工作，读书一直是我生命中不可或缺的重要组成部分。后来进入行政部门，忙于政务，但始终不忘记自己是个读书人，在我看来，耕、读是不分的，所以在政务之余，仍然希望能勤恳读书治学，企望有朝一日在学术上有所建树，这是始终如一的自我追求。其三，社会科学特别是文史哲是我深爱的学科，我以为社会科学所传达的思想对历史车轮的巨大推动作用不容一丁点的质疑。我始而文学，继而历史，始终关注哲学思辨的社会力量。基于此，我方斗胆将之付梓。然而突然想起民国时期北大黄侃先生曾经说过，不到五十岁知天命的年纪不可写书，我不禁汗颜！黄侃先生天上有灵，晚生只是做一些资料工夫！

　　书中除了大量使用与这个论题有关的材料，还采用了很多专家学者的研究成果，在此深表谢意！

　　向为本书的出版提供指导和帮助的中山大学出版社的编辑老师表示感谢！向支持本书出版的覃海深女士、沈林华先生深表谢意！

　　同时，我做好充分准备，接受来自任何专家、学者、同行、史学爱好者及广大读者的批评，准备好向他们的关爱表示深切的谢意！

江　波

2015 年 1 月 1 日